Ultimate TypeScript: guía comp para principiantes

Un libro para principiantes fácil de seguir

Nicolás Schürmann

Ultimate TypeScript: guía completa para principiantes

Un libro para principiantes fácil de seguir

Nicolás Schürmann

Este libro fue redactado en base al material original del curso en video Ultimate Python del autor Nicolás Schürmann por Gabriel Hernandez.

Para todos los estudiantes de ingeniería de software. Para que tu ruta de aprendizaje sea más fácil de lo que debe ser.

Índice general

Capítulo 1: Introducción.

Contenido de la sección.

Hola mundo, esta es la introducción del libro **TypeScript sin fronteras: guía definitiva**.
En esta sección aprenderás:

1. En qué consiste este libro y sus requerimientos.
2. ¿Qué necesitas saber para tomar este libro?
3. ¿Qué es TypeScript y para qué sirve?
4. Aprenderás a instalarlo en Windows, Linux en la distribución Ubuntu, y Mac OS.
5. Tendrás tus primeros pasos en el lenguaje.
6. Y aprenderás a configurar el compilador y a depurar el código escrito en TypeScript.

Y ahora, no perdamos más tiempo y comencemos.

Temario y requisitos.

Temario.

¿Y entonces qué es lo que vamos a ver en este libro?

- Vamos a ver una introducción a TypeScript, para conocer nuestros primeros pasos para que vayamos ingresando poco a poco.
- Todos sus tipos, los básicos y los avanzados.
- Programación orientada a objetos con TypeScript. Y por supuesto que acá vamos a ver la herencia con TypeScript.
- Interfaces y los genéricos.
- Integración con Node JS.
- Integración con React.
- Y además, también vamos a ver los decoradores, que estos son necesarios si es que quieres aprender **Angular**.

Requisitos.

¿Y qué necesitas para tomar este libro?

1. Un computador.
2. Y vas a necesitar una conexión a Internet.

¿Qué necesitas saber?

Para tomar este libro no necesitas absolutamente ninguna familiaridad con **TypeScript**, ya que todo lo relacionado con esta tecnología la veremos en este libro.

Sin embargo, **TypeScript** es un **superset** de **JavaScript**, por lo que vamos a dar por entendido lo siguiente:

1. Sabes usar un editor de texto, no debes ser experto, pero al menos debes saber cómo crear archivos, carpetas, guardar y moverte dentro del editor. En este libro usaremos VsCode. Además, si también lo estás utilizando, te enseñaré también un par de atajos.
2. Debes saber también que son las variables constantes, funciones, fat arrow functions, objetos, destructuring, entre otras cosas.

Además, este libro tiene dos secciones opcionales.

1. Cómo integrar **TypeScript** con **Node JS**.
2. Y cómo integrar **React JS** con **TypeScript**.

Estas secciones, como te mencionaba, son opcionales y si deseas tomarlas debes tener conocimiento en **Node JS** y **React** respectivamente, y si no las conoces, puedes tomar nuestros cursos de estas tecnologías en:

https://academia.holamundo.io/

O si ya están disponibles, puedes adquirir alguno de nuestros libros.

Y ya que vimos lo que necesitas saber, podemos comenzar.

Guía de cómo seguir el código y la terminal en este libro.

En esta lección veremos cómo seguir libro con el fin de que no te pierdas en el proceso para aprender Docker.

Primero tendrás disponible el repositorio en GitHub de este libro, para que en donde hayamos modificado código lo puedas consultar si lo necesitas:

https://github.com/HolaMundoDev/typescript_sin_fronteras

Y como segundo, en cada lección vas a encontrar distintos iconos:

Preparación.

En esta parte te diremos el archivo con el que trabajaremos, ya sea que tengas que crear un nuevo o usar alguno de lecciones pasadas.

Concepto.

Aquí verás explicación de sintaxis o algún concepto que es importante que leas, esto más que nada para resaltar que ahí se encuentra.

Advertencia.

Errores que vamos a solucionar.

Código completo de la lección.

Al final de diversas lecciones vas a encontrar el código que agregamos o completo con el que terminamos dicha lección, esto por si tienes alguno duda durante esta.

Negritas en este libro.

Además de resaltar, datos importantes en todo el contenido que veamos, también veremos mucho código, por lo que todo lo que sea nombre de una variable, una función o simplemente nos estemos refiriendo código, estará resaltada en negritas.

Por ejemplo, si hay una instrucción, definición, variable o función de código como **print**, la encontrarás resaltada en negritas, así como algunos valores que son importantes para destacar y los nombres de archivos.

Como leer, escribir, modificar y eliminar el código.

Durante el transcurso de este libro escribiremos y modificaremos mucho código, para esto vamos a poner algunos ejemplos de cómo deberás interpretar el código que verás como ejemplos en este libro:

mi_carpeta/archivo.txt

```
1   linea1
```

Arriba verás que tienes el nombre del archivo, a la izquierda verás el número de línea del contenido que tiene este archivo, esto lo verás también en tu editor de código y es importante para saber es qué línea estamos en nuestros archivos de trabajo, si en este archivo hubiera otra línea como la siguiente:

mi_carpeta/archivo.txt

```
1   línea 1
2   soy otra línea
```

Verás que la primera tiene el número 1 y la de abajo la 2, otro ejemplo que podemos tener es que estemos editando o escribiendo en otra línea que no sea el comienzo, como la siguiente:

mi_carpeta/archivo.txt

```
30  Soy una línea que esta más abajo en el codigo
```

Presta mucha atención a estos números de línea, ya que te ayudarán a ubicarte en el código.

Agregar una nueva línea al final.

Vamos a ver un ejemplo para entender cómo escribiremos y modificaremos el código:

mi_carpeta/ejemplo.txt

```
1   Soy la primera línea
2
3   Soy una línea que esta más abajo en el código
4   Soy la última línea
```

Aquí tenemos un archivo llamado **"ejemplo.txt"** que está dentro de una carpeta que se llama **"mi_carpeta"**. Este tiene 4 líneas, cuando agregamos una nueva línea al final veremos algo así:

mi_carpeta/ejemplo.txt

```
6   Soy una nueva línea
```

Aquí vemos que el número con el que inicia es el número 6, esta no estaba escrita al inicio, la acabamos de agregar. Como no tenemos contenido en líneas más abajo en nuestro archivo, no vamos a tener ningún problema.

 ¡ESPERA! Estábamos en la línea 4, y de repente saltamos a la 6, y es que cuando programamos, para ser más organizados y sea más legible, dejamos saltos de línea en nuestro código, esto lo verás muy seguido en este libro.

Por lo que nuestro archivo completo ahora se ve así:

mi_carpeta/ejemplo.txt

```
1   Soy la primera línea
2
3   Soy una línea que esta más abajo en el código
4   Soy la última línea
5
6   Soy una nueva línea
```

Agregar nueva línea intermedia.

Vimos cómo agregaríamos una nueva línea al final, pero no cómo lo podemos hacer entre las líneas, aquí lo que haríamos es agregar una nueva línea en la 2, que está vacía:

mi_carpeta/ejemplo.txt

```
1   Soy la primera línea
2   Soy una línea agregada en el medio
3   Soy una línea que esta más abajo en el código
4   . . .
```

Aquí vemos un par de detalles, la línea 2 ahora tiene texto, pero además está resaltada en negritas, en este caso significaría que tenemos que agregar este contenido, entre la línea que está escrita 1 y la 3, estas no cambiaron entonces no les tenemos que modificar nada, solo están ahí como referencia para que puedas identificar además del número de línea en donde nos encontramos en el código.

El otro detalle es que hay 3 puntos (. . .) al final, esto en ejemplos de código significa que hay más líneas debajo o arriba, dependiendo donde esté ubicada, imagina que el archivo contenga 30 líneas que no vamos a modificar, por lo que no tiene mucho sentido que sean puestas para estos ejemplos donde solo agregaremos una línea.

Entonces, a este punto, nuestro código se vería así:

mi_carpeta/ejemplo.txt

```
1   Soy la primera línea
2   Soy una línea agregada en el medio
3   Soy una línea que esta más abajo en el código
4   Soy la última línea
5
6   Soy una nueva línea
```

Modificar una línea.

Es de lo más normal también modificar una o varias líneas de código, eso se vería así en nuestros ejemplos:

mi_carpeta/ejemplo.txt

```
2  Soy una línea agregada en el medio
3  Soy una línea modificada que esta más abajo en el código
4  No soy la última línea
5  . . .
```

Entonces aquí modificamos la línea 3 y 4 de nuestro código, igual que cuando agregamos una línea, cuando modificamos el contenido de una línea que ya tiene contenido, se verá con este resaltado en negrita.

Quedando todo el código de esta manera:

mi_carpeta/ejemplo.txt

```
1  Soy la primera línea
2  Soy una línea agregada en el medio
3  Soy una línea modificada que esta más abajo en el código
4  No soy la última línea
5
6  Soy una nueva línea
```

Ahora supongamos que vamos a agregar una nueva línea en medio, pero sin borrar las demás que ya tenemos, imagina que tenemos que incluir más contenido en la línea 3:

mi_carpeta/ejemplo.txt

```
2  Soy una línea agregada en el medio
3  Estas líneas
4  Fueron agregadas
5
6  Soy una línea modificada que esta más abajo en el código
7  . . .
```

Ahora resaltado en negritas, están dos líneas que agregamos en medio del contenido. Ahora tenemos lo siguiente en nuestro archivo:

mi_carpeta/ejemplo.txt

```
1  Soy la primera línea
2  Soy una línea agregada en el medio
3  Estas líneas
4  Fueron agregadas
5
6  Soy una línea modificada que esta más abajo en el código
7  No soy la última línea
8
9  Soy una nueva línea
```

Borrar líneas.

Esto es mucho más fácil de representar, ya que se vería de la siguiente manera si es que queremos eliminar las líneas que acabamos de agregar:

mi_carpeta/ejemplo.txt

```
3   E̶s̶t̶a̶s̶ ̶l̶í̶n̶e̶a̶s̶
4   F̶u̶e̶r̶o̶n̶ ̶a̶g̶r̶e̶g̶a̶d̶a̶s̶
5   . . .
```

Y esto es todo de cómo seguir el código, recuerda que tienes al final de las lecciones el código que hemos usado:

 # Código completo de la lección.

Para terminar, aquí está como hubiera quedado este código:

mi_carpeta/ejemplo.txt

```
1   Soy la primera línea
2   Soy una línea agregada en el medio
3
4   Soy una línea modificada que esta más abajo en el código
5   No soy la última línea
6
7   Soy una nueva línea
```

Terminal de comandos.

En este libro usaremos mucho la terminal de comandos, y cuando usemos un comando verás la siguiente indicación:

Terminal de comandos

```
1   echo HolaMundo
```

Lo siguiente es ver la salida al ejecutar un comando, por ejemplo:

Salida de ejecutar: echo HolaMundo

```
1   HolaMundo
```

Deberemos notar que mencionaremos qué comando estamos ejecutando y el resultado que nos mostrará la terminal cuando ejecutemos este comando al presionar **enter**. Esto puede ser mencionado explícitamente:

Terminal de comandos

```
1   echo HolaMundo
```

Presionaremos **enter**:

Salida de ejecutar: echo HolaMundo

```
1   HolaMundo
```

O directamente con las 2 partes seguidas, pero esto significa igualmente que debes escribir el comando y ejecutarlo para ver el resultado:

Terminal de comandos

```
1   echo HolaMundo
```

Salida de ejecutar: echo HolaMundo

```
1   HolaMundo
```

Lo siguiente que podrás ver es que hay algunos comandos en los que, a pesar de que presionemos la tecla **enter**, tendremos que escribir más en la terminal para terminar su ejecución, por ejemplo:

Terminal de commandos al ejecutar: comando

```
1   ¿Estás seguro de que quieres ejecutar este comando? [Y/n]:
```

Aquí tendremos que escribir la respuesta, por lo que aplicaremos la misma ayuda de las negritas para ilustrar que debes escribir en este comando una respuesta y después presionar **enter** para acabar de ejecutar:

Terminal de commandos al ejecutar: comando

```
1   Estas seguro que quieres ejecutar este comando [Y/n]: y
```

Para ver la salida de la terminal:

Salida de ejecutar: comando

```
1   comando ejecutado
```

Y con esto podemos comenzar, recuerda consultar esta sección cuando tengas dudas sobre el código que escribimos y también ir al final de las lecciones o en el repositorio para ver el código con fin de que tu proceso de aprendizaje sea mucho más ágil.

Introducción a TypeScript.

Y vamos a comenzar con lo básico. Entre las preguntas que responderemos están: ¿Qué es **TypeScript**? ¿Para qué sirve? ¿Y en qué se diferencia de **JavaScript**?

TypeScript es un lenguaje creado por Microsoft para poder resolver las deficiencias que tiene **JavaScript**, o sea, agregarle funcionalidades que **JavaScript** no tiene, pero que otros lenguajes de programación sí tienen.

En pocas palabras, **le agrega más rigidez al código que tú escribas**.

Entonces, si escribes tu código en **JavaScript**, este va a ser más libre si lo comparamos con **TypeScript**. Pero si escribes código en **TypeScript**, este va a tener que cumplir con ciertas reglas.

Algo muy importante es que **TypeScript** es un lenguaje que se encuentra construido encima de **JavaScript**, lo que quiere decir que todo el código que escribamos en **JavaScript**, también se va a poder ejecutarse normalmente sin errores dentro de **TypeScript**.

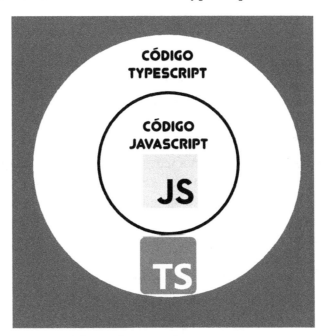

Código JS funcionando en un proyecto.

TypeScript le agrega muchas funcionalidades a **JavaScript**, pero la más importante es el tipado estático.

Tipado estático y dinámico.

Existen dos tipos de lenguajes de programación, en verdad existen muchos más, pero la gran mayoría se encasilla solamente en estas dos clasificaciones.

1. Los lenguajes de programación con **tipado estático**.
2. Y los lenguajes de programación con **tipado dinámico**.

Lenguajes estáticos.

En los lenguajes de programación de tipado estático tenemos a **C++**, **C#**, y **Java**. En estos lenguajes conocemos el tipo de dato al momento de estar compilando la aplicación y también conocemos este tipo de dato cuando nos encontramos programando.

Por ejemplo, si definimos una variable, la cual vamos a suponer que se llama **n** y le asignamos el valor de **1**, sabemos inmediatamente que el tipo de dato de esta variable es de tipo número, y si llegásemos a intentar cambiar el valor de esta variable, por ejemplo a un **string**, en este caso el compilador nos va a arrojar un error y nos va a decir que esta operación no se puede realizar. Esto también ocurrirá mientras nos encontremos programando.

Vamos a ver ahora otro ejemplo para poder explicar el tipado.

Si definiéramos otra variable, la cual vamos a suponer que se va a llamar **animal** y su valor va a ser "**chanchito feliz**". Y si luego tomáramos esta misma variable de **animal** y tratáramos de cambiar su valor, por ejemplo, a **12**, esto lo que hará será arrojarnos un error. Ya que nos indicaría que la variable **animal** es de tipo **string** y que estamos intentando asignarle un número.

Lenguajes dinámicos.

Ahora vamos a ver los lenguajes dinámicos. Entre los lenguajes con tipado dinámicos tenemos a **Python** y **JavaScript**.

En los lenguajes de programación con tipado dinámico podemos definir una variable, la cual también vamos a suponer que es **animal** con el valor de "chanchito feliz", pero a esta después podríamos cambiarle el valor a un **número** como **42** y en este caso, cuando estemos programando esto no nos va a arrojar ningún error. Sencillamente, vamos a poder realizar esta operación y todo va a funcionar "correctamente".

Esto nos entrega muchísima flexibilidad al momento de programar. ¿Pero qué ocurriría si nos llegásemos a equivocar? ¿O si tenemos una función que necesita un string? Y por haber realizado este tipo de operación, terminamos pasándole un número. Otra cosa que podría pasar es que pensemos que estamos trabajando con un tipo de dato que es string, y luego intentamos llamar a algún método que solamente tienen los **strings** como **substr**, en este caso, este método de **substr** no lo tienen los tipos de dato número, o sea que esto en este caso nos va a arrojar un error, nos va a indicar que **animal** no contiene el método de **substr** porque es un número.

Y un detalle a destacar sobre estos errores es que van a ocurrir cuando estemos ejecutando la aplicación, ya que nuestro editor de código no nos va a mostrar absolutamente ningún error y no va a ser hasta que nuestra aplicación se encuentre corriendo potencialmente en producción hasta que veamos este error.

O también podría ser que nuestros test unitarios terminen capturando este error. Esto es asumiendo que nuestra aplicación tiene test unitarios y que estos también están probando lo que tienen que probar.

Para evitar este comportamiento en JavaScript, tendríamos que escribir código que valide el tipo de dato, y eso lo podemos hacer con la palabra reservada de **typeof**. Por ejemplo, en un archivo "**index.js**":

index.js

```
1   const n = "hola mundo"
2   console.log(typeof n)
```

En esta variable **n** que tiene el valor del texto de "**hola mundo**", imprimiendo su tipo con **typeof** y si ejecutáramos este código en la terminal con **node**:

Terminal de commandos

```
1  node index.js
```

Salida de ejecutar: node index.js

```
1  string
```

Nos vamos a dar cuenta de que este nos está indicando que el tipo de dato es un **string**.

Ahora, lo que podríamos hacer en el código en **JavaScript** para validar el tipo de dato es que preguntáramos cada vez que vayamos a ejecutar una función o algún bloque de código, el tipo de dato de las variables y en este caso preguntar si es que estas son siempre un **string**.

index.js

```
4  if (typeof n === "string") {
5      // tu código aquí
6  }
```

Aquí podemos derechamente colocar todo el código de nuestra aplicación acá. Sin embargo, esto vendría siendo muy engorroso, ya que supongamos que tenemos una función con diez variables.

En ese caso, lo que tendríamos que indicar es preguntar por el tipo de dato de **n**. Y si tuviésemos otra constante como **m**:

index.js

```
4  const m = "chanchito feliz"
5  console.log(typeof m)
6  . . .
```

Entonces también deberíamos validar el tipo de dato de esta constante **m** y esto también debería ser igual a **string**, modificando así nuestra condicional:

index.js

```
7  if (typeof n === "string" && typeof m === "string") {
8      // tu código aquí
9  }
```

Y en el caso de que estas dos variables **n** y **m** sean de tipo **string**, en ese caso podríamos ejecutar el código que se encuentra dentro de este bloque, si es que no, podríamos crear un **else** y dentro de este indicar un mensaje de error como el siguiente:

index.js

```
10  else {
11      console.warn("tipo de dato invalido")
12  }
```

Sin embargo, este igual presenta un problema, y es que solamente vamos a ver estos errores cuando nos encontremos ejecutando código. Esto quiere decir que podríamos ver estos mensajes de error en producción. Y esto es exactamente lo que viene a solucionar **TypeScript**: "para simplificarnos la vida".

Entonces: **TypeScript es JavaScript, pero con tipado estático.**

Ventajas de usar TypeScript.

Dentro de los beneficios que nos entrega TypeScript están:

- Entregarle el código al compilador: y esto lo que hará será entregarnos mensajes de error en tiempo real, sin tener que esperar a ejecutar nuestro código en producción o derechamente tener que probarlo.
- Además, la mayoría de los editores de texto hoy en día tienen una excelente integración con **TypeScript** como por ejemplo VsCode, por lo que además de poder ver estos errores en tiempo real, vamos a tener acceso a herramientas de refactoring y también herramientas de autocompletado.
- Otra ventaja es que **JavaScript** es un lenguaje que no avanza tan rápido en cuanto a funcionalidades. Todas las funcionalidades que se crean para **JavaScript** tienen que pasar por una propuesta y solo en el caso de que esta propuesta sea aceptada es cuando **node JS** y los demás exploradores web pueden empezar a implementar esta funcionalidad, pero cada uno de estos tienen sus propios tiempos de implementación, por lo que estas funcionalidades podrían estar para algunos exploradores y no para todos. Afortunadamente, muchas de estas nuevas funcionalidades, las cuales se encuentran en etapa de propuesta, ya las tiene **TypeScript**, por lo que vamos a poder escribir código en **TypeScript** con las últimas funcionalidades que tiene **JavaScript**, incluso si es que estas aún no han sido implementadas por los exploradores o por **Node**.

Ahora, para que todo esto funcione no es sencillamente lanzarse y empezar a escribir código en **TypeScript**, ya que tanto los exploradores como **node JS** no entienden el código que es escrito con **TypeScript**. Para que nuestro código se pueda ejecutar de manera correcta, vamos a tener que tomar el código de **TypeScript** y pasárselo al compilador de **TypeScript**.

¿Qué es la transpilación?

Lo que quiere decir es que vamos a tener unos archivos que van a tener la extensión de ".ts" y estos se los vamos a tener que pasar al compilador de **TypeScript**. Que en la línea de comandos este se llama **tsc**. El compilador se va a encargar de tomar el código escrito en TypeScript y lo que hará será traducirlo a código escrito en **JavaScript**. A este proceso se llama **transpilación**.

Representación de transpilación

¿En qué se diferencia la transpilación de la compilación?

En pocas palabras, la compilación es cuando tomamos un código escrito en un lenguaje y lo transformamos a otro.

Y la transpilación es cuando tomamos un código fuente escrito en un lenguaje y lo transformamos en otro. con un nivel de abstracción similar, por lo que la transpilación es un subconjunto de compilación.

Por lo que es válido decir que cuando escribimos código en **TypeScript**, este va a ser compilado o transpilado a **JavaScript**. Para este caso, ambas terminologías son equivalentes.

Y es más, si tú ingresas a la documentación de **TypeScript** te vas a dar cuenta de que ellos lo que hacen es utilizar el término compilado.

Desventajas de usar TypeScript.

La contra, es que vas a sentir que "**TypeScript se mete en tu camino**", esto sobre todo si es que estás recién empezando a programar, y esto es completamente cierto, vas a sentir que se está metiendo en tu camino y no te está ayudando a programar. Y esto es porque el principal beneficio que tiene **TypeScript** no lo vas a ver hasta que tu proyecto empiece a crecer. Cuando esto ocurre, te das cuenta de que muchos de los errores que tiene tu aplicación son de tipo de dato, y el problema es que estos errores son muy difíciles de encontrar. Y es exactamente en este momento cuando tú empiezas a apreciar los beneficios de **TypeScript**.

Por lo que las sugerencias que más vas a encontrar en Internet referente a **TypeScript** es que si tus aplicaciones son pequeñas, puedes utilizar **JavaScript** o **TypeScript**, de preferencia **JavaScript**, pero si esperas que la aplicación vaya creciendo con el tiempo, agregando, o quitando funcionalidades, o haciendo más pruebas, en este caso la sugerencia es que utilices **TypeScript**.

Con esto terminamos la introducción, vamos a ver ahora cómo podemos **instalar TypeScript en Windows, Linux y también en Mac OS.

Instalación en Windows.

Vamos a continuar con la instalación en Windows. Pero si no usas Windows, puedes saltarte esta lección a la siguiente.

Así que lo primero que vamos a hacer es ingresar a nuestro explorador web y aquí es lo que vamos a hacer: es que vamos a buscar a "Node JS", ya que esta tecnología la vamos a necesitar para poder ejecutar nuestro código en **TypeScript**, así que vamos a hacer clic en este link:

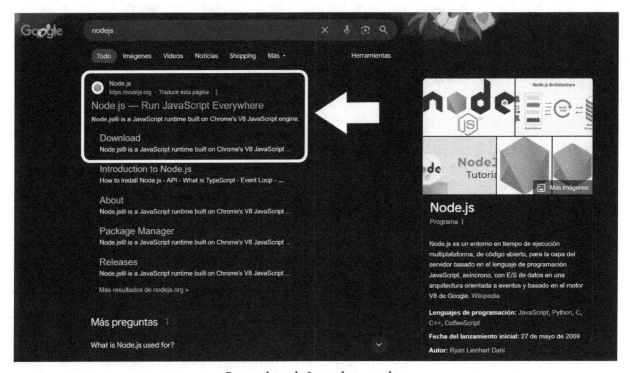

Buscando node Js en el navegador

En esta página tendremos que hacer clic en la pestaña de "Downloads" y luego veremos una página similar a esta, en la que podremos seleccionar una versión para instalar, un sistema operativo y la arquitectura de tu procesador.

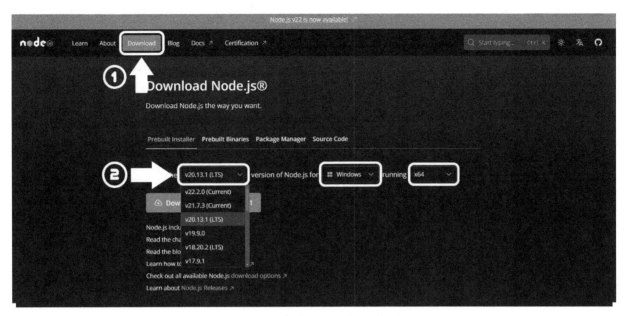

Versiones de descarga de Node JS.

En este caso puedes seleccionar la versión LTS (**20.13.1**) o también podemos descargar la última versión de Node, que en el momento que se escribió este libro era la **22.2.0**. La diferencia entre estas es que la "LTS" es una versión estable, mientras que la "current" es la más reciente que se ha liberado.

Entonces vamos a hacer clic en el botón para descargar:

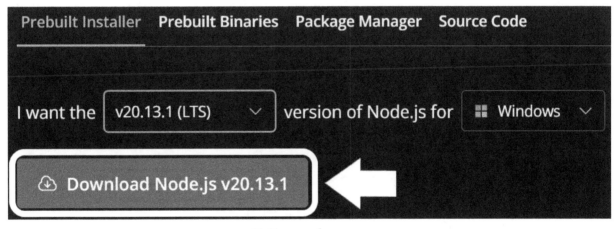

Botón para descargar.

Y cuando se acabe de descargar, tendremos que hacer clic en "Open File" o "Abrir archivo":

Descargando en Windows.

Y nos va a mostrar este wizard que tenemos que seguir para poder instalar Node. Las instalaciones en Windows son sumamente sencillas, así que solo tienes que seguir los pasos del instalador:

Instalador de Node JS

Aquí tenemos que hacer clic en aceptar los términos y condiciones y presionaremos en "siguiente":

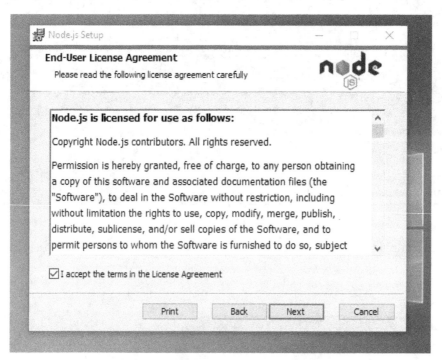

Términos y condiciones en la instalación.

La siguiente es la ruta donde se instalará node:

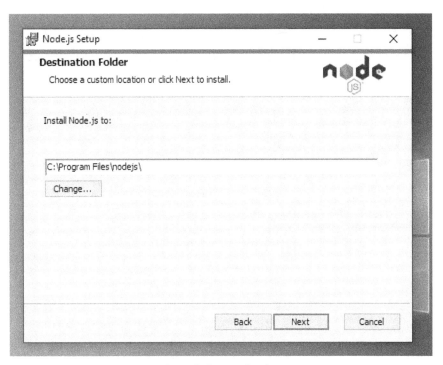

Ruta de la instalación.

Luego tendremos oportunidad de elegir qué se instalará, pero no tenemos que preocuparnos de nada en esta parte, así que presionaremos "siguiente":

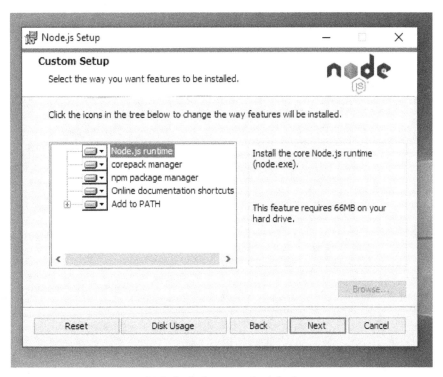

Listado de lo que se instalará.

Y la siguiente parte es sumamente importante.

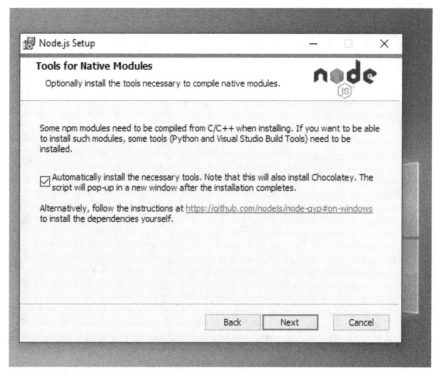

Instalación de herramientas.

Algunos módulos de **npm** pueden ser compilados de **C** o **C++** cuando los instalemos, pero para poder instalar estos módulos, y algunas herramientas, como por ejemplo **Python** y **Visual Studio Build Tools**, tienen que ser instaladas. Por lo que tendremos que habilitar que instale estas herramientas y luego presionamos en siguiente.

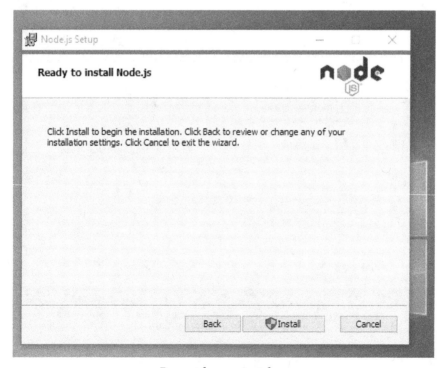

Preparado para instalar.

Haremos clic en este botón que dice **instalar**.

Nos preguntará si queremos hacer cambio en el dispositivo:

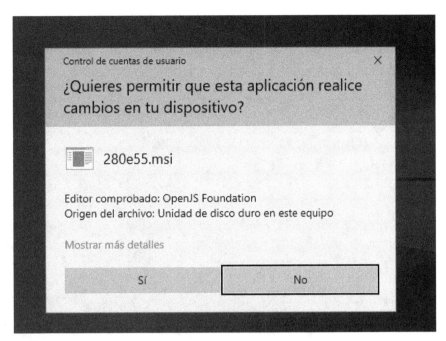

Permitir la instalación.

Luego podremos hacer clic en finalizar:

Finalizar wizard de instalación.

Después aparecerá una terminal de comandos, en esta tendremos que presionar en diversas ocasiones **enter** para instalar las herramientas que mencionamos hace en este momento:

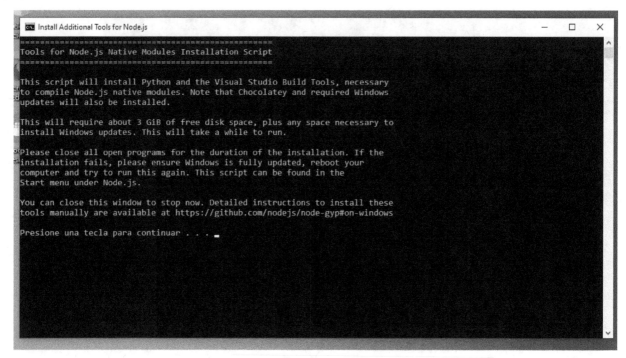

Instalador de herramientas de Node JS.

Para esto nos pedirá permisos de administrador, presionaremos que "sí" y se abrirá una terminal PowerShell:

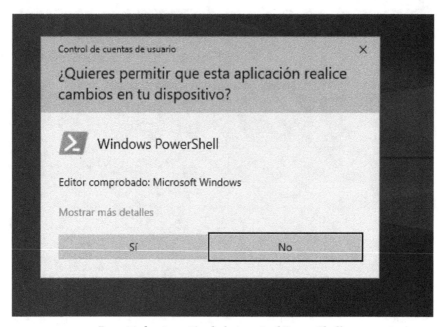

Permitir la ejecución de la terminal PowerShell.

Ahora tendremos que esperar unos minutos para que termine de instalar, pero veremos al final de este proceso lo siguiente:

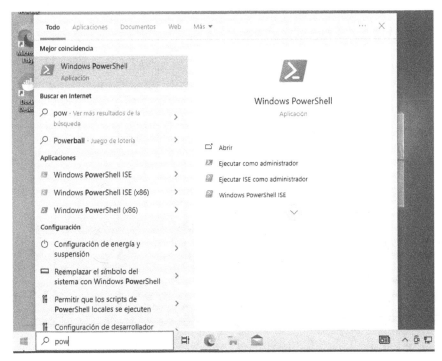

Proceso de instalación finalizado.

Así que aquí presionaremos **enter** y esta terminal se cerrará por completo.

Ahora buscaremos en las aplicaciones de Windows "Powershell", y esto nos va a abrir esta ventana.

Buscando terminal PowerShell en el buscador de Windows.

Y acá sin miedo al éxito, vamos a escribir:

Terminal de commandos

```
1  node -v
```

Salida de ejecutar: node -v

```
1  v20.13.1
```

Y aquí nos está indicando que tenemos instalada la versión **20.13.1** que esto significa que ahora tenemos instalada esta versión de Node.

Es en este momento cuando ahora podemos proceder a instalar **TypeScript**.

Instalar TypeScript en Windows.

Para eso, en la terminal que tenemos abierta escribiremos el comando:

Terminal de commandos

```
1  npm i -g typescript
```

Presionaremos **enter** para ejecutar este comando:

Salida de ejecutar: node npm i -g typescript

```
1  npm notice
2  npm notice New minor version of npm available! 10.5.2 -> 10.8.0
3  npm notice Changelog: https://github.com/npm/cli/releases/tag/v10.8.0
4  npm notice Run npm install -G npm@10.8.0 to update!
5  npm notice
```

Aquí nos está mostrando que existe una nueva versión de **npm** que por ahora vamos a ignorar y aquí lo que vamos a hacer para verificar que efectivamente tenemos instalado el compilador de **TypeScript**, es usar el siguiente comando:

Terminal de commandos

```
1  tsc -v
```

Y si te llega a aparecer este error:

Error al ejecutar tsc.

En ese caso, tenemos que cambiar las políticas para poder ejecutar scripts dentro de nuestra máquina. Para eso vamos a necesitar ejecutar una terminal de PowerShell, pero con permisos de administrador, entonces volveremos a buscar PowerShell, pero en esta ocasión haremos clic derecho en este:

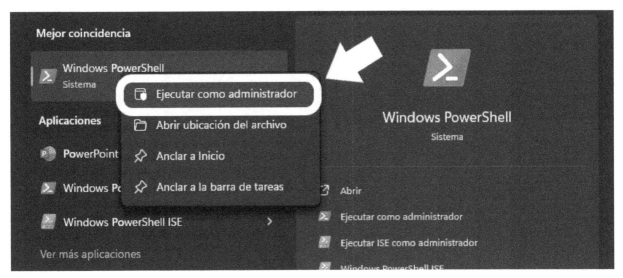

Ejecutar la terminal PowerShell como administrador.

Y haremos clic en donde dice "Run as Administrador" o "Ejecutar como administrador", nos va a preguntar si queremos realizar cambios.

Permitir los cambios.

Le vamos a indicar que sí, y aquí vamos a escribir lo siguiente en esta terminal que se acaba de abrir:

Terminal de commandos

```
1  get-ExecutionPolicy
```

Presionamos **enter**:

Salida de ejecutar: get-ExecutionPolicy

```
1  Restricted
```

Y aquí nos está indicando que la política de ejecución en este caso se encuentra en "restricted", esto es, lo que queremos cambiar. Ahora vamos a escribir:

Terminal de commandos

```
1  set-ExecutionPolicy remotesigned
```

Y luego de que lo tenemos, vamos a presionar **enter**:

Terminal de commandos al ejecutar: set-ExecutionPolicy remotesigned

```
1  Cambio de directiva de ejecución
2  La directiva de ejecución te ayuda a protegerte de scripts en los que no confías. Si\
3   cambias dicha directiva, podrías   exponerte a los riesgos de seguridad descritos e\
4  n el tema de la Ayuda about_Execution_Policies en                        https:/go.mi\
5  crosoft.com/fwlink/?LinkID=135170. ¿Quieres cambiar la directiva de ejecución?
6  [S] Sí  [O] Sí a todo  [N] No  [T] No a todo  [U] Suspender  [?] Ayuda (el valor pre\
7  determinado es "N"):
```

Y aquí vamos a indicar la opción **A**:

Terminal de commandos al ejecutar: set-ExecutionPolicy remotesigned

```
. . .
[S] Sí  [O] Sí a todo  [N] No  [T] No a todo  [U] Suspender  [?] Ayuda (el valor pre\
determinado es "N"): A
```

Con esto vamos a darle permiso a todos, siempre y cuando estos se encuentren firmados de manera remota, así que presionaremos **enter**.

Ahora, si podemos cerrar esta terminal con permisos de administrador y podemos abrir nuevamente nuestra terminal de manera normal.

Volvemos a escribir:

Terminal de commandos

```
1  tsc -v
```

Salida de ejecutar: tsc -v

```
1  Version 5.4.5
```

Y ahora podemos ver que tenemos correctamente instalado **TypeScript**.

Las siguientes lecciones son para ver cómo podemos instalarlo, pero en los sistemas operativos: Mac OS y Linux. Si no tienes estos sistemas operativos, no es necesario que leas esas lecciones, puedes pasar a la lección "Primeros pasos".

Instalación en Mac OS.

Ahora vamos a instalar **TypeScript** en Mac OS y la forma más sencilla de hacerlo es que en el navegador busquemos **homebrew** el cual es un manejador de paquetes que nos va a permitir a poder instalar **Node JS**, el cual es necesario para poder ejecutar **TypeScript.

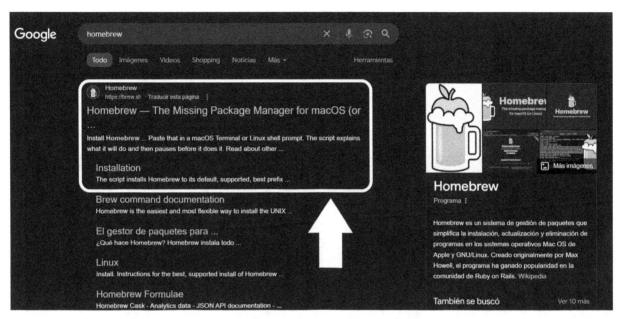

Buscando Homebrew en el navegador.

Así que vamos a hacer clic en esta página, y lo que debemos hacer es sencillamente tomar este script que aparece:

Comando a copiar para la instalación.

Ahora lo que debemos hacer es abrir nuestra terminal de comandos, que debería llamarse sencillamente **terminal**. Ahora, lo que vamos a hacer es que vamos a pegar el script que copiamos antes:

Terminal de commandos

```
1  /bin/bash -c "$(curl -fsSL https://raw.githubusercontent.com/Homebrew/install/HEAD/i\
2  nstall.sh)"
```

Al presionar **enter**, lo que hará será instalar **brew** dentro de nuestro sistema.

Con esto listo podemos pasar a instalar **Node**. Entonces el comando que tenemos que utilizar es:

Terminal de commandos

```
1  brew install node
```

Y si es que quisieras instalar además otro paquete utilizando **brew**, lo que podemos hacer es buscar dentro de nuestro explorador web: "brew node"

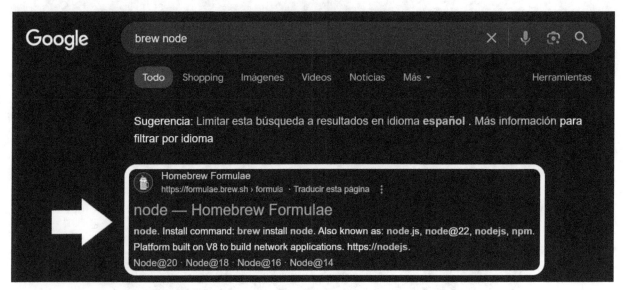

Buscando brew node en el navegador.

Al hacer clic en este enlace, podremos ver que nos está entregando esta fórmula:

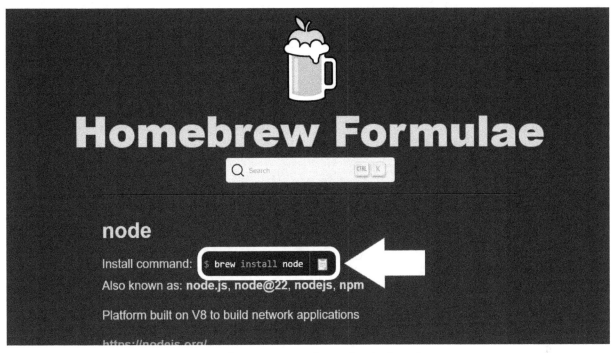

Comando a copiar para la instalación de node.

Y cada vez que veamos este concepto de fórmula, en verdad se refiere a distintos software que podemos instalar en nuestro sistema, y también nos está indicando cuál es el comando que debemos ejecutar, que en este caso es **brew install node**.

Terminal de commandos

```
1  rew install node
```

Entonces, ejecutando este comando, es que se va a instalar **node** en nuestro sistema. Y para verificar que efectivamente este se ha instalado, debemos escribir el comando de:

Terminal de commandos

```
1  node -v
```

Salida de ejecutar: node -v

```
1  v20.13.1
```

Aquí nos va a indicar la versión que tenemos instalada, que en este caso yo tengo la versión **20.13.1**.

Que tengamos versiones distintas, la verdad es que no va a ser tan relevante, porque perfectamente puedo trabajar con esta versión de 20 y también puedes estar trabajando con la versión 22, no deberíamos ver diferencias muy grandes.

Ahora, lo que tenemos que hacer es ejecutar:

Terminal de commandos

```
1  npm i -g typescript
```

Salida de ejecutar: node npm i -g typescript

```
1   changed 1 package, and audited 2 packages in 1s
2   found 0 vulnerabilities
```

Y ya que hemos terminado de instalar, ahora podemos escribir el comando:

Terminal de commandos

```
1   tsc -v
```

Salida de ejecutar: tsc -v

```
1   Version 5.4.5
```

Y esto nos debería arrojar la versión de **TypeScript**, que en este caso es la **5.4.5**.

La siguiente lección es para ver cómo podemos instalarlo, pero en el sistema operativo Linux. Si no tienes este sistema operativo, no es necesario que leas la siguiente lección. Puedes pasar a la lección "Primeros pasos".

Instalación en Linux (Ubuntu).

En esta lección vamos a ver el proceso para todo lo que necesitamos instalar para poder usar TypeScript un Linux, en este caso para la distribución Ubuntu. En este caso, para una instalación limpia de Ubuntu necesitamos instalar **node** y **typescript**:

Primero abriremos una terminal de comandos y actualizaremos la lista de paquetes con el comando:

Terminal de commandos

```
1  sudo apt update
```

Lo siguiente que necesitamos es a **curl** para poder instalar a **node**, así que ejecutaremos el comando:

Terminal de commandos

```
1  sudo apt install curl
```

Esto comenzará a realizar las instalaciones correspondientes de **curl** que es un paquete para poder instalar lo siguiente.

Ahora instalaremos a **Node JS**, según su documentación podemos hacerlo de varias maneras. Una de estas es instalando un gestor de versiones de node llamado **nvm**. Si quieres consultar sobre las diferentes formas de instalar node puedes ir a la documentacion:

https://nodejs.org/en/download/package-manager

En nuestro caso usaremos **nvm**, entonces ejecutaremos los comandos como nos dice la página:

Terminal de commandos

```
1  curl -o- https://raw.githubusercontent.com/nvm-sh/nvm/v0.39.7/install.sh | bash
```

Esto instalará **nvw** en nuestro sistema, lo que nos recomendará node es que reiniciemos nuestra terminal o que ejecutemos:

Terminal de commandos

```
1  export NVM_DIR="$([ -z "${XDG_CONFIG_HOME-}" ] && printf %s "${HOME}/.nvm" || printf\
2  %s "${XDG_CONFIG_HOME}/nvm")"
3  [ -s "$NVM_DIR/nvm.sh" ] && \. "$NVM_DIR/nvm.sh" # This loads nvm
```

Vamos a usar el siguiente comando para comprobar que se ha instalado correctamente:

Terminal de commandos

```
1  nvm -v
```

Salida de ejecutar: nvm -v

```
1  0.39.7
```

Lo siguiente será instalar una versión de **node**. En este caso, vamos a instalar la que nos recomienda la documentación, que sería la 20:

Terminal de commandos

```
1   nvm install 20
```

Al ejecutar, comenzará a instalar la versión 20 de node y al finalizar, deberás ver algo así:

Salida de ejecutar: nvm install 20

```
. . .
Computing checksum with sha256sum
Checksums matched!
Now using node v20.15.0 (npm v10.7.0)
Creating a default alias: default -> 20 (-> v20.15.0)
```

Vamos a comprobar que tenemos **node**:

Terminal de commandos

```
1   node -v
```

Salida de ejecutar: node -v

```
1   v20.15.0
```

Y ahora **npm**:

Terminal de commandos

```
1   npm -v
```

Salida de ejecutar: npm -v

```
1   10.7.0
```

Lo siguiente que haremos es instalar a **TypeScript**, para esto ejecutaremos:

Terminal de commandos

```
1   npm i -g typescript
```

Salida de ejecutar: node npm i -g typescript

```
1   added 1 package in 2s
```

Y ya que hemos terminado de instalar, ahora podemos escribir el comando:

Terminal de commandos

```
1   tsc -v
```

Salida de ejecutar: tsc -v

```
1   Version 5.5.2
```

Y esto nos debería arrojar la versión de **TypeScript**, que en este caso es la **5.5.2**. Con esto listo, podemos ir a nuestros primeros pasos.

Primeros pasos.

Y ahora vamos a crear nuestra primera aplicación en **TypeScript**. Lo primero que vamos a necesitar es un editor de código, así que no tienes uno, te recomiendo VsCode. Del cual, en el canal de Youtube @holamundodev tengo un curso completamente gratuito para que tú puedas aprender a utilizarlo, de comienzo hasta el final, y analizamos también todas las funcionalidades que trae:

https://www.youtube.com/watch?v=Ei1y51K8jQk

Igualmente, tú puedes usar el editor que más te guste, ya que esto no afectará nada en lo que aprenderemos en este libro.

Ahora, si vamos a ver cómo podemos crear nuestra primera aplicación en **TypeScript** y lo primero que tenemos que hacer es crear una carpeta que contendrá nuestro proyecto. En mi caso, lo haré en una carpeta que le llama "**workspace**" y dentro de esta creará otra que le llamará "**hola-mundo**".

Estructura de carpetas y archivos en la carpeta workspace

```
1  workspace/
2      |-- hola-mundo/
```

Si quieres hacer este proceso en la terminal, igualmente podemos hacerlo con:

Terminal de comandos

```
1  mkdir -p workspace/hola-mundo
```

Después vamos a ingresar a este directorio estando ubicados desde donde lo creamos con el comando:

Terminal de comandos

```
1  cd workspace/hola-mundo
```

Y lo siguiente es abrir esta carpeta que hemos creado con VsCode, en la que puedes usar la terminal de comandos y escribir el comando:

Terminal de comandos

```
1  code .
```

O puedes hacerlo abriendo la aplicación de VsCode y haciendo clic en este botón de "**Open**" o "**Abrir**" para abrir la carpeta "**hola-mundo**":

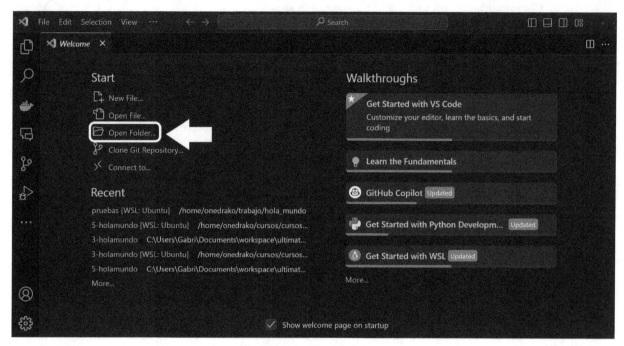

Abrir carpeta desde VsCode

Y ahí debemos buscar donde hayamos creado nuestra carpeta y hacer clic en el botón **"Seleccionar carpeta"**:

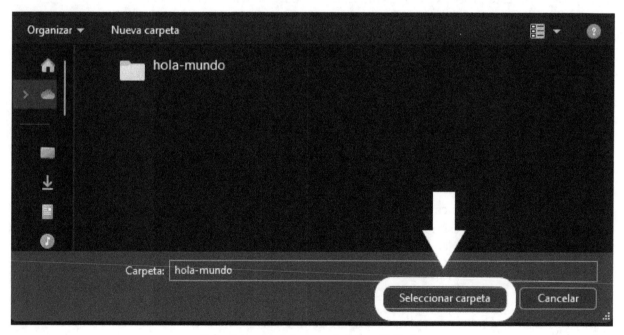

Seleccionar carpeta para abrir con VsCode

Por supuesto que puedes crear tu proyecto donde quieras, no es necesario que se llame de esta manera. Y con esto listo, ahora podemos empezar a trabajar en nuestra primera aplicación construida en **TypeScript**.

Vamos a cerrar aquí esta pestaña de "GetStarted" y nos vamos a venir acá adonde aparece el nombre de la carpeta. Y una vez acá adentro crearemos un nuevo archivo que, en este caso, se va a llamar **"index.ts"**:

Estructura de carpetas y archivos en la carpeta hola-mundo

```
1  hola-mundo/
2      |-- index.ts
```

En este archivo vamos a escribir:

hola-mundo/index.ts

```
1  console.log("Hola Mundo")
```

Y luego de esto, vamos a guardar.

Lo que haremos ahora será compilar este código, que ya sabemos que esto es **JavaScript** por su sintaxis, pero que también es código **TypeScript**. Y lo que haremos será transformar este código finalmente a **JavaScript**.

Para eso, lo que haremos es abrir la terminal de comandos. Lo que yo haré es abrir la terminal integrada que tiene VsCode y esto lo puedes hacer accediendo al atajo de teclado: **control** + ' y eso abrirá la terminal integrada:

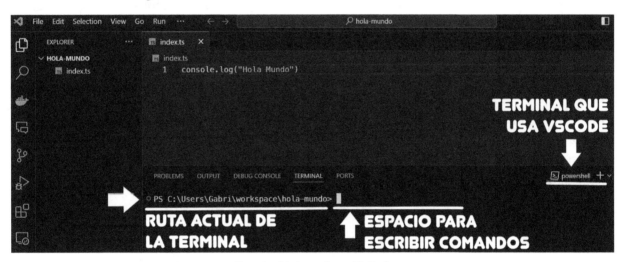

Terminal integrada en VsCode

Ahora, el comando que vamos a usar es:

Terminal de commandos

```
1  tsc index.ts
```

Al presionar **enter** nos va a crear un nuevo archivo, el cual se llamará "**index.js**" y este nos lo ha creado justamente al lado de nuestro archivo de "**index.ts**":

Estructura de carpetas y archivos en la carpeta hola-mundo

```
1  hola-mundo/
2      |-- index.ts
3      |-- index.js
```

Esto no es lo que buscaremos para compilar el código, pero por ahora lo vamos a obviar y vamos a seguir viendo qué es lo que está haciendo este comando de **tsc**.

Vamos a ingresar a este nuevo archivo de "**index.js**" para ver su contenido:

hola-mundo/index.js

```
1   console.log("Hola Mundo")
```

Aquí vemos que tenemos el **console.log** exactamente igual como lo habíamos escrito antes. Está escribiendo esto y nada nuevo, porque aún no estamos haciendo uso de las funcionalidades de **TypeScript**. Para ver esto regresaremos a nuestro archivo **"index.ts"**, vamos a eliminar este **console.log**:

hola-mundo/index.ts

```
1   console.log("Hola Mundo")
```

Y vamos a crear una nueva variable, la cual se va a llamar **mensaje**:

hola-mundo/index.ts

```
1   let mensaje = "Hola Mundo"
```

Guardamos esto y veremos que esto vendría siendo código **JavaScript** completamente válido, ahora lo que haremos será transformarlo en código **TypeScript**:

hola-mundo/index.ts

```
1   let mensaje: string = "Hola Mundo"
```

Entonces, justamente después del nombre de la variable que es **mensaje**, antes del símbolo de igual, escribiremos dos puntos, un espacio y la palabra **string**. De esta manera, le estamos indicando a esta variable de mensaje que su tipo de dato es **string**.

Lo que acabamos de hacer significará que si cuando estemos programando quisiéramos cambiar el valor de **mensaje** a, por ejemplo, 42:

hola-mundo/index.ts

```
3   mensaje = 42
```

Esto lo que hará será entregarnos un mensaje de error. La línea se pintará en rojo, además de que si dejamos el cursor sobre este texto subrayado en VsCode:

```
TS  index.ts  1  ✕

   TS  index.ts  › ...
   1     let mensaje: string = "Hola Mundo"
   2
   3     mensaje = 42
            Type 'number' is not assignable to type
            'string'. ts(2322)

            let mensaje: string

          View Problem (Alt+F8)   No quick fixes available
```

Error de tipo en TypeScript.

Veremos que nos está indicando que el tipo de número no es asignable al tipo **string**. Esto es porque el número **42** es de tipo número y no se lo podemos asignar al tipo **string** que vendría siendo el tipo de la variable **mensaje**. Y si intentamos compilar esto con el comando:

Terminal de commandos

```
1   tsc index.ts
```

Presionamos **enter** para ejecutar:

Salida de ejecutar: tsc index.ts

```
1   index.ts:3:1 - error TS2322: Type 'number' is not assignable to type 'string'.
2
3   3 mensaje = 42
```

Nos vamos a dar cuenta de que aquí nos está indicando el mensaje de error nuevamente, exactamente el mismo que vimos en VsCode y, además, nos está indicando en qué línea está ocurriendo este error, la cual es la 3.

Así que lo que vamos a hacer es que vamos a eliminar esto:

hola-mundo/index.ts

```
3   mensaje = 42
```

Por supuesto, si quisiéramos reasignar el valor de esta variable, pero que esta también sea un **string**, como por ejemplo, el texto **"Chanchito Feliz"**.

hola-mundo/index.ts

```
3   mensaje: = "Chanchito Feliz"
```

Este no nos va a indicar absolutamente ningún error, y con nuestra terminal presionando la flecha de hacia arriba volveremos a ejecutar el comando:

Terminal de commandos

```
1   tsc index.ts
```

Presionamos **enter** y vamos a ver cómo no nos mostrará absolutamente ningún error. Y si vamos a nuestro archivo "**index.js**":

hola-mundo/index.js

```
1   var mensaje = "Hola Mundo";
2   mensaje = "Chanchito Feliz";
```

Vamos a ver que tenemos código, cuyas variables se han escrito con la palabra reservada de **var** en lugar de **let** y podemos ver cómo estamos definiendo nuestra variable de **mensaje** con el valor de "**Hola Mundo**" y luego le estamos cambiando su valor a "**Chanchito Feliz.**

Ahora, algo que tienes que saber que es sumamente importante: el código de este archivo "**index.js**" es "**ES5**" o "**ECMAScript 5**". Esta es una definición antigua de cómo era **JavaScript** y actualmente ya no se está escribiendo código en "**ES5**". El que se está usando actualmente se está escribiendo código en el "**ES2022**", pero no todos los exploradores web están utilizando esta convención, pero de esto vamos a hablar de eso un poco más adelante. Lo que tienes que saber es que todo este código que estás viendo acá es **ES5**.

Ya que hemos visto cómo podemos compilar nuestro código y también tuvimos nuestro primer acercamiento a TypeScript, ahora vamos a ver cómo podemos configurar el compilador en nuestros proyectos.

Configurando el compilador.

Para continuar configurando las opciones de nuestro compilador, lo primero que vamos a hacer es eliminar nuestro archivo de "**index.js**":

Estructura de carpetas y archivos en la carpeta hola-mundo

```
1   hola-mundo/
2       |-- index.ts
3       |-- index.js
```

Y en nuestra terminal vamos a escribir:

Terminal de commandos

```
1   tsc -init
```

Presionaremos **enter** para ejecutarlo:

Salida de ejecutar: tsc -init

```
1   Created a new tsconfig.json with:                                    \
2
3   TS
4   target: es2016
5   module: commonjs
6   strict: true
7   esModuleInterop: true
8   skipLibCheck: true
9   forceConsistentCasingInFileNames: true
10
11  You can learn more at https://aka.ms/tsconfig
```

Esto lo que hará será crearnos un nuevo archivo el cual se llama "**tsconfig.json**":

Estructura de carpetas y archivos en la carpeta hola-mundo

```
1   hola-mundo/
2       |-- index.ts
3       |-- tsconfig.json
```

Al abrir este archivo para ver qué es lo que este tiene, vemos que esto contiene, muchas y muchas opciones. La verdad es que no es necesario que te aprendas absolutamente todas estas opciones. Yo no me las conozco, nadie se las conoce, ni siquiera los creadores de **TypeScript** se conocen todas las opciones que aparecen acá. Lo importante es que tienes que saber que aquí hay muchas opciones que puedes venir a revisar en el caso de que necesites algo en específico de esto.

Lo que sí vamos a hacer es bajar para encontrar la primera opción que nos interesa, que es la de **target**:

hola-mundo/tsconfig.json

```
. . .
/* Language and Environment */
"target": "es2016",                                 /* Set the JavaScript language \
version for emitted JavaScript and include compatible library declarations. */
// "lib": [],
. . .
```

Esta nos indica a qué versión de JavaScript queremos transpilar el código que estemos escribiendo. Para esta opción tenemos muchas alternativas, incluso lo que podemos hacer es eliminar los dígitos "16" de "es2016" y presionar la tecla de control + espacio para que nos muestre todas las alternativas que tenemos:

Opciones ES en tsconfig

Que como podemos ver, tenemos hasta la especificación de "ES2023".

Sin embargo, utilizaremos 2016, porque esta es la más segura, ya que la gran mayoría de los exploradores web soportan por lo menos la versión del "ECMAScript 2016".

Ahora lo que haremos será bajar un poquito más hasta encontrar la de **rootDir**:

hola-mundo/tsconfig.json

```
. . .
"module": "commonjs",                               /* Specify what module code is \
generated. */
// "rootDir": "./",                                 /* Specify the root folder with\
in your source files. */
// "moduleResolution": "node10",
. . .
```

Y esta opción nos permite a poder indicarle a nuestro proyecto dónde se encuentran nuestros archivos de **TypeScript**.

Así que lo que haremos será descomentar esta opción, que puedes hacer esto con el atajo **control + /** para teclados en inglés o **control + }** para teclados en español:

hola-mundo/tsconfig.json

```
. . .
"module": "commonjs",                  /* Specify what module code is \
generated. */
"rootDir": "./",                       /* Specify the root folder within \
your source files. */
// "moduleResolution": "node10",
. . .
```

Y vamos a cambiar esta opción a "**src**":

hola-mundo/tsconfig.json

```
. . .
"module": "commonjs",                  /* Specify what module code is \
generated. */
"rootDir": "./src",                    /* Specify the root folder with\
in your source files. */
// "moduleResolution": "node10",
. . .
```

Entonces aquí le estamos diciendo que todo el código fuente de nuestra aplicación se va a encontrar dentro de esta carpeta "**src**".

Esta carpeta en este momento no existe, tenemos que crearla en esta carpeta que tienen nuestro proyecto que en mi caso se llama hola-mundo:

Estructura de carpetas y archivos en la carpeta hola-mundo

```
1  hola-mundo/
2      |-- src/
3      |-- index.ts
4      |-- tsconfig.json
```

Ahora, lo que haremos será cambiar de ubicación nuestro archivo "**index.ts**" para que esté dentro de nuestra carpeta "**src**":

Estructura de carpetas y archivos en la carpeta hola-mundo

```
1  hola-mundo/
2      |-- src/
3          |-- index.ts
4  |-- tsconfig.json
```

Con esto listo, vamos a seguir viendo más opciones:

hola-mundo/tsconfig.json

```
. . .
// "outFile": "./",                              /* Specify a file that bundles \
all outputs into one JavaScript file. If 'declaration' is true, also designates a fi\
le that bundles all .d.ts output. */
// "outDir": "./",                               /* Specify an output folder for\
 all emitted files. */
// "removeComments": true,
```

Aquí encontramos a **outDir** en la sección de **Emit**. Y esta vendría siendo en qué carpeta se va a guardar el código **JavaScript** una vez que este haya sido transpilado desde el código **TypeScript**, que como carpeta predeterminada vemos que nos está indicando es que el código va a ser colocado directamente en la raíz de nuestro proyecto, que esto no es lo que queremos, ya que vamos a necesitar que esto se encuentre dentro de otra carpeta para que el código quede más ordenado.

Así que lo que vamos a hacer es que vamos a descomentar esta opción:

hola-mundo/tsconfig.json

```
. . .
// "outFile": "./",                              /* Specify a file that bundles \
all outputs into one JavaScript file. If 'declaration' is true, also designates a fi\
le that bundles all .d.ts output. */
"outDir": "./",                                  /* Specify an output folder for al\
l emitted files. */
// "removeComments": true,
. . .
```

Y vamos a cambiar que la carpeta será "**dist**":

hola-mundo/tsconfig.json

```
. . .
// "outFile": "./",                              /* Specify a file that bundles \
all outputs into one JavaScript file. If 'declaration' is true, also designates a fi\
le that bundles all .d.ts output. */
"outDir": "./dist",                              /* Specify an output folder fo\
r all emitted files. */
// "removeComments": true,
. . .
```

Y "**dist**" es una convención para nombrar la carpeta donde vamos a dejar todo el código **JavaScript** una vez que este ya haya sido transpilado por el compilador de **TypeScript**.

Vamos a continuar viendo otra opción. Y aquí la opción que nos interesa es la de **noEmitOnError**:

hola-mundo/tsconfig.json

```
. . .
// "noEmitHelpers": true,                          /* Disable generating custom he\
lper functions like '__extends' in compiled output. */
// "noEmitOnError": true,                          /* Disable emitting files if an\
y type checking errors are reported. */
// "preserveConstEnums": true,
. . .
```

Que, si por alguna razón nuestro código fuente de **TypeScript** presentará algún error con esta opción, lo que hará será igual de todas maneras generar código **JavaScript**, que definitivamente no queremos eso, lo que queremos hacer es que en el caso de que exista algún error que detenga la ejecución y que no emita finalmente archivos **JavaScript**.

Así que lo que vamos a hacer es igualmente descomentar esta opción dejando el valor de **true**:

hola-mundo/tsconfig.json

```
. . .
// "noEmitHelpers": true,                          /* Disable generating custom he\
lper functions like '__extends' in compiled output. */
"noEmitOnError": true,                             /* Disable emitting files if any t\
ype checking errors are reported. */
// "preserveConstEnums": true,
. . .
```

Y la última opción que vamos a cambiar es la de **removeComments**:

hola-mundo/tsconfig.json

```
. . .
"outDir": "./dist",                                /* Specify an output folder fo\
r all emitted files. */
// "removeComments": true,                         /* Disable emitting comments. */
// "noEmit": true,
. . .
```

Esta la vamos a habilitar y la vamos a dejar en **true**:

hola-mundo/tsconfig.json

```
. . .
"outDir": "./dist",                                /* Specify an output folder fo\
r all emitted files. */
"removeComments": true,                            /* Disable emitting comments. */
// "noEmit": true,
. . .
```

Ahora sí, lo que haremos será ir a nuestra terminal y ahora vamos a escribir lo siguiente:

Terminal de commandos

```
1   tsc
```

Y nadamas, no es necesario ahora que apuntemos a la carpeta donde se encuentra nuestro código
fuente, si es que no tuviésemos configurado nuestro compilador, tendríamos que escribir necesariamente **tsc src/index.ts**, pero como ya lo configuramos, ya le indicamos dónde se encuentra
el código fuente de la aplicación y también le indicamos que queremos que guarde el código
generado; ahora podemos presionar **enter** para ejecutar el comando.

Y no deberíamos tener absolutamente ningún error, lo que si vamos a ver es que se ha generado
esta carpeta de **"dist"**:

Estructura de carpetas y archivos en la carpeta hola-mundo

```
1   hola-mundo/
2           |-- src/
3           |-- index.ts
4       |-- dist/
5               |-- index.js
6       |-- tsconfig.json
```

Y si vemos el contenido de nuestro archivo **"index.js"**:

hola-mundo/dist/index.js

```
1   "use strict";
2   let mensaje = "Hola Mundo";
3   mensaje = "Chanchito Feliz";
```

Vemos ahora cómo tenemos generado este código, qué cómo podemos ver ahora si está usando la
palabra reservada de **let** y además estamos haciendo uso de **"use strict"**.

A medida que vayamos avanzando en el libro, vamos a seguir viendo otras opciones, siempre y
cuando estas nos sean útiles, pero por ahora ya podemos avanzar a nuestra siguiente lección.

Depurando código TypeScript.

Una de las cosas más útiles a aprender cuando estamos desarrollando con **TypeScript** es a aprender a depurar el código utilizando el editor de VsCode. Y para poder empezar a hacer esto hay una serie de pasos que tenemos que seguir sí o sí para activar esta funcionalidad, y es importante que la sigas al pie de la letra.

Lo que tenemos que hacer en este caso es devolvernos a nuestro archivo de **"tsconfig.json"** y la opción que nos interesa buscar ahora dentro de la categoría de **Emit** es la de **sourceMap**:

hola-mundo/tsconfig.json

```
. . .
// "emitDeclarationOnly": true,          /* Only output d.ts files and n\
ot JavaScript files. */
// "sourceMap": true,                    /* Create source map files for \
emitted JavaScript files. */
// "inlineSourceMap": true,
. . .
```

Esto es lo que tenemos que hacer es habilitarlo, así que lo que vamos a hacer es descomentarlo. Esto lo que hará será generar unos archivos que se encargarán de indicarle a VsCode cómo se mapea de cierto modo los archivos de **JavaScript** al archivo de **TypeScript**.

Vamos a ver qué es lo que genera en este caso cuando intentamos compilar nuestro proyecto, así es que vamos a abrir nuevamente la terminal y vamos a volver a escribir:

Terminal de commandos

```
1  tsc
```

Y ahora podemos ver que dentro de la carpeta de **"Dist"** ahora nos ha generado un nuevo archivo, el cual tiene la extensión de **map**:

Estructura de carpetas y archivos en la carpeta hola-mundo

```
1  hola-mundo/
2          |-- src/
3          |-- index.ts
4      |-- dist/
5          |-- index.js
6          |-- index.js.map
7      |-- tsconfig.json
```

Si vemos su contenido, vamos a ver que nos está entregando todo este chorizo horrible de código:

hola-mundo/dist/index.js.map

```
1  {"version":3,"file":"index.js","sourceRoot":"","sources":["../src/index.ts"],"names"\
2  :[],"mappings":";AAAA,IAAI,OAAO,GAAW,YAAY,CAAC"}
```

Esto no es para que lo entendamos, esto es para que lo entienda la máquina, pero esto es lo que nos genera **TypeScript** cuando compilamos nuestro código.

Lo que haremos ahora será escribir un poco de lógica dentro de nuestro archivo "**index.ts**" para que tenga sentido de lo que estamos haciendo.

Así que tenemos la definición de la variable **mensaje**, lo que haremos ahora será escribir lo siguiente:

hola-mundo/src/index.ts

```
4  console.log(mensaje);
5
6  mensaje = "Chao Mundo";
```

Así que escribimos un **console.log** para imprimir el valor de **mensaje** en la terminal y finalmente voy a reasignar nuevamente el valor a la variable de **mensaje** y le cambiamos su valor a "**Chao mundo**". Guardaremos estos cambios.

Y ahora lo que tenemos que hacer es colocar un breakpoint. Estos se colocan justo al lado izquierdo, donde nos muestra las líneas de código del editor:

Zona donde se definen los breakpoints.

Y para colocar uno tendremos que hacer clic en cualquiera de estos. Para nuestro ejemplo, vamos a colocarlo sobre la línea 1:

```
src >  index.ts > ...
   1    let mensaje: string = "Hola Mundo";
   2    mensaje = "Chanchito feliz"
   3
   4    console.log(mensaje);
   5
   6    mensaje = "Chao Mundo";
```

Breakpoint colocado.

Y esto, lo que va a hacer, es que nos ha agregado un breakpoint que es donde se va a detener la ejecución del código cuando estemos depurando nuestra aplicación.

Entonces, en la barra de actividades de VsCode, tendremos que hacer clic en el icono de "Run and Debug":

Botón "Run and Debug".

Y aquí tenemos que hacer clic en esta opción que dice "create and launch.json file".

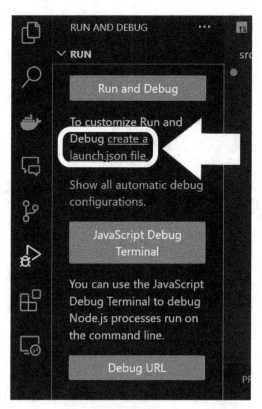

Crear archivo launch.json.

Y aquí tenemos que seleccionar la opción de **node.js:**

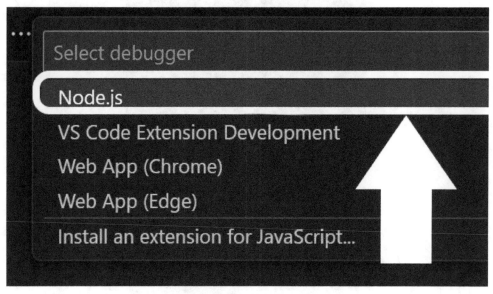

Seleccionar debbuger.

Y en este nuevo archivo que se ha creado podemos ver varias opciones interesantes:

hola-mundo/.vscode/launch.json

```
1    {
2    // Use IntelliSense para saber los atributos posibles.
3    // Mantenga el puntero para ver las descripciones de los existentes atributos.
4    // Para más información, visite: https://go.microsoft.com/fwlink/?linkid=830387
5    "version": "0.2.0",
6    "configurations": [
7        {
8        "type": "node",
9        "request": "launch",
10       "name": "Iniciar el programa",
11       "skipFiles": [
12           "<node_internals>/**"
13       ],
14       "program": "${workspaceFolder}/src/index.ts",
15       "outFiles": [
16           "${workspaceFolder}/**/*.js"
17           ]
18       }
19    ]
20   }
```

- La primera es la versión que estamos utilizando del archivo, que para este ejemplo usamos la **0.2.0**.
- Después de eso le estamos indicando cómo vamos a depurar nuestra aplicación y le estamos indicando qué es con **node**.
- Luego de eso, tenemos cuál es la petición que está haciendo.
- A continuación estamos indicando una etiqueta de qué es lo que se va a ver cuando intentemos ejecutar esta forma de depurar la aplicación, que en este caso es la de iniciar el programa.
- Posteriormente, estamos viendo de dónde va a sacar el código fuente de nuestra aplicación.
- Y finalmente dónde va a guardar todo el código **JavaScript** que sea transpilado desde **TypeScript**.

A esto le tenemos que agregar una opción más y esto tienes que copiarlo al pie de la letra, porque si te equivocas, esto no va a funcionar. Así que agregaremos:

hola-mundo/.vscode/launch.json

```
14       "program": "${workspaceFolder}/src/index.ts",
15       "preLaunchTask": "tsc: build - tsconfig.json",
16       "outFiles": [
17   . . .
```

Esto es súper importante, los espacios y los guiones, todo tienes que copiarlo, tal cual, si no, no te va a funcionar. Y ahora guardamos.

Y de regreso a nuestro archivo **"index.ts"**, lo que tenemos que hacer es ir aquí a esta parte que dice **Launch**. Tenemos que hacer clic en esta flechita que está apuntando hacia abajo:

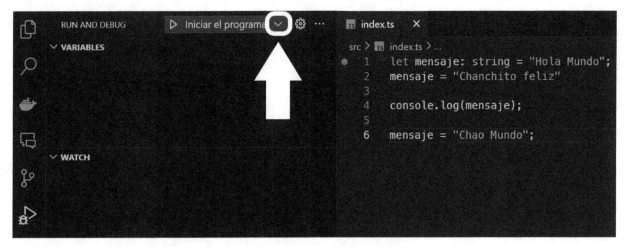

Opciones para iniciar depurador.

Donde nos va a indicar las opciones que tenemos para poder depurar nuestra aplicación:

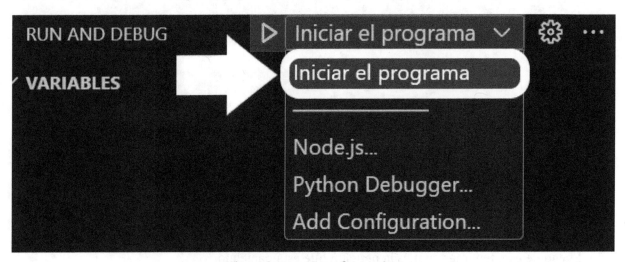

Eligiendo nuestra configuración.

Aquí nos está mostrando a "iniciar el programa", que fue la etiqueta que ya venía creada por defecto que vimos hace un momento.

Así que después de eso ya puedo hacer clic aquí en este botón de **play** para iniciar el depurador y cuyo atajo vendría siendo **F5**, siempre prefiere el atajo para que esto siempre sea más rápido y así vayas mejorando tu velocidad utilizando el editor de código.

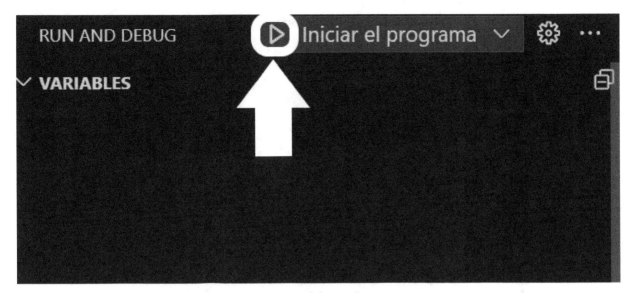

Iniciar el depurador.

Y como puedes ver, la aplicación se está ejecutando y aquí tenemos que nos hemos detenido en la primera línea. Y a la izquierda podemos ver todas las variables que se encuentran dentro de nuestro ambiente, en concreto, aquí podemos ver la variable de mensaje con el valor de **undefined**:

Depurador iniciado

Esto está ocurriendo porque tenemos que pasar de esta línea 1 para que finalmente el valor sea asignado a la variable de mensaje. En fin, volvamos aquí a las opciones que nos ofrece el depurador:

Opciones del depurador

Y estas son:

1. Continue, que continúa derechamente con la ejecución.
2. Step over, que lo que hace es que pasa a la siguiente línea.
3. Step into que nos permite a poder ingresar a una función.
4. Step out para salirnos de la función.
5. Restart para reiniciar.
6. Y Stop, para detener la ejecución del depurador.

Pero si quieres saber cómo funciona más en detalle, te recomiendo nuevamente el curso de VsCode en:

https://www.youtube.com/watch?v=Ei1y51K8jQk

Así que si hacemos una vez clic "**step over**":

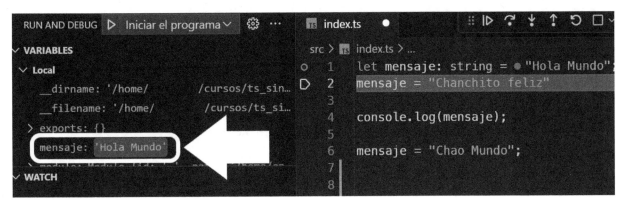

Vista de después de hacer clic en step over

Ahora podemos ver que la variable de **mensaje** ha cambiado y contiene el valor de **"Hola mundo"**. Y también ahora nos encontramos en la línea número 3.

Por ende, cuando volvamos a presionar "Step Over", lo que podemos esperar es que esta variable ahora ya cambie de "Hola mundo" a "Chanchito feliz", así que vamos a hacer exactamente eso:

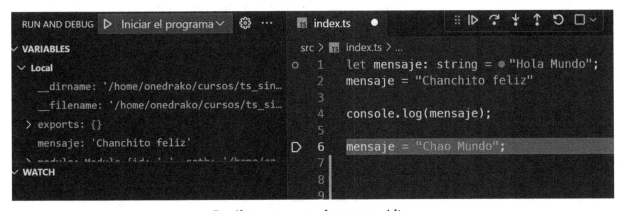

Vista de después de hacer clic en el siguiente en step over.

Ahora vemos cómo este ha cambiado a **"chanchito feliz"**.

Vamos a volver a hacer clic aquí en "step over":

Penúltimo step over de nuestro código.

Ahora nos ubicamos en la línea 6, pero vemos que el valor no ha cambiado, porque lo que tenemos que pasar a la siguiente línea para que el valor cambie.

Sin embargo, si hacemos clic de nuevo, no nos va a mostrar el valor porque la ejecución del programa se ha detenido. Si quisiéramos que esta necesariamente apareciera, lo que tenemos que hacer es mover esta línea hacia abajo:

hola-mundo/src/index.ts

```
4  mensaje = "Chao Mundo";
5  console.log(mensaje);
```

Que es más que nada dejar una línea justamente después para que el programa no termine su ejecución, y así nos pueda mostrar nuevamente el valor de **mensaje**.

Con esto listo, podemos depurar nuevamente la aplicación, haciendo clic en el botón de "play". Y ahora podemos volver a hacer clic en "Step over" varias veces hasta que el depurador esté en la última línea, que es el **console.log**:

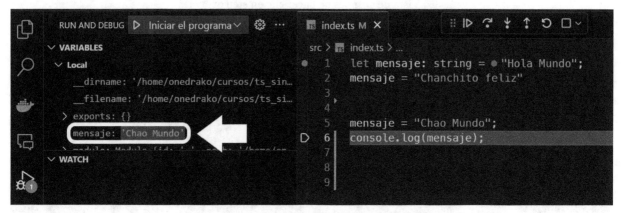

Último step over de nuestro código.

Y aquí tenemos el valor de **"Chao Mundo"**.

Esto es sumamente útil porque nos va a ayudar muchísimo para poder encontrar errores en nuestra aplicación, y así no es necesario que estemos constantemente compilando, y refrescando para finalmente ver el dato que nos debería mostrar. Esto ya debería ayudarnos bastante en el desarrollo.

Ahora podemos detener nuestro depurador.

Y con esto ya hemos visto cómo podemos depurar nuestras aplicaciones escritas en **TypeScript** con VsCode. Ahora ya podemos pasar a la siguiente sección.

Capítulo 2: tipos básicos.

Contenido de la sección.

Hola mundo, en esta sección veremos los tipos básicos que tiene **TypeScript**. El contenido de esta sección será el siguiente:

1. Que son los tipos.
2. Porque no usar el tipo any.
3. Aprenderás también los tipos de array, tuplas, enum, objetos, funciones y never.

No perdamos más el tiempo y comencemos.

Tipos en TypeScript.

Tipos nativos en JavaScript.

Existen múltiples tipos que ya son nativos de **JavaScript**, entre los que tenemos dentro de los tipos nativos son:

- number,
- string,
- boolean,
- null,
- undefined,
- object,
- y también function.

Ahora aquí nos queda una duda que es donde se encuentra el arreglo o **array**, y para tu sorpresa el **array no es de tipo array**, es de tipo objeto. Y más de alguno podrá diciendo: "Profesor, no tiene idea de nada, trabajo con arrays todos los días", pero sí escribimos:

hola-mundo/src/index.ts

```
6  console.log(typeof [])
```

Y vamos a ejecutar esto para ver qué es lo que nos devuelve. Así es que vamos a escribir:

Terminal de commandos

```
1  tsc
```

Para compilar nuestro código, vamos a escribir ahora el comando:

Terminal de commandos

```
1  node dist/index.js
```

Usamos a **node** para ejecutar nuestro código JavaScript sobre **"dist"**, porque esa es la salida de nuestros archivos de JavaScript, un slash hacia adelante, y le indicamos nuestro archivo **"index.js"**. Presionamos **enter** para ejecutar:

Salida de ejecutar: node dist/index.js

```
1  Chao Mundo
2  object
```

Y aquí vemos el primer mensaje que es el de "Chao Mundo", que es este viene de la línea 5 con el **console.log** de **mensaje** y luego tenemos que nos está imprimiendo **object** que es de la línea que acabamos de escribir, que vendría siendo el tipo del **array**.

Tipos que se agregan con el uso de TypeScript.

Ahora vamos a ver qué tipos agrega **TypeScript** a los que ya se encuentran dentro de **JavaScript**. Dentro de los que se encuentran:

- **any**, el cual vamos a tratar de no usarlo, porque cuando estamos utilizando el tipo de **any**, podemos pasar cualquier tipo de dato. Y la verdad es que este tipo de dato va a eliminar el propósito de **TypeScript**, así es que este vamos a tratar de no utilizarlo, pero es bueno que sepas que este existe.
- **unknown**,
- **never**,
- **arrays**,
- **tuplas**,
- y finalmente también tenemos los **enum**.

Todos estos tipos son los que va a agregar **TypeScript** a nuestro código, esto es, incluyendo también los tipos que ya existen. Pero también existe una funcionalidad de **TypeScript** que se llama los **tipos inferidos**, y esto quiere decir que cuando inicializamos una variable, **TypeScript** va a ser lo suficientemente inteligente para poder saber qué tipo se está utilizando.

Vamos a continuar ahora definiendo unas variables y les vamos a empezar a asignar unos tipos a estas. Así que lo que vamos a hacer es que vamos a continuar más abajo en nuestro archivo y vamos a escribir la siguiente variable:

hola-mundo/src/index.ts

```
8  let extincionDinosaurios = 76_000_000
```

Comenzamos entonces con esta variable que es la cantidad de años que ocurrió la extinción de los dinosaurios, que fue hace 76 millones de años.

Y un detalle es que cuando escribimos los números en **TypeScript**, también podemos separar los miles y los millones utilizando un guion bajo, haciendo que nuestro código sea más fácil de leer.

Ahora, lo que vamos a hacer es agregarle el tipo de **number**:

hola-mundo/src/index.ts

```
8  let extincionDinosaurios: number = 76_000_000
```

Aquí ya tendríamos el primer tipo.

La siguiente variable que vamos a definir es la de nuestro dinosaurio favorito. Este va a ser un **string** y mi dinosaurio favorito es un "Tyrannosaurus Rex":

hola-mundo/src/index.ts

```
9  let dinosauioFavorito: string = "Tyrannosaurus Rex"
```

Luego de esto, vamos a ver el **boolean** y esto va a ser preguntándoles si es que los dinosaurios ya se encuentran extintos:

hola-mundo/src/index.ts

```
10   let extintos: boolean = true
```

Entonces definimos que si tipo es **boolean** y su valor es un **true**.

Si pasamos el cursor sobre los nombres de las variables, veremos que en **extincionDinosaurios**:

Tipo varible number.

Nos está indicando que es un **number**.

En **dinosauioFavorito**:

Tipo varible string.

Es un **string**, mientras que **extintos**:

Tipo varible boolean.

Es un **boolean**.

Lo siguiente que vamos a hacer es eliminar el tipado de extintos:

hola-mundo/src/index.ts

```
9    let dinosauioFavorito: string = "Tyrannosaurus Rex"
10   let extintos = true
```

Y si tratáramos de asignarle un valor que no sea un **boolean** a esta variable, por ejemplo, el número **42**:

hola-mundo/src/index.ts

```
12   extintos = 42
```

Nos va a terminar por arrojar un error:

```
 7
 8    Type 'number' is not assignable to type 'boolean'. ts(2322)
 9
10    let extintos: boolean
11
      View Problem (Alt+F8)    No quick fixes available
12    extintos = 42
13
```

Error al reasignar el valor de la variable.

En este caso, nos está indicando que la variable **extintos** es de tipo **boolean** y que no le podemos asignar un tipo **number**. Y este vendría siendo el tipado inferido que nos entrega **TypeScript**.

 Tipado inferido.

Más que nada significa que no es necesario que le indiquemos el tipo a cada una de estas variables, siempre y cuando las estemos inicializando, ya que **TypeScript** va a ser lo suficientemente inteligente para poder detectar qué tipo de dato es cada una.

Así que vamos a borrar esta línea para evitar este error:

hola-mundo/src/index.ts

```
12   extintos = 42
```

¿Y qué es lo que ocurre si no inicializamos el valor? En este caso podemos colocar:

hola-mundo/src/index.ts

```
12   let miVariable
```

Guardaremos nuestros cambios y ahora vamos a colocar el cursor sobre **miVariable**:

```
10   let
              let miVariable: any
11
12   let miVariable
13
```

Tipo de la variable no inicializada.

Nos va a indicar que esta es de tipo **any** y este es exactamente el tipo que no queremos utilizar cuando nos encontremos definiendo variables.

En la siguiente lección, vamos a ver por qué no deberíamos utilizar el tipo **any**.

No uses el tipo any.

Continuando con el tipo **any**, este tipo nos permite que podamos asignarles cualquier valor a las variables como, por ejemplo:

hola-mundo/src/index.ts

```
13    miVariable = "Chanchito Feliz"
```

En este caso, le estamos asignando el valor de **"chanchito feliz"**, pero luego, más adelante, podemos asignarle el valor de **100**:

hola-mundo/src/index.ts

```
14    miVariable = 100
```

En este caso, no nos está entregando ningún error. Debido a que el tipo **any** nos permite que podamos asignarle el valor del tipo que queramos. Y esto elimina completamente el propósito de estar utilizando **TypeScript**.

Así que lo que tenemos que hacer siempre es estarle asignando un tipo de dato a una variable, y en el caso de que vayamos a inicializar esa variable inmediatamente con un dato, en ese caso no sería necesario colocar el tipo. Como es en el caso de estas variables que tenemos más arriba en el código, ya que a estas sí le hemos colocado un valor inicial:

hola-mundo/src/index.ts

```
8     let extincionDinosaurios = 76_000_000
9     let dinosauioFavorito = "Tyrannosaurus Rex"
10    let extintos = true
11    . . .
```

Ya que recuerda que **TypeScript** les asignará un tipo por el tipado inferido. Ahora, si quieres ser más explícito, en ese caso, lo mejor sería que le colocaras los tipos de datos que les corresponden. Así, de cierta manera, te aseguras de que estás inicializando estas variables con un tipo de dato, independientemente de si le asignas o no un valor. Pero es importante que sepas eso, que lo puedes hacer de estas dos formas:

1. Colocándole el tipado.
2. O dejando que **TypeScript** le asigne un tipo por el tipado inferido dependiendo del valor con el que hayamos inicializado la variable.

De vuelta al tipo de **any**, lo que no queremos hacer nunca es dejar una variable sin un tipo y tampoco sin un valor inicializado, puede ser cualquiera de las dos:

1. Le puedes asignar el tipo.
2. Le puedes asignar el valor.
3. O puedes hacer la combinación de los dos, asignar el tipo y también asignar el valor.

Y ahora para el caso de las funciones, vamos a escribir la siguiente función:

hola-mundo/src/index.ts

```
16  function chanchitoFeliz(config) {
17      return config
18  }
```

Esta función se llama **chanchitoFeliz** y aquí lo que haremos será pasarle un parámetro que se llama **config** y lo que vamos a hacer acá sencillamente va a ser retornar a este mismo.

Si guardamos, ahora veremos que nos está mostrando un error:

```
13  miVariable = "Chanchito        (parameter) config: any
14  miVariable = 42;
15  💡                              View Problem (Alt+F8)    Quick Fix... (Ctrl+.)
16  function chanchitoFeliz(config) {
17  |   return config
18  }
```

Error en el parámetro por tipo any.

Y como podemos ver, nos está indicando que el parámetro **config** tiene el tipo **any** de manera implícita, y tenemos configurado en este momento nuestro proyecto para que no soporte eso.

Si estamos trabajando con un proyecto el cual queremos migrar a **TypeScript**, en ese caso lo que podemos hacer es empezar a colocarle a cada uno de los parámetros de estas funciones que sean de tipo **any**:

hola-mundo/src/index.ts

```
16  function chanchitoFeliz(config: any) {
17      return config
18  }
```

Sin embargo, si tenemos muchas funciones o muchas clases a lo largo de todo nuestro proyecto, podría ser de repente un poco contraproducente estar haciendo esto.

Lo que vamos a hacer ahora no te lo recomiendo, lo que prefiero derechamente es que en cada función que tengamos que migrar, sencillamente le definamos el tipo y le coloquemos el tipo a cada uno de los parámetros. Ya que en este caso estamos haciendo este **any** solamente como una forma de "salirnos con la nuestra" para poder sacar la implementación más rápido.

Primero le quitaremos el tipo **any** a nuestro parámetro para ver cómo esto actúa:

hola-mundo/src/index.ts

```
16  function chanchitoFeliz(config) {
17      return config
18  }
```

Aquí deberíamos ver el error que nos salía antes.

Como te dije antes, si utilizamos **any**, es como si no estuviéramos utilizando **TypeScript**, pero, en fin, vamos a ver el plan B, que no lo deberían hacer, pero por lo menos para que sepas que esto existe.

Lo que vamos a hacer es que ahora vamos a guardar este archivo y vamos a ir a nuestro archivo **"tsconfig.json"** y aquí vamos a buscar con el atajo **control/comando + f** el siguiente término **"noImplicitAny"**:

Usando buscador de VsCode.

Y esta opción nos va a permitir a deshabilitar la funcionalidad del **any** implícito, así que lo que vamos a hacer es que vamos a descomentar esta opción:

hola-mundo/tsconfig.json

```
. . .
"strict": true,                              /* Enable all strict type-check\
ing options. */
"noImplicitAny": true,                       /* Enable error reporting for expr\
essions and declarations with an implied 'any' type. */
// "strictNullChecks": true,
. . .
```

Cuando esta opción se encuentra en **true**, lo que hará será que el compilador se va a quejar cada vez que tengamos algún tipo **any** de manera implícita. Entonces lo que vamos a hacer es que vamos a desactivar esto, le vamos a colocar el valor de **false**:

hola-mundo/tsconfig.json

```
. . .
"strict": true,                              /* Enable all strict type-check\
ing options. */
"noImplicitAny": false,                      /* Enable error reporting for exp\
ressions and declarations with an implied 'any' type. */
// "strictNullChecks": true,
. . .
```

Y ahora, regresando a nuestro archivo de "**index.ts**":

Herramienta de búsqueda.

Esto ya no nos está entregando un error, por lo que ahora nuestro código podría compilar sin ningún problema. Pero al hacer esto lo que estamos haciendo es desactivar **TypeScript** y estamos perdiendo la principal funcionalidad que nos está entregando, que es poder verificar que estamos utilizando los tipos correctos cuando estamos programando. Así es que esta opción debería ser el último recurso.

Así vamos a dejar esta opción de nuestro archivo "**tsconfig.json**" como originalmente estaba:

hola-mundo/tsconfig.json

```
. . .
"strict": true,                              /* Enable all strict type-check\
ing options. */
// "noImplicitAny": true,                    /* Enable error reporting for e\
xpressions and declarations with an implied 'any' type. */
// "strictNullChecks": true,
. . .
```

Ahora, de regreso a nuestro archivo **"index.ts"** y de manera explícita colocaremos el valor de **any**:

hola-mundo/src/index.ts

```
16  function chanchitoFeliz(config: any) {
17      return config
18  }
```

Porque en el peor de los casos, lo que podemos hacer es una búsqueda a lo largo de todo el proyecto, con todas las variables que tengan el tipo de **any**, y luego irle asignando a cada una de estas el tipo que le corresponde.

Y para poder hacer esto, sencillamente nos vamos aquí dentro de la opción de búsqueda de VsCode y buscamos el término **any**:

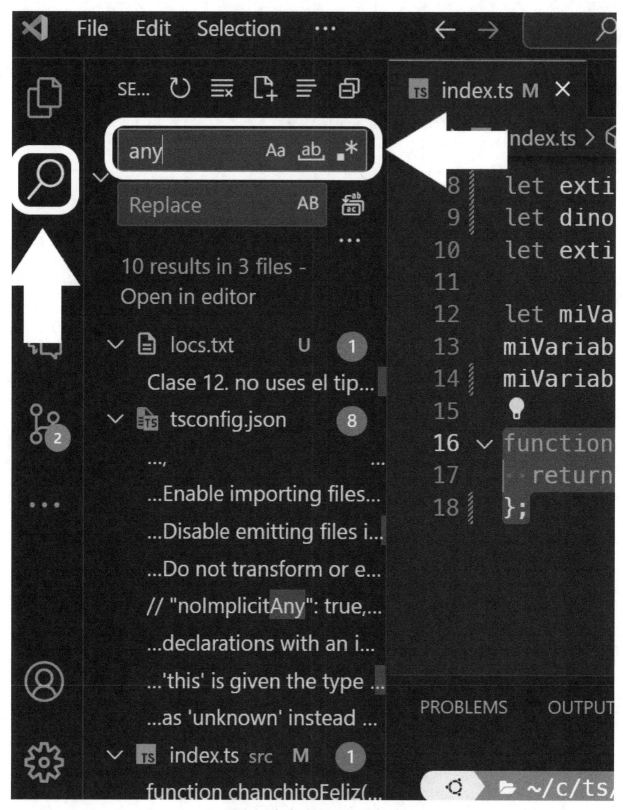

Búsqueda de any con VsCode.

Y aquí nos va a mostrar todas las veces que aparece la palabra reservada de **any**. Y como consejo para buscar todas estas asignaciones de tipo bastaría con colocar en el término de búsqueda: : **any** o :**any** si es que no estás dejando el espacio después de los 2 puntos, asegurándote así de ir sustituyendo este tipado de **any** por el tipo que corresponda.

Arrays.

En esta lección vamos a continuar viendo el tipo de **arreglo o array**.

Para eso, en nuestro archivo **"index.ts"** y vamos a definir una variable, la cual se va a llamar **animales**:

hola-mundo/src/index.ts

```
20  let animales = ["Chanchito", "Feliz", "Felipe"]
```

Y en este caso, esta va a ser igual a un arreglo, el cual va a tener a los animales de **"Chanchito"**, **"Feliz"** y a **"Felipe"**.

Si es que guardamos y colocamos el cursor sobre la variable de **animales**:

Tipado del array de animales.

Nos va a indicar que este es un **array** y que contiene **strings** y **esta vendría siendo la forma en la cual tenemos que escribir este tipo**. Pero acá estamos utilizando el tipo inferido, así que no estuviéramos utilizando el inferido de **TypeScript**. En ese caso, tendríamos que indicarle, sí o sí, el tipo de esta variable:

hola-mundo/src/index.ts

```
20  let animales: string[] = ["Chanchito", "Feliz", "Felipe"]
```

Que el tipo vendría siendo **string** seguido de un abre y cierra un paréntesis de corchete (**[]**).

Vamos a continuar ahora viendo otro tipo. Para eso, vamos a escribir ahora una variable de **nums** y esta va a tener el tipo de **number** y también lo vamos a definir con un abre y cierra paréntesis de corchete:

hola-mundo/src/index.ts

```
21  let nums: number[] = [1, 2, 3]
```

Hasta acá no tenemos problema, esta es una variable cuyo tipo es un **array** de números.

Enseguida vamos a definir otra variable que se llamará **checks**:

hola-mundo/src/index.ts

```
22  let checks = []
```

Esta variable la hemos inicializado con un **array** completamente vacío y vamos a ver qué ocurre en este caso si colocamos el cursor sobre el nombre de esta variable:

Tipo del array.

Y nos está indicando que este es un arreglo de **any**, lo que significa que puede contener cualquier tipo de dato, que es justo lo que no queremos que ocurra. Entonces tenemos dos alternativas:

1. La inicializamos inmediatamente con un valor,
2. O, le asignamos un tipo de dato.

Lo que vamos a hacer es que le voy a indicar que es de tipo **boolean** colocándole un abre y paréntesis de corchete:

hola-mundo/src/index.ts

```
22  let checks: boolean[] = []
```

Lo que estamos haciendo es utilizar una sola forma para poder definir en este caso los tipos de datos, que en este caso es el de **checks** y **nums**.

Ahora, lo que sí vamos a hacer es que voy a crear una nueva variable de **nums2**, pero la definiremos con el método alternativo que tiene **TypeScript** para poder definir el tipo de dato arreglo:

hola-mundo/src/index.ts

```
23  let nums2: Array<number> = []
```

Aquí vamos a escribir la palabra reservada de **Array** y seguido, utilizamos los símbolos de "menor que" (**<**) y el de "mayor que" (**>**). Y dentro de estos le vamos a indicar el tipo de dato que queremos que este contenga, que, en este caso, será de tipo **number** y lo dejamos definido como un arreglo completamente vacío.

Y cuando coloquemos el cursor sobre la variable de **nums2**:

Array de números, segunda forma.

Vemos que esta variable es de tipo de dato **array** de **números** que finalmente es un tipo de dato **number** que se encuentra dentro de un arreglo. Como lo prefieras ver, lo importante es que cuando tenemos el tipo de dato a la derecha va a aparecer un paréntesis de corchete y esto quiere decir que es un **array del tipo de dato que aparece a la izquierda.**

Ahora vamos a hacer algo entretenido, que es utilizar una de las funcionalidades que nos entrega **TypeScript.** Para eso, lo que vamos a hacer ahora es usar el método **map:**

hola-mundo/src/index.ts

```
24  animales.map(x => x)
```

Que, por si no lo sabías, este método en **JavaScript** nos permite a poder iterar los elementos de un arreglo y aplicarles una función. Así que lo que estamos haciendo ahora es que, de una manera bastante corta, le asignamos el nombre de **x** a cada elemento que contiene el **array de animales,** entonces si escribimos un punto delante de esta **x:**

Métodos de los strings.

Y fíjate que todas estas sugerencias para usar que nos está entregando son métodos de **strings.** Y esto es porque **TypeScript** es lo suficientemente inteligente para saber qué animales es un **array de strings**, por lo que hará será solamente sugerirnos métodos, pero para los **strings.**

Vamos a comentar esta línea:

hola-mundo/src/index.ts

```
23  let nums2: Array<number> = []
24  // animales.map(x => x.)
```

Ahora, si usamos de la misma manera la variable de **nums** en lugar de nuestra variable de **animales:**

hola-mundo/src/index.ts

```
25  nums.map(x => x)
```

Y si volvemos a escribir un punto delante de la **x** para ver todas las sugerencias, y si no te las muestra, lo puedes hacer colocando el cursor del editor ubicado delante de este punto y presionando el atajo **control/comando + espacio:**

```
18    J
19                                    ◈ toExponent...      (method) Number
20    let animales: st            ◈ toFixed
21    let nums: number            ◈ toLocaleString
22    let checks: bool            ◈ toPrecision
23    let nums2: Array            ◈ toString
24       💡 animales.map(          ◈ valueOf
25    nums.map(x => x.)
26
```

Métodos de los stringso.

Y ahora lo que tenemos son sugerencias, pero solamente para métodos que tienen los números como, por ejemplo: **toExpenent**, **toFixed**, etc.

Y esta es una funcionalidad sumamente importante de **TypeScript** que nos va a ayudar a estar escribiendo código de manera más rápida, porque no vamos a tener que estar adivinando los métodos que tiene cada objeto, que por si no lo sabías, un **string** y un **number** también son considerados objetos dentro de JavaScript, porque estos tienen un prototipo y también tienen métodos.

Ahora, si lo que vamos a hacer es comentar esta última línea también:

hola-mundo/src/index.ts

```
24    // animales.map(x => x.)
25    // nums.map(x => x.)
```

Y con esto ya podemos pasar a la siguiente lección.

Tuplas.

Las tuplas son un tipo de dato que no existe en **JavaScript**, sin embargo, **TypeScript** se tomó la libertad de poder implementarlos, y vamos a verlas en esta lección.

 ¿Qué es una tupla?

Una tupla es una variable que contiene un **set de datos** que se encuentran ordenados.

O sea, podríamos tener un tipo de dato que vendría siendo el ID de algo, seguido de un nombre o una edad, también podría ser un animal, o también podría ser un arreglo de animales. Vamos a ver cómo podemos hacer esto mismo para entenderlo mejor.

hola-mundo/src/index.ts

```
27  let tupla = [1, "chanchito feliz"]
```

Esta variable se llama **tupla**, y vamos a asignarle un arreglo y este va a tener el valor de **1** y su siguiente valor será un nombre, el cual va a ser el de **"chanchito"**.

Si guardamos esto y colocamos el cursor encima:

```
// n   m   (            )
  let tupla: (string | number)[]

let tupla = [1, "chanchito feliz"]
```

Tipos de la variable tupla.

Esto nos está indicando que esto va a ser un array y que puede contener **numbers** o **strings**.

Esta sintaxis la vamos a ver después, porque en el fondo vendría siendo el tipo de dato **or** el que va a aceptar uno u otro tipo de dato, así que por ahora no te preocupes por esto.

Pero para indicarle que esto es una tupla, tenemos que asignarle el tipo con la siguiente sintaxis:

hola-mundo/src/index.ts

```
27  let tupla: [number, string] = [1, "chanchito feliz"]
```

Entonces utilizamos los paréntesis de corchetes y luego le indicamos los tipos de datos que queremos que este contenga. El primero va a ser de tipo dato **number** y el segundo va a ser de **string**.

Ahora, si volvemos, colocamos el cursor encima del nombre de la variable **tupla**:

```
// n   m   (          )
  let tupla: [number, string]

let tupla: [number, string] = [1, "chanchito feliz"]
```

Tipos a la tupla cuando los hemos asignado.

Nos va a indicar que este es un **array** de una longitud fija que contiene, en su primer valor es de tipo **number**, y su segundo dato es un **string**.

Si es que intentáramos agregar un tercer valor, como en este caso el número **3**:

hola-mundo/src/index.ts

```
27  let tupla: [number, string] = [1, "chanchito feliz", 3]
```

Esto nos va a arrojar un error:

```
20   let   Type '[number, string, number]' is not assignable to type
21   let   '[number, string]'.
22   let      Source has 3 element(s) but target allows only
23   let   2. ts(2322)
24   // a
25   // n  let tupla: [number, string]
26
             View Problem (Alt+F8)   No quick fixes available
27   let tupla: [number, string] = [1, "chanchito feliz", 3]
28   |
```

Error al asignar otro dato.

Porque las tuplas solamente nos permiten guardar datos, siempre y cuando estos se encuentren definidos en sus tipos de datos.

Vamos entonces a eliminar este tercer valor que nos causa el error en la tupla:

hola-mundo/src/index.ts

```
27  let tupla: [number, string] = [1, "chanchito feliz"]
```

Y vamos a aprovechar también de ver algo que ya habíamos visto antes. Vimos que podemos crear tipos de dato de **array**, y para las tuplas también podemos asignarle este tipo de dato. Sencillamente, cambiamos el tipo **string** sumándole el paréntesis de corchete, y para que no nos dé ningún error también envolveremos el **string** de "**chanchito feliz**" en los paréntesis de corchete:

hola-mundo/src/index.ts

```
27  let tupla: [number, string[]] = [1, ["chanchito feliz"]]
```

Ahora, lo que sí deberíamos hacer ahora es tomar esto que se encuentra acá, crear un arreglo, y después de eso le podemos empezar a colocar más valores como:

hola-mundo/src/index.ts

```
27  let tupla: [number, string[]] = [1, ["chanchito feliz", "chanchito felipe"]]
```

Ahora, si vemos el tipo de dato:

```
25   // n
            let tupla: [number, string[]]
26
27   let tupla: [number, string[]] = [1, ["chanchito feliz", "chanchito felipe"]]
```

Nuevos tipos para la tupla.

Va a ser una tupla, la cual su primer valor es un **number** y el segundo es un **array de strings**.

Ahora, algo importante, trata de mantener la cantidad de datos a un nivel bastante reducido cuando estés creando tuplas, porque si empiezas a colocarle cada vez más datos y más datos a las tuplas, la verdad es que quizás vayan a necesitar otro tipo de dato que sea mejor para representar su caso, así que si quieres hacer uso de las tuplas, trata de mantenerlo con dos o con tres datos, idealmente no más que eso.

Y también vamos a aprovechar de ver un error que se encuentra actualmente en TypeScript. Y este es que si tenemos una tupla y queremos llamar al método de **push** para poder agregar un elemento dentro de esta tupla, y le pasamos el valor de 12:

hola-mundo/src/index.ts

```
28   tupla.push(12)
```

En este caso, ni el compilador, ni en este caso VsCode, nos estará arrojando un error indicándonos que no podemos realizar dicha operación. Así que esto es algo que debes tener en cuenta cuando estés utilizando las tuplas.

Código de la lección.

Para terminar, te dejaré el código que agregamos del archivo "**hola-mundo/src/index.ts**:

hola-mundo/src/index.ts

```
20   let animales: string[] = ["Chanchito", "Feliz", "Felipe"]
21   let nums: number[] = [1, 2, 3]
22   let checks: boolean[] = []
23   let nums2: Array<number> = []
24   // animales.map(x => x.)
25   // nums.map(x => x.)
26
27   let tupla: [number, string[]] = [1, ["chanchito feliz", "chanchito felipe"]]
28   tupla.push(12)
```

Enums.

En **JavaScript** no existe el tipo de dato **enum**, pero sí existen en **TypeScript**, y **enum** significa más que nada **"tipo enumerado"**. Que, en pocas palabras, vendría siendo una lista de constantes en las cuales podemos referenciar en un futuro. Y los **enum** los estaremos viendo constantemente cuando estamos desarrollando.

Algunos casos de uso que podemos darle a los **enums** son:

- Representar estados en la base de datos, como, por ejemplo, activo en pendiente o eliminado, cuando queremos hacer un "soft delete".
- También lo podemos utilizar para representar tallas de camisetas como por ejemplo pequeña, mediana, large, extra large, grande, muy grande o extragrande.
- O también lo podemos utilizar para representar cuando un estado está cargando. Por ejemplo, si estamos trabajando en una aplicación de frontend y estamos haciendo un llamado a una API y esta nos devuelve datos. Cuando nuestro código en **TypeScript** se encuentra realizando ese proceso, por lo general vamos a tener tres estados: El primero vendría siendo iniciamos la carga, el segundo podría ser que tuvimos éxito y el tercero que tuvimos un fracaso.

Vamos a hacer un ejercicio mejor con tallas para que este sea más sencillo. Así es que, si quisiéramos definir tallas aquí, lo que tendríamos que hacer es crear las constantes que representen nuestras tallas:

hola-mundo/src/index.ts

```
30    // enum
31    const chica = "s"
32    const mediana = "m"
33    const grande = "l"
34    const extraGrande = "xl"
```

Ahora vamos a ver cómo podemos utilizar los **enum** para poder resolver exactamente este mismo problema. Para esto no utilizaremos estas constantes, así que las eliminaremos:

hola-mundo/src/index.ts

```
30    // enum
31    const chica = "s"
32    const mediana = "m"
33    const grande = "l"
34    const extraGrande = "xl"
```

Así es que vamos a escribir la palabra reservada de **enum** y seguido de eso vamos a escribir la palabra **Talla**:

hola-mundo/src/index.ts

```
32    enum Talla { Chica, Mediana , Grande, ExtraGrande }
```

En este caso tenemos que preocuparnos que la primera letra sea con mayúscula, porque estamos haciendo uso de **Pascal Case**, que vendría siendo una convención donde el comienzo de cada palabra tiene que ser con mayúscula y lo que viene puede ser con minúscula.

Así que aquí es donde tenemos que definir las tallas: dentro de un abre y cierra paréntesis de llaves ({}), y acá dentro colocamos los tamaños de las tallas. Y fíjate que acá la convención que estoy utilizando es comenzando cada una de estas tallas con la mayúscula, y si lleva más de una palabra como es el caso de **ExtraGrande** se colocan juntas, pero cada palabra comenzando con mayúscula para que sea más fácil de leer.

Ahora, cuando estamos utilizando los **enum**, el compilador de **TypeScript** va a asignarle a valores por defecto. En este caso vendría siendo:

- **Chica** sería 0,
- **Mediana** sería 1,
- **Grande** sería 2,
- y **ExtraGrande** sería 3.

Si no queremos que comience con el valor de 0, lo que podemos hacer es que al primer valor de este **enum** que es **Chica** le podemos asignar un valor que, por ejemplo, podría ser 2:

hola-mundo/src/index.ts

```
32  enum Talla { Chica = 2, Mediana , Grande, ExtraGrande }
```

Y en este caso:

- **Chica** sería 2,
- **Mediana** sería 3,
- **Grande** sería 4,
- y **ExtraGrande** sería 5.

Si no estamos conforme con eso y queremos utilizar **strings** como lo hicimos en el primer código que escribimos, cuando los definimos con constantes. En ese caso, lo que tenemos que hacer es definirlos con un **string**:

hola-mundo/src/index.ts

```
32  enum Talla { Chica = "s", Mediana, Grande, ExtraGrande }
```

Sin embargo, si es que hacemos eso, necesariamente, vamos a tener que definir también los otros valores de este **enum**:

hola-mundo/src/index.ts

```
32  enum Talla { Chica = "s", Mediana = "m", Grande = "l", ExtraGrande = "xl" }
```

Ahora, con base en esto, por supuesto que podemos definir una constante de uno de los valores de este **enum**, así es que voy a sacar el valor utilizando una variable nueva que se va a llamar **variable1** y la vamos a imprimir:

hola-mundo/src/index.ts

```
33  const variable1 = Talla.Grande
34  console.log(variable1)
```

Así que ahora lo que vamos a hacer es que vamos a compilar nuestro código nuevamente y vamos a escribir:

Terminal de commandos

```
1  tsc
```

Y vamos a ejecutar nuestro código:

Terminal de commandos

```
1  node dist/index.js
```

Y al presionar **enter**:

Salida de ejecutar: node dist/index.js

```
3  l
```

Y al final de esta respuesta tenemos la talla que hemos impreso en el **console.log**.

Vamos a ver ahora cuál fue el código que nos ha generado para que podamos ver qué es lo que esto contiene nuestro archivo "**dist/index.js**":

hola-mundo/dist/index.js

```
24  // enum
25  var Talla;
26  (function (Talla) {
27      Talla["Chica"] = "s";
28      Talla["Mediana"] = "m";
29      Talla["Grande"] = "l";
30      Talla["ExtraGrande"] = "xl";
31  })(Talla || (Talla = {}));
32  const variable1 = Talla.Grande;
33  console.log(variable1);
```

Así es que vamos a abrir el explorador, aquí tenemos una variable de **Talla** y aquí estamos viendo cómo le está asignando los valores a cada uno de estos. A este patrón que existe acá se le conoce como "IFEE" y esto significa "inmediated invoked function expresión". Y esto significa más que nada que vamos a tener una función a la cual la vamos a envolver entre paréntesis de llaves y luego la vamos a ejecutar inmediatamente. Ahora, vamos a cerrar este archivo.

Y vamos a ver ahora un caso un poco más realista de cómo podemos utilizar los **enum**, que en este caso vendría siendo con los estados de carga.

Así que vamos a definir otro **enum** de esta manera:

hola-mundo/src/index.ts

```
36   enum LoadingState { Idle, Loading, Success, Error }
```

Y estos estados de carga significarían:

1. **Idle:** Es que todavía no hemos iniciado la carga.
2. **Loading:** Es que está cargando.
3. **Success:** Es que tuvimos éxito.
4. Y **Error** que tuvimos un error.

Guardamos y vamos a ver un pequeño truco justamente antes de la palabra reservada de **enum**. Vamos a agregarle un **const** antes de la palabra reservada de **enum**:

hola-mundo/src/index.ts

```
36   const enum LoadingState { Idle, Loading, Success, Error }
```

Ahora vamos a compilar nuevamente nuestro código:

Terminal de commandos

```
1   tsc
```

Y ahora nos vamos a ir al archivo de **"dist/index.js"**

hola-mundo/dist/index.js

```
24   // enum
25   var Talla;
26   (function (Talla) {
27       Talla["Chica"] = "s";
28       Talla["Mediana"] = "m";
29       Talla["Grande"] = "l";
30       Talla["ExtraGrande"] = "xl";
31   })(Talla || (Talla = {}));
32   const variable1 = Talla.Grande;
33   console.log(variable1);
```

Y vamos a ver ahora que los valores de este último **enum** no fueron generados, esto es más que nada para mostrarnos a qué si es que lo definimos como una constante, el código generado va a ser un poco más optimizado, ya que solamente nos va a definir las constantes a medida que las vayamos definiendo o asignando a otra variable. Vamos a hacer eso mismo en nuestro archivo **"src/index.ts"**:

Y vamos a crear una constante que se va a llamar **estado**:

hola-mundo/src/index.ts

```
37   const estado = LoadingState.Success
```

Vamos a volver a compilar nuestro código de nuevo:

Terminal de commandos

```
1   tsc
```

Y volvemos a ver nuestro archivo de "**dist/index.js**"

hola-mundo/dist/index.js

```
34   console.log(variable1);
35   const estado = 2 /* LoadingState.Success */;
```

Y aquí podemos ver que hemos definido una constante, la cual se llama estado y esta tiene el valor de **2**.

Entonces sí que quisiéramos algún código más optimizado, que la verdad es que sería buena idea en algunos casos, tenemos que colocar la palabra reservada de **const** del **enum** para que nos genere un código más reducido. Y de esta manera solamente se le van a empezar a asignar los valores en el código final de **JavaScript**, siempre y cuando creamos constantes o variables que contengan algún valor dentro de nuestro **enum**.

Ahora sí podemos pasar a nuestra siguiente sección.

Código de la lección.

Para terminar, te dejaré el código que agregamos del archivo "**hola-mundo/src/index.ts**:

hola-mundo/src/index.ts

```
30   // enum
31
32   enum Talla { Chica = "s", Mediana = "m", Grande = "l", ExtraGrande = "xl" }
33   const variable1 = Talla.Grande
34   console.log(variable1)
35
36   const enum LoadingState { Idle, Loading, Success, Error }
37   const estado = LoadingState.Success
```

Objetos.

Ahora ha llegado el momento de continuar con los objetos. Así que vamos a crear una nueva constante, la cual se llamará **objeto**:

hola-mundo/src/index.ts

```
39  const objeto = { id: 1 }
```

Y esta variable es igual a un objeto literal, el cual va a contener el **id** con el valor de **1**. Aquí también podemos hacer uso de los tipos inferidos en **TypeScript**, si colocamos el cursor encima del nombre **objeto**:

Tipado inferido en objeto.

Como podemos ver, aquí tenemos la definición de un tipo, el cual es la de un objeto que contiene una propiedad de **id** y su valor es el de **number**.

Pero tenemos un inconveniente, en **JavaScript** tenemos estos objetos que son dinámicos. Entonces podríamos agregarle una propiedad **nombre** con el valor de "**Hola mundo**":

hola-mundo/src/index.ts

```
40  objeto.nombre = "Hola mundo"
```

Pero al hacer esto, nos va a mostrar un error:

Error al tratar de agregar nueva propiedad.

Como puedes ver aquí dentro de **TypeScript**, esto es inválido, solamente podemos realizar esto en **JavaScript**. Pero, si quisiéramos necesariamente agregarle la propiedad de nombre, tendríamos que inicializarlo en el objeto directamente con un valor o un **string** vacío:

hola-mundo/src/index.ts

```
39  const objeto = { id: 1, nombre: "" }
40  objeto.nombre = "Hola mundo"
```

Y ahí, en ese caso, si podríamos cambiar el valor de la propiedad de nombre como lo estamos haciendo ya en la siguiente línea de nuestro código. Vamos a borrar esta línea:

hola-mundo/src/index.ts

```
40  objeto.nombre = "Hola mundo"
```

Ahora, al igual que hemos visto, podemos hacer uso del inferido, o también lo que podemos hacer es pasarle un tipado explícitamente. Así que lo que vamos a hacer es que vamos a colocar los dos puntos y el tipo, en este caso lo podemos hacer también con un paréntesis de llaves, y aquí tenemos que empezar a agregarle cada una de las propiedades que queremos que este objeto tenga.

hola-mundo/src/index.ts

```
39  const objeto: {
40      id: number
41  } = { id: 1, nombre: "Hola mundo" }
```

Entonces estamos indicándole que este va a tener un **id**, cuyo tipo va a ser el de **number**, y si solo dejáramos esta propiedad tipada vas a ver que nos estaría mostrando un error en la propiedad de **nombre**, y esto es porque la propiedad de nombre no es asignarle a este objeto, así es que para que nos permita poder agregar esa propiedad sin ningún error, también tenemos que agregar la propiedad de **nombre** y su tipo vendría siendo **string**:

hola-mundo/src/index.ts

```
39  const objeto: {
40      id: number,
41      nombre: string
42  } = { id: 1, nombre: "Hola mundo" }
```

Ahora, si es que no definiéramos alguna de estas propiedades, como podría ser la de **nombre**:

hola-mundo/src/index.ts

```
39  const objeto: {
40      id: number,
41      nombre: string
42  } = { id: 1 }
```

Nos va a empezar a mostrar un error con la constante de objeto:

```
28   tuple.push(13)
29   Property 'nombre' is missing in type '{ id: number; }'
30   but required in type '{ id: number; nombre: string;
31   }'. ts(2741)
32   index.ts(41, 3): 'nombre' is declared here.
33   const objeto: {
34       id: number;
35       nombre: string;
36   }
37
38   View Problem (Alt+F8)    Quick Fix... (Ctrl+.)
39   const objeto: {
40     id: number,
41     nombre: string
42   } = { id: 1 }
43
```

Problema por nombre no está definido como propiedad en el objeto.

Y esto ocurre porque nos está indicando en este momento que **la propiedad de nombre está faltando** cuando estamos inicializando este mismo objeto. Entonces, lo que podemos hacer acá son dos cosas:

1. Es que le indiquemos un valor inicial a la propiedad de **nombre**.
2. O que coloquemos esta propiedad como opcional.

Propiedades opcionales.

En el caso de que queramos hacerla opcional, basta con que sencillamente le coloquemos un símbolo de interrogación (?) justamente al final del nombre de la propiedad:

hola-mundo/src/index.ts

```
39  const objeto: {
40      id: number,
41      nombre?: string
42  } = { id: 1 }
```

Y en ese caso, ya no va a ser necesario que coloquemos la propiedad del **nombre** cuando estemos definiendo un objeto.

Pero en este caso dejaremos que esta propiedad sea obligatoria cuando definamos este objeto. Así es que ahora, si le vamos a colocar un nombre y vamos a indicar que el nombre es "**Hola mundo**":

hola-mundo/src/index.ts

```
39   const objeto: {
40       id: number,
41       nombre: string
42   } = { id: 1, nombre: "Hola mundo" }
```

Para este ejemplo, vamos a poder cambiarle los valores de sus propiedades. Por ejemplo, podemos cambiar el **id**:

hola-mundo/src/index.ts

```
44   objeto.id = 42
```

Esto es totalmente válido y no vamos a ver ningún error.

readonly.

Pero si es que necesitamos que el valor de una propiedad no pueda ser cambiada, en ese caso podemos hacer uso de la propiedad de **readonly** cuando estemos definiendo el tipo. Así es que justamente antes de la propiedad, en este caso del **id**, vamos a colocar a **readonly**:

hola-mundo/src/index.ts

```
39   const objeto: {
40       readonly id: number,
41       nombre: string
42   . . .
```

Si guardamos, veremos un error en la línea 44:

```
38
39    Cannot assign to 'id' because it is a read-only
40    property. ts(2540)
41
42    (property) id: any
43    View Problem (Alt+F8)    No quick fixes available
44    objeto.id = 42
45
```

Error con readonly.

 Y esto sucede porque justamente estamos tratando de reasignar una propiedad que solamente puede ser de lectura, que en este caso es cuando intentamos cambiar el valor de **id**, entonces no podemos escribir sobre esta, por lo que nos muestra que esta operación es inválida.

Esto es sumamente útil, sobre todo cuando están viniendo datos desde la base de datos y no queremos que el **id** sea editado.

Entonces vamos a justamente a eliminar esta línea:

hola-mundo/src/index.ts

```
44   objeto.id = 42
```

Cuando estemos definiendo el tipo de un objeto, no es necesario que utilicemos los valores primitivos como, por ejemplo, en este caso **number**, **string** y, por supuesto, también **boolean**. También podemos definir propiedades como **Arrays** o también podemos definir propiedades como otros objetos. Lo que también podemos hacer es utilizar los **enum** para poder agregarle propiedades a estos tipos.

Por ejemplo, vamos a continuar ahora con la propiedad, de **talla**, y le vamos a indicar que esta propiedad tiene que ser del tipo **Talla** y aquí podemos utilizar el **enum** que definimos en la lección pasada:

hola-mundo/src/index.ts

```
41   nombre: string,
42   talla: Talla
43   } = { id: 1, nombre: "Hola mundo" }
```

Y al agregar esto ahora, como podemos ver, que el objeto nos está indicando un error:

```
src > ts
28   Property 'talla' is missing in type '{ id: number;
29   nombre: string; }' but required in type '{ readonly id:
30   number; nombre: string; talla: Talla; }'. ts(2741)
31   index.ts(42, 3): 'talla' is declared here.
32
33   const objeto: {
34       readonly id: number;
35       nombre: string;
36       talla: Talla;
37   }
38   View Problem (Alt+F8)    Quick Fix... (Ctrl+.)
39   const objeto: {
40     readonly id: number,
41     nombre: string,
42     talla: Talla
43   } = { id: 1, nombre: "Hola mundo" }
```

Error porque la propiedad talla no está definida.

Porque tenemos una propiedad de **talla**, pero no la estamos declarando en el objeto, así que lo que vamos a hacer ahora es que vamos a escribir la propiedad de **talla** y aquí podemos utilizar a **Talla**:

hola-mundo/src/index.ts

```
42  talla: Talla
43  } = { id: 1, nombre: "Hola mundo", talla: Talla.Chica }
```

Ahora tenemos una definición correcta de nuestro objeto.

Y si tratamos de definir de manera diferente al valor de talla, como por ejemplo con un **0**:

hola-mundo/src/index.ts

```
42  talla: Talla
43  } = { id: 1, nombre: "Hola mundo", talla: "s" }
```

En este caso, nos va a empezar a arrojar un error:

```
35
36   Type 'number' is not assignable to type 'Talla'. ts(2322)
37   index.ts(42, 3): The expected type comes from property
38   'talla' which is declared here on type '{ readonly id:
39   number; nombre: string; talla: Talla; }'
40
41   (property) talla: Talla
42   View Problem (Alt+F8)   No quick fixes available
43   } = { id: 1, nombre: "Hola mundo", talla: 0 }
44
```

Error en el valor del enum.

Esto sucede porque el valor **0** no es una propiedad del **emun Talla** que definimos antes.

Así es que es independiente de que le coloquemos un valor que corresponda como es la "s", independiente de eso, no nos va a tomar el valor, porque lo que nos está esperando en este caso es que sea un valor de nuestro **enum** de **Talla**. Así que aquí vamos a colocar **Mediana** para que ya no nos dé este error, y vamos a guardar:

hola-mundo/src/index.ts

```
42  talla: Talla
43  } = { id: 1, nombre: "Hola mundo", talla: Talla.Mediana }
```

Y ahora podemos ver que nuestro objeto no nos está indicando ningún error y tampoco lo está haciendo la propiedad de **talla**.

type.

Ahora, si continuamos definiendo los tipos de nuestros objetos de esta manera, esto nos va a resultar bastante engorroso, porque de hecho, la manera correcta de poder definir los objetos es que separemos cada propiedad en cada línea:

hola-mundo/src/index.ts

```
42  talla: Talla
43  } = {
44      id: 1,
45      nombre: "Hola mundo",
46      talla: Talla.Mediana
47  }
```

Así es como esto debería verse.

Y el otro problema que también tenemos es que sí queremos definir nuevamente este mismo objeto, pero en otro lugar de nuestro código.

Para eso vamos a hacer uso de la definición de tipos, y eso lo podemos hacer sencillamente recortando toda la definición de tipos, y haciendo uso de la definición de **type**, es que vamos a pegarlo arriba de la definición de nuestro objeto de esta manera:

hola-mundo/src/index.ts

```
39      type Persona = {
40      readonly id: number,
41      nombre: string,
42      talla: Talla
43  }
44
45  const objeto: {
46  . . .
```

El nombre de este **type** será **Persona** y le pegamos todas las propiedades que teníamos antes en el tipado de nuestro objeto. Y como ya tenemos esta definición del tipo **Persona** ahora vamos a poder utilizarlo en la definición de nuestro objeto.

hola-mundo/src/index.ts

```
45  const objeto: Persona = {
46      id: 1,
47      nombre: "Hola mundo",
48      talla: Talla.Mediana
49  }
```

Y ahora, si podemos hacer uso del tipo de **Persona** en cualquier otro objeto que vayamos a crear. Y esta vendría siendo una manera bastante más ordenada de poder crear objetos dentro de **TypeScript**.

Por ende, si estamos trabajando, por ejemplo, con alguna base de datos, lo que podemos hacer perfectamente es tener una definición de los recursos que se encuentran en la base de datos y luego, cuando queramos crear alguno en distintas partes de nuestra aplicación, sencillamente colocamos el objeto que vamos a crear y le asignamos el tipo de este recurso que se encuentra en la base de datos.

Y ya que hicimos esto, vamos a aprovechar de hacer un siguiente ejercicio. Vamos a definir también dentro de esta **persona** una nueva propiedad, esta será la **direccion** y será otro objeto, que contendrá un **numero**, una **calle** y un **pais**:

hola-mundo/src/index.ts

```
42        talla: Talla,
43        direccion: {
44            numero: number,
45            calle: string,
46            pais: string
47        }
48    }
49    . . .
```

Enseguida podemos ver que, por supuesto, la definición de nuestra variable **objeto** está fallando porque no hemos agregado la dirección, pero esto lo vamos a corregir después.

Lo que va a ser importante que observemos es lo que haremos con **direccion**. Lo que vamos a hacer es que tomaremos este objeto completo y justamente antes de **Persona** vamos a hacer uso nuevamente de **type**:

hola-mundo/src/index.ts

```
39    type Direccion = {
40        numero: number,
41        calle: string,
42        pais: string
43    }
44    . . .
```

Entonces este nuevo tipo es el de **Direccion** y este también lo podremos utilizar para definir nuevos objetos o para usarlo dentro de la propiedad de **dirección** del tipo de **Persona**, por lo que vamos a hacer este cambio:

hola-mundo/src/index.ts

```
45    type Persona = {
46        readonly id: number,
47        nombre?: string
48        talla: Talla
49        direccion: Direccion
50    }
51    . . .
```

Y en este caso, nuestro tipo ya está definido de manera correcta. Ahora lo que tenemos que hacer es cambiar la definición de **objeto**, porque si recuerdas no le hemos definido una **direccion**, así es que lo que haremos será agregar esta nueva propiedad:

hola-mundo/src/index.ts

```
52  const objeto: Persona = {
53      id: 1,
54      nombre: "Hola Mundo",
55      talla: Talla.Chica,
56      direccion: {
57          numero: 1,
58          calle: "Calle 1",
59          pais: "Colombia"
60      }
61  }
```

Ahora, si es que guardamos, vamos a ver que nuestro compilador de **TypeScript** ya no nos está arrojando ningún error.

De esta manera podemos definir los tipos de los objetos y además no solamente podemos definirlos, sino que también podemos componerlos.

types en arrays.

Esto también nos va a servir para la definición, por ejemplo, de los **array**. Así que lo que podríamos hacer abajo es definir otro **array**, el cual se va a llamar **arr** y lo vamos a inicializar como uno completamente vacío, pero vamos a decir que esto va a ser un **array** del objeto persona:

hola-mundo/src/index.ts

```
63  const arr: Persona[] = []
```

Ahora sabemos que dentro de **arr** solamente van a poder existir elementos de **Persona** y de esta manera podemos crear un **array** que va a contener solamente objetos, pero de los objetos que definamos o que queremos que este tenga.

 # Código de la lección.

Para terminar, te dejaré el código que agregamos al archivo "**hola-mundo/src/index.ts**:

hola-mundo/src/index.ts

```
39  type Direccion = {
40      numero: number,
41      calle: string,
42      pais: string
43  }
44
45  type Persona = {
46      readonly id: number,
47      nombre?: string
48      talla: Talla
49      direccion: Direccion
50  }
51
```

```
52  const objeto: Persona = {
53      id: 1,
54      nombre: "Hola Mundo",
55      talla: Talla.Chica,
56      direccion: {
57          numero: 1,
58          calle: "Calle 1",
59          pais: "Colombia"
60      }.
61  }
62
63  const arr: Persona[] = []
```

Funciones.

Y ahora vamos a continuar con las funciones, y estas pueden llegar a ser algo un poco complejo, o quizás pueden llegar a abrumarte un poco, porque la verdad es que estas tienen muchas opciones, pero una vez que logras entender todas las opciones que tienen las funciones y también como tú puedes restringirlas para que te terminen ayudando, te vas a dar cuenta de que las funciones en verdad van a ser tu mejor aliado, sobre todo con el tipado que estas van a tener en **TypeScript**. Así que vamos a ver cómo podemos tipar las funciones ahora en **TypeScript**.

Lo primero que hacemos es definir una función. Esto lo podemos hacer utilizando la definición de **const** o también de **let** y luego lo que hacemos es que le asignamos una función o también podemos utilizar la palabra reservada de **function**:

hola-mundo/src/index.ts

```
65  const fn = () => {
66
67  }
68
69  function fn1 () {
70
71  }
```

Cualquiera de estos 2 acercamientos va a ser completamente válido. Lo que vamos a hacer en este caso es optar por el primero:

hola-mundo/src/index.ts

```
69  function fn1 () {
70
71  }
```

Entonces, si colocamos el cursor sobre el nombre de **fn**, nos va a indicar la forma de cómo se tienen que tipar las funciones:

```
61    }         Cannot redeclare block-scoped variable 'fn'. ts(2451)
62
63    const     const fn: () => void
64              View Problem (Alt+F8)    No quick fixes available
65    const fn = () => {
66    💡
67    }
```

Como tipar funciones.

En este caso, le tenemos que indicar con un abre y cierra paréntesis, seguido de una fat arrow function y esto después viene acompañado con el tipo de retorno.

En este caso, este tipo de retorno vendría siendo **void**.

 ## ¿Qué es un retorno void?

Una función cuyo tipo de retorno es **void**, significa que no está devolviendo absolutamente nada, no tiene un valor de retorno.

Ahora, si quisiéramos colocar el tipado explícito, lo que debiésemos hacer es que justamente después de la definición de función, tenemos que colocar los dos puntos, abrir y cerrar paréntesis, y luego de eso escribimos **void**:

hola-mundo/src/index.ts

```
65  const fn: () => void = () => {
66
67  }
```

Y finalmente, esta vendría siendo la definición del tipo de la función. En este caso, lo primero que estamos viendo con los paréntesis vendrían siendo cuáles son los parámetros que va a recibir. Y también después de este símbolo (⇒) tenemos el valor de retorno, o sea lo que va a retornar la función y en este caso vendría siendo **void**, que significa no retorna absolutamente nada.

Vamos a cambiar esto un poco, le vamos a colocar ahora que tiene que retornar un número y vamos a guardar:

hola-mundo/src/index.ts

```
65  const fn: () => number = () => {
66
67  }
```

Y con este cambio veremos que tenemos un error:

```
56
57   Type '() => void' is not assignable to type '() =>
58   number'.
59     Type 'void' is not assignable to type
60   'number'. ts(2322)
61   Cannot redeclare block-scoped variable 'fn'. ts(2451)
62
63   const fn: () => number
64   View Problem (Alt+F8)   No quick fixes available
65   const fn: () => number = () => {
66
```

Error en el retorno de la función.

 Este nos está indicando que el tipo de retorno **void** no es asignable al tipo de función que retorna **number**. Y para solucionar este problema, por supuesto, tenemos que colocarle aquí un valor de retorno. Lo que vamos a hacer es que le pasaremos el valor de 2 de esta manera:

hola-mundo/src/index.ts

```
65  const fn: () => number = () => {
66      return 2
67  }
```

Con este cambio, ya tenemos que nuestra función está retornando un valor correspondiente a su tipado.

Ahora supongamos que no vamos a tener este valor de retorno, y lo que haremos es agregarle la siguiente lógica:

hola-mundo/src/index.ts

```
65  const fn: () => number = () => {
66      let x = 2
67      if(x > 5){
68          return 7
69      }
70  }
```

Lo que hacemos es definir una variable, la cual es **x** y esta va a tener un valor de **2**. Y con una condicional **if** y vamos a evaluar si es que **x** es mayor a **5**, si esto es así nuestra función retorna el valor de **7**, por poner solo un ejemplo.

Con este cambio estaremos viendo que nuestra función en este caso está fallando y si colocamos el cursor sobre el nombre de nuestra función:

```
Type '() => 7 | undefined' is not assignable to type
'() => number'.
  Type 'number | undefined' is not assignable to type
'number'.
    Type 'undefined' is not assignable to type
'number'. ts(2322)

const fn: () => number

View Problem (Alt+F8)    No quick fixes available
        65    const fn: () => number = () => {
```

Error con valor de retorno condicional.

 Nos va a indicar que tenemos un problema con el tipo, ya que en este caso nuestra función puede retornar dos posibles valores:

1. Puede retornar un número, que en este caso vendría siendo el valor de 7 que acabamos de colocar.
2. O también podría retornar un **undefined**.

Y la razón por la cual también podría retornar a **undefined** es que acá tenemos un caso, o sea, en el que si **x** no es mayor a 5, va a retornar **undefined** o **void** como habíamos visto antes. Así que tendríamos que colocar necesariamente acá otro valor con un **else**:

hola-mundo/src/index.ts

```
68              return 7
69          } else {
70              return 4
71          }
72      }
```

De esta manera, **TypeScript** nos está ayudando a para que siempre estemos retornando algo dentro de nuestras funciones.

Y esto es sumamente útil, ya que nos va a ayudar a prevenir posibles errores que podamos tener en nuestra aplicación cuando no estemos manejando los valores de retorno, como es en el caso de que no coloquemos el **else**. Aunque también lo podríamos hacer sin colocar el **else**, sencillamente acá colocamos el valor de retorno 2:

hola-mundo/src/index.ts

```
68              return 7
69          }
70
71      return 2
72      }
```

Así es que lo que hará será retornar 7 en el caso de que **x** sea mayor a **5**, y si no lo es, sencillamente va a retornar el valor de **2**.

Ahora vamos a cambiar esto un poquito, y lo que vamos a hacer es que vamos a eliminar absolutamente todo el contenido de esta función:

hola-mundo/src/index.ts

```
65  const fn: () => number = () => {
66  let x = 2
67  if(x > 5){
68      return 7
69  }
70
71  return 2
72  }
```

Tipar parámetros.

Y vamos a recibir un parámetro en nuestra función, este se va a llamar **edad** y esta va a ser de tipo **number**:

hola-mundo/src/index.ts

```
65  const fn: () => number = (edad: number) => {
66  }
```

Y por supuesto que vamos a tener que también agregarle el tipo a la definición del tipo de nuestra función, o sea, justamente adentro del primer paréntesis:

hola-mundo/src/index.ts

```
65   const fn: (a: number) => number = (edad: number) => {
66   }
```

Vamos a tener que escribir el primer argumento que en este caso lo podemos escribir de manera corta, sencillamente con una **a**, dos puntos y el tipo **number**.

Y ahora, como vemos, nuestra función está tomando el tipo que corresponde. Y lo que nos faltaría hacer es agregar el valor de retorno, que en este caso le vamos a retornar el valor de **2**:

hola-mundo/src/index.ts

```
65   const fn: (a: number) => number = (edad: number) => {
66       return 2
67   }
```

Y ahora podemos ver que el tipo está pasando de manera correcta.

Aquí tenemos un problema y es que en este caso **edad** lo declaramos, pero no estamos utilizando su valor, así que lo que vamos a hacer es ingresar a la configuración de **TypeScript** para poder agregarle una configuración que nos muestre un error en el caso de que no estemos utilizando alguna variable que se encuentre dentro de los parámetros de la función.

Así es que acá nos vamos a ir al archivo **"tsconfig.json"** y con la ayuda de **control/comando + f** vamos a buscar "noUnusedParameters":

hola-mundo/tsconfig.json

```
. . .
// "noUnusedLocals": true,                  /* Enable error reporting when \
local variables aren't read. */
// "noUnusedParameters": true,              /* Raise an error when a functi\
on parameter isn't read. */
// "exactOptionalPropertyTypes": true,
. . .
```

En este caso, esta opción la vamos a tener que habilitar sí o sí, así que vamos a descomentar esto y vamos a guardar:

hola-mundo/tsconfig.json

```
. . .
// "noUnusedLocals": true,                  /* Enable error reporting when \
local variables aren't read. */
"noUnusedParameters": true,                 /* Raise an error when a function \
parameter isn't read. */
// "exactOptionalPropertyTypes": true,
. . .
```

Ahora nos vamos a devolver a nuestro archivo de **"index.ts"** y ahora, si estamos viendo de manera más explícita este error:

```
61    'edad' is declared but its value is never read. ts(6133)
62
63    (parameter) edad: number
64    View Problem (Alt+F8)   Quick Fix... (Ctrl+.)
65  const fn: (a: number) => number = (edad: number) => {
66    return 2
67  }
```

Error parametros no usados.

Entonces lo que vamos a tener que hacer es utilizar este parámetro, sí o sí, para evitar está alerta:

hola-mundo/src/index.ts

```
65  const fn: (a: number) => number = (edad: number) => {
66      return edad
67  }
```

Ahora sí estamos colocando un **return** de **edad**, así ya estaremos haciendo uso de este parámetro y no nos estará arrojando más el error.

Ahora vamos a agregarle un poco más de lógica para que esto sea un poco más interesante:

hola-mundo/src/index.ts

```
65  const fn: (a: number) => string = (edad: number) => {
66      if(edad > 17){
67          return "puedes ingresar"
68      }
69      return "no puedes pasar"
70  }
```

Así que lo que hicimos es colocar un condicional **if** evaluando si es que **edad** es mayor a **17** y en ese caso le vamos a retornar un texto que va a decir "puedes ingresar" y si es que no, vamos a retornar "no puedes pasar". Y cambiamos el tipo de retorno de nuestra función en lugar de **number** a **string**.

Tipar funciones escritas con function.

Y ahora vamos a ver cómo podemos reescribir esta función, pero en lugar de hacerlo con la definición de constantes, lo vamos a hacer con la palabra reservada de **function**. Así que lo que vamos a hacer es que vamos a continuar un par de líneas más abajo y acá vamos a escribir:

hola-mundo/src/index.ts

```
72  function validaEdad(edad: number){
73      if (edad > 17) {
74          return "Puedes ingresar"
75      }
76  }
```

Esta función se va a llamar **validaEdad**, recibirá un parámetro, que va a ser el de **edad** de tipo **number**. Con la misma condicional **if**, evaluamos si **edad** es mayor a **17** y en ese caso vamos a retornar el mismo texto de "puedes ingresar", y vamos a guardar.

Ahora fíjate en lo que está ocurriendo en este caso. No estamos definiendo el valor de retorno de esta función, así que si colocamos el cursor sobre el nombre de nuestra función:

```
69      return "no puedes pasar"
70  function validaEdad(edad: number): "Puedes ingresar" |
71  undefined
72  function validaEdad(edad: number){
73      if (edad > 17) {
74          return "Puedes ingresar"
75      }
76  }
```

Retorno implícito de la función.

Nos va a indicar que el valor de retorno puede ser en este caso el **string** "puedes ingresar", o podría ser también **undefined**.

En este caso, lo que está tratando de hacer es inferir el tipo de retorno que va a tener la función, pero no queremos que los infiera, queremos definir siempre en todas las funciones el valor de retorno, porque como la habíamos visto antes, esto podría llegar eventualmente a ocasionar un error, porque estamos solamente devolviendo el **string**: "puedes ingresar", pero nos falta devolver el caso de no puedes pasar que si lo teníamos definido en nuestra función anterior.

Ahora, esto lo podemos corregir de la siguiente manera, podemos colocar que el valor de retorno va a ser en este caso un **string**:

hola-mundo/src/index.ts

```
72  function validaEdad(edad: number): string{
73      if (edad > 17) {
74  . . .
```

Y aquí ya podremos ver el error que nos está mostrando:

```
68
69   Function lacks ending return statement and return type
     does not include 'undefined'. ts(2366)
70
71   View Problem (Alt+F8)   No quick fixes available
72   function validaEdad(edad: number): string{
73     if (edad > 17) {
74       return "Puedes ingresar"
75     }
76   }
```

Error en el retorno de la función.

 Nos está indicando que nos falta agregar también a **undefined** como valor de retorno, así es que siempre debemos estar colocando el tipo que vamos a devolver dentro de nuestras funciones para que así podamos notar estos errores.

Ahora, lo que también podría pasar es que se nos puede olvidar agregar esto, así es que para que podamos corregir esta situación en absolutamente todo nuestro código y que todas nuestras funciones nos arrojen un error en el caso de que no definamos el tipo de retorno, es que activemos otra opción dentro de nuestro **"tsconfig.json"**, la cual se llama **"noImplicitReturns"**:

hola-mundo/tsconfig.json

```
. . .
// "exactOptionalPropertyTypes": true,            /* Interpret optional property \
types as written, rather than adding 'undefined'. */
// "noImplicitReturns": true,                     /* Enable error reporting for c\
odepaths that do not explicitly return in a function. */
// "noFallthroughCasesInSwitch": true,
. . .
```

Esta la vamos a habilitar descomentando esta línea:

hola-mundo/tsconfig.json

```
. . .
// "exactOptionalPropertyTypes": true,            /* Interpret optional property \
types as written, rather than adding 'undefined'. */
"noImplicitReturns": true,                     /* Enable error reporting for code\
paths that do not explicitly return in a function. */
// "noFallthroughCasesInSwitch": true,
. . .
```

Vamos a guardar este archivo y ahora nos vamos a devolver a nuestro archivo de **"index.ts"**, vamos a borrar el tipo del retorno de nuestra función:

hola-mundo/src/index.ts

```
72  function validaEdad(edad: number){
73      if (edad > 17) {
74  . . .
```

Y ahora podemos notar que nuestra función está teniendo un color resaltado en amarillo:

```
67  Not all code paths return a value. ts(7030)
68
69  function validaEdad(edad: number): "Puedes ingresar" |
70  undefined
71  View Problem (Alt+F8)    No quick fixes available
72  function validaEdad(edad: number){
```

Warning en el retorno.

Que nos estará indicando que no todos los caminos del código están retornando un valor y eso es lo que está ocurriendo, solamente estamos retornando un valor, que es el caso de que **edad** sea mayor a 17, nos falta el caso para cuando sea menor, así que esto sencillamente le vamos a indicar el segundo **return**:

hola-mundo/src/index.ts

```
75      }
```

return "no puedes pasar"

```
1   }
```

Ahora, si podemos colocar el cursor encima y ya podemos ver que nos está indicando que esto tiene que ser un **string** y que deben de ser forzosamente: ser "puedes ingresar" o "no puedes pasar":

```
70  function validaEdad(edad: number): "no puedes pasar" |
71  "Puedes ingresar"
72  function validaEdad(edad: number){
73      if (edad > 17) {
74          return "Puedes ingresar"
75      }
76      return "no puedes pasar"
77  }
```

Return de strings de la función.

Así es que aquí tenemos dos opciones:

1. Podemos indicar que el valor de retorno va a ser un **enum**, como lo vimos en una lección anterior.
2. O para hacerlo más fácil, sencillamente le vamos a colocar que lo que quiero que me devuelva es un **string**.

hola-mundo/src/index.ts

```
72  function validaEdad(edad: number): string{
73      if (edad > 17) {
74  . . .
```

Entonces, para todas las funciones tenemos que siempre colocar el valor de retorno y para asegurarnos de que esto funcione, tenemos que siempre ir a nuestro **"tsconfig.json"** y habilitar **"noImplicitReturns"** y también **"noUnusedParameters"** para que nuestra función siempre esté utilizando todos los parámetros que estemos pasando.

Ahora vamos a tratar de ejecutar nuestra función de **validaEdad** con el argumento **18**:

hola-mundo/src/index.ts

```
79  validaEdad(18)
```

Como podemos ver, esto es **JavaScript** completamente válido, pero fíjate en qué es lo que ocurre, si es que le pasamos un segundo argumento como **22**:

hola-mundo/src/index.ts

```
79  validaEdad(18, 22)
```

En este caso VsCode no nos está mostrando nada raro, pero si intentáramos compilar nuestro código:

Terminal de commandos

```
1  tsc
```

Salida de ejecutar: tsc

```
1  src/index.ts:79:16 - error TS2554: Expected 1 arguments, but got 2.
2  79 validaEdad(18, 22)
3                    ~~
4  Found 1 error in src/index.ts:79
```

 Nos va a indicar que ha encontrado un error justamente en la línea 79, que es cuando estamos llamando a nuestra función. Y es que estamos pasándole 2 argumentos, pero nuestra función está esperando que le pasemos solamente 1.

A veces podría ser que VsCode no te muestre todos los errores, pero eso no significa que estos no estén ahí. La manera correcta en este caso de poder llamar a estas funciones, que sencillamente le pasemos solamente 1 argumento.

hola-mundo/src/index.ts

```
79  validaEdad(18)
```

Ahora, en el caso de que queramos colocar otro argumento más, por ejemplo, podría ser un **mensaje**. Le vamos a indicar que este tiene que ser un **string** y vamos a aprovechar de indicar que lo retorne si la evaluación del **if** se cumple:

hola-mundo/src/index.ts

```
79  function validaEdad(edad: number, msg: string): string {
80      if (edad > 17) {
81          return `Puedes ingresar ${msg}`
82      }
83  . . .
```

Y de esta manera le podemos pasar un mensaje completamente customizado. Y lo que le pasaremos como mensaje customizado en el llamado de la función será "**chanchito feliz**":

hola-mundo/src/index.ts

```
79  validaEdad(18, "chanchito feliz")
```

Entonces, esto lo que debe hacer es devolvernos el **string** de: "Puedes ingresar chanchito feliz".

Ahora, si vamos a ver la definición de **validaEdad**:

Retorno de la función.

Aquí tenemos que el retorno sigue siendo un **string**. Incluso si eliminamos el tipo de retorno de manera temporal, porque lo vamos a volver a agregar:

hola-mundo/src/index.ts

```
79  function validaEdad(edad: number, msg: string){
80      if (edad > 17) {
81  . . .
```

Si volvemos a revisar el tipo:

Retorno implícito en la función.

Vemos ahora que se nos está devolviendo un **string**, porque este ya puede ser cualquier tipo de **string** por el hecho de haberle agregado esta variable de **msg** al valor de retorno.

Ahora, si vamos a devolver el tipado que acabamos de borrar:

hola-mundo/src/index.ts

```
79  function validaEdad(edad: number, msg: string): string{
80      if (edad > 17) {
81  . . .
```

Y vamos a hacer algo sumamente interesante. Lo que podemos hacer es definir el tipo, pero también le podemos agregar un valor por defecto, porque lo que podría pasar en este caso es que eliminemos el segundo argumento del llamado de la función:

hola-mundo/src/index.ts

```
79  validaEdad(18)
```

Pero queremos que la función siga funcionando de todas maneras, en ese caso, lo que podemos hacer es pasarle un valor por defecto que vendría siendo "**Chanchito feliz**":

hola-mundo/src/index.ts

```
72  function validaEdad(edad: number, msg = "Chanchito Feliz"): string {
73      if (edad > 17) {
74  . . .
```

Y ahora ya no es necesario que la llamemos con absolutamente todos los argumentos, pero sí quisiéramos pasarle otro, por ejemplo, "**Hola mundo**":

hola-mundo/src/index.ts

```
79  validaEdad(18, "Hola mundo")
```

En este caso, la función sigue operando correctamente. Pero fíjate qué es lo que ocurre, si cambiamos el valor de "**Hola mundo**" por un número, por ejemplo: **23**.

hola-mundo/src/index.ts

```
79  validaEdad(18, 23)
```

Este error no nos lo está mostrando VsCode, pero **TypeScript** sí nos lo va a mostrar, así que llamamos nuevamente a **tsc**:

Terminal de commandos

```
1  tsc
```

Salida de ejecutar: tsc

```
1  src/index.ts:79:16 - error TS2345: Argument of type 'number' is not assignable to pa\
2  rameter of type 'string'.
3  79 validaEdad(18, 23)
4                     ~~
5  Found 1 error in src/index.ts:79
```

Y aquí podemos ver que nos está arrojando de nuevo un error exactamente en la misma línea, y esto es que el argumento de tipo **number** no es asignable al parámetro de tipo **string**.

Que quiere decir que independientemente si no le pasamos el tipo a los argumentos de las funciones, cuando las estamos inicializando o dándole un valor por defecto, eso no importa porque **TypeScript** va a ser lo suficientemente inteligente para poder saber que el tipo de **msg** es de tipo **string**, siempre y cuando la estemos inicializando, qué es lo que hacemos al darle un valor por defecto.

Pero si queremos ser explícitos, podemos venir nuevamente a esta función, y le colocamos el tipo de **string** al parámetro de **msg**:

hola-mundo/src/index.ts

```
72  function validaEdad(edad: number, msg: string = "Chanchito Feliz"): string {
73      if (edad > 17) {
74      . . .
```

Y aun así, también podemos seguir asignándole un valor por defecto a este argumento.

Y por supuesto que esto también nos va a mostrar un error si es que nos equivocamos y le colocamos, por ejemplo, el tipo de **number**:

hola-mundo/src/index.ts

```
72  function validaEdad(edad: number, msg: number = "Chanchito Feliz"): string {
73      if (edad > 17) {
74      . . .
```

```
68
69   Type 'string' is not assignable to type
70   'number'. ts(2322)
71   View Problem (Alt+F8)   No quick fixes available
72   function validaEdad(edad: number, msg: number = "Chanc
```

Error en el tipo de parámetro.

 Aquí tenemos el mensaje de error y nos indica que el **string** no es asignarle el tipo de **number**.

Así es que vamos a regresarlo a cómo estaba:

hola-mundo/src/index.ts

```
72  function validaEdad(edad: number, msg: string = "Chanchito Feliz"): string {
73      if (edad > 17) {
74      . . .
```

Vamos a corregir también el llamado de nuestra función para que no tengamos ningún error, sencillamente eliminar el último argumento:

hola-mundo/src/index.ts

```
79  validaEdad(18)
```

Todo lo que hemos visto dentro de los argumentos, por supuesto que, además de poder pasarle **number, string, boolean, también le podemos pasar a enum, objetos, arreglos** y los tipos que vayamos definiendo a lo largo de este libro.

 # Código de la lección.

Para terminar, te dejaré el código que agregamos al archivo "**hola-mundo/src/index.ts**:

hola-mundo/src/index.ts

```
65  const fn: (a: number) => string = (edad: number) => {
66      if (edad > 17) {
67          return "Puedes ingresar"
68      }
69      return "No Puedes ingresar"
70  }
71
72  function validaEdad(edad: number, msg: string = "Chanchito Feliz"): string {
73      if (edad > 17) {
74          return `Puedes ingresar ${msg}`
75      }
76      return "No Puedes ingresar"
77  }
78
79  validaEdad(18)
```

Never.

Vamos a ver un nuevo tipo de retorno que tienen las funciones y este vendría siendo el tipo de **never**. Este es un tipo que se utiliza cuando una función nunca va a alcanzar un punto donde vaya a retornar algo.

Esto se utiliza muchísimo cuando tenemos funciones que van a lanzar una excepción o que estas están dedicadas solamente para lanzar excepciones. Así que vamos a definir una función, la cual, va a tirar un error de usuario:

hola-mundo/src/index.ts

```
82  function ErrorUsuario(): never {
83
84  }
```

Puede ser cualquier tipo de error y en este caso lo que haremos con esta función es que le vamos a indicar que va a retornar un tipo de dato **never**.

Y nos vamos a dar cuenta de inmediato de que nos está indicando un error:

```
78
79   A function returning 'never' cannot have a reachable end
80   point. ts(2534)
81   View Problem (Alt+F8)   No quick fixes available
82   function ErrorUsuario(): never {
83
84   }
```

Error en never.

 Y esto es porque una función que retorna el tipo **never** tiene que necesariamente tener un punto donde no se retorne absolutamente nada, y esto lo podemos hacer lanzando un error:

hola-mundo/src/index.ts

```
82  function ErrorUsuario(): never {
83      throw new Error("error de usuario")
84  }
```

Este tipo se utiliza exclusivamente cuando vamos a lanzar errores dentro de nuestra aplicación.

Ahora, si tratáramos de utilizar el tipado inferido que tiene **TypeScript**, nos vamos a dar cuenta de que, si es que eliminamos, está este tipo de **never** en el retorno y colocamos el cursor sobre el nombre de la función:

```
80    validaEda⌐⌐18)
81      💡                    function ErrorUsuario(): void
82  ┆ function ErrorUsuario(){
83    │    throw new Error("error de usuario")
84    │ }
```

Error en retorno implícito.

Nos vamos a dar cuenta de que este nos va a mostrar ahora que el tipo de retorno es el de **void**.

Diferencia entre void y never.

void es una función que podría ejecutar algún tipo de lógica que sea útil o que escriba en base de datos o que haga algo.

En cambio, con el tipo de **never**, aquí estamos siendo sumamente explícitos al indicarle en el código que esta función lo que hará será despachar un error.

Es por esto que es muy importante que cuando tengamos funciones que se dediquen a lanzar errores, le coloquemos **never** y no que le coloquemos **void**, porque si le colocamos void, que vendría siendo que va a retornar a **undefined**, que si bien esto estaría correcto, lo mejor es que en este caso utilicemos **never** para ser explícitos, cosa que cuando otros desarrolladores vean nuestro código, ellos sepan que esta función lo que va a hacer es lanzar un error.

Código de la lección.

Para terminar, te dejaré el código que agregamos del archivo **"hola-mundo/src/index.ts**:

hola-mundo/src/index.ts

```
82  function ErrorUsuario(): never {
83      throw new Error("error de usuario")
84  }
```

Capítulo 3: tipos avanzados.

Contenido de la sección.

Hola mundo, en esta sección de tipos avanzados aprenderemos:

- Union type.
- Intersection type.
- Literal type.
- Nullable type.
- Optional chaining.
- Nullish Coalescing Operator.
- Type Assertion.
- Type narrowing.
- Y unknown.

Y ahora comencemos con esta sección.

Union Type.

En esta lección vamos a hablar sobre los **Union Types**, y estos se refieren a cuándo podemos utilizar más de un solo tipo para poder referirnos a una variable.

Entonces, en nuestro archivo **"index.ts"** vamos a definir ahora una variable que se va a llamar **puntaje** y en este caso le vamos a indicar que tenemos un puntaje de **98**.

hola-mundo/src/index.ts

```
87  // Union Types
88  let puntaje = 98
```

Hasta ahora hemos visto que no tenemos absolutamente ningún problema con esto, pero sí es que quisiéramos redefinir esta variable, como por ejemplo, con un **string**:

hola-mundo/src/index.ts

```
88  puntaje = "hola mundo"
```

Aquí vamos a ver que **TypeScript** nos está arrojando un error:

```
84   Type 'string' is not assignable to type
85   'number'. ts(2322)
86
87   let puntaje: number
88   View Problem (Alt+F8)    No quick fixes available
89   puntaje = "hola mundo"
```

Error de tipo.

 Particularmente, VsCode nos está indicando que **string** no se lo podemos asignar al tipo de **number**.

Lo que podríamos hacer para solucionar esto es agregarle el tipo de **number** y además podemos colocar una barra vertical (|) justo en la mitad para poder indicarle que queremos utilizar otro tipo para poder definir nuestra variable de **puntaje**, así es que le que pasaremos también el valor de **string**:

hola-mundo/src/index.ts

```
87  // Union Types
88  let puntaje: number | string = 98
89  puntaje = "hola mundo"
```

Y ahora vemos que, cuando estamos reasignando el valor de puntaje de un **number** a un **string** ya nos está arrojando un error.

Lo que sí, tenemos que ser sumamente cuidadosos cuando estemos utilizando el **union type** porque no hay absolutamente nada que nos impida que después. Además de colocar esto, coloquemos también un **boolean** o nuestro **enum** de **Tallas**:

hola-mundo/src/index.ts

```
87  // Union Types
88  let puntaje: number | string | boolean | Talla = 98
89  puntaje = "hola mundo"
```

Finalmente, esto es como si estuviésemos también con un tipo **any**, así que tenemos que tratar de ser lo más estricto posible. Idealmente, si tenemos solo 1 tipo mejor, pero si necesitamos 2 tipos, esta vendría siendo la forma de hacerlo.

Ahora, esto nos puede servir no solamente para poder definir en este caso los valores primitivos, sino que también podríamos hacerlo para otro tipo de variables. Vamos a definir otra variable que se va a llamar **animal**, y esta va a ser igual a un objeto:

hola-mundo/src/index.ts

```
91  let animal = { id: 1, estado: ""}
```

Este contiene el **id** de **1** y va a tener un **estado** y este va a ser un **string** que inicialmente se va a encontrar vacío.

Ahora, lo que vamos a hacer es que voy a definir un **type** de **animal** y este va a tener un **id**, el cual va a ser un **number** y va a tener también un **estado**, el cual va a ser un **string**:

hola-mundo/src/index.ts

```
91  type Animal = {
92      id: number,
93      estado: string
94  }
95
96  let animal = { id: 1, estado: ""}
```

Ahora podemos indicar aquí en nuestra variable **animal** que este puede ser de tipo **Animal**:

hola-mundo/src/index.ts

```
95  let animal: Animal = { id: 1, estado: ""}
```

También vamos a definir otro tipo que va a ser un **Usuario**. Este también va a tener un **id** de tipo **number** y también le vamos a agregar un **name** que va a ser un **string**:

hola-mundo/src/index.ts

```
95   type Usuario = {
96       id: number,
97       name: string
98   }
99
100  let animal: Animal = { id: 1, estado: ""}
```

Vamos a cambiarle el tipo a nuestra instancia de **animal** por **Usuario**:

hola-mundo/src/index.ts

```
101   let animal: Usuario = { id: 1, estado: ""}
```

Y si lo guardamos, nos va a empezar a mostrar el error en la propiedad de **estado**.

```
96    Object literal may only specify known properties, and
97    'estado' does not exist in type 'Usuario'. ts(2353)
98
99    (property) estado: string
100   View Problem (Alt+F8)    No quick fixes available
101   let animal: Usuario = { id: 1, estado: "" }
```

Error en la definición de propiedades.

 Esto es porque la propiedad **estado** no existe en el tipo **Usuario**.

Igualmente, podemos utilizar estos dos tipos, el de **Animal** y también el de **Usuario**. Sencillamente agregando una barra vertical y con esto podríamos a agregar un segundo tipo, que en este caso vendría siendo **Animal**:

hola-mundo/src/index.ts

```
101   let animal: Usuario | Animal = { id: 1, estado: ""}
```

Y ahora, si, nos va a permitir tener un objeto con un **id** y también con un **estado**.

Hasta ahora, este objeto tiene 2 propiedades, pero si además agregamos la propiedad de **name** y la inicializamos como un **string** vacío:

hola-mundo/src/index.ts

```
101   let animal: Usuario | Animal = { id: 1, estado: "", name: "" }
```

En este caso, nos permite hacer esto sin ningún problema. Y esto quiere decir que lo que estamos haciendo acá es que combinar los dos tipos, por lo que finalmente la variable de **animal** va a tener las propiedades que existen dentro de **Animal** y también dentro de **Usuario**.

Esto quizás podría ser un poco contraproducente, porque en el fondo podríamos estar construyendo un objeto sumamente grande cuando lo que en verdad queríamos hacer es tener o un **Usuario** o un **Animal**.

Union Type con funciones.

Ahora vamos a ver cómo podemos utilizar el **Union Type** cuando estemos trabajando con funciones, y lo que vamos a hacer es definir una función, la cual se va a llamar **sumaDos**:

hola-mundo/src/index.ts

```
103  function sumaDos(n: number | string): number {
104
105  }
```

Esta función va a recibir un parámetro, el cual va a ser **n**, el que vamos a esperar que sea de tipo **number** o que también podría ser un **string**. Lo siguiente es agregarle también el valor de retorno y este va a ser un **number**:

Pero lo importante que tiene **TypeScript** cuando estamos utilizando el **unión type** dentro de las funciones es que podemos preguntar si es que el tipo de **n** es de tipo **number**:

hola-mundo/src/index.ts

```
103  function sumaDos(n: number | string): number {
104      if (typeof n === "number") {
105          n.
106      }
107  }
```

Entonces, con una condicional **if** que si el tipo de **n** es **number**, en este caso lo que hacemos es escribiendo a **n** y un punto:

Métodos de los datos tipo number.

Lo que estará haciendo es que nos sugerirá solamente los métodos en el caso de que **n** sea de tipo **number**.

Pero si es que esto lo cambiamos por **string** cosa de ejecutar una porción de código cuando el tipo de dato sea **string**:

hola-mundo/src/index.ts

```
103  function sumaDos(n: number | string): number {
104  if (typeof n === "string") {
105          n.
106      }
107  }
```

Y si vemos de nuevo los métodos que nos sugiere el editor:

```
103   function sumaDos(n: number | string): number {
104       if (typeof n === "string") {
105   💡    n.
106   }        [@] Symbol              interface Symbolvar Symbol: SymbolCo…>
107   }          ⬡ charAt
108            ⬡ charCodeAt
109            ⬡ codePointAt
110            ⬡ concat
111            ⬡ endsWith
112            ⬡ includes
113            ⬡ indexOf
114   //       ⬡ lastIndexOf
TERMINAL ···   ⬡ length
               ⬡ localeCompare
               ⬡ match
```

Métodos de los datos tipo string.

Ahora lo que estamos viendo son todas las sugerencias de los métodos, si es que el valor de **n** fuese un **string**.

Esto es sumamente poderoso, ya que podemos validar si es un tipo de dato, entonces en este caso vamos a llamar a unos métodos, pero si llega a ser de otro tipo de dato, en ese caso, vamos a llamar a los otros métodos que se supone que tienen este tipo de dato, en nuestro ejemplo de **number** o de **string**.

Continuaremos con dejar esto nuevamente como **number** y vamos a agregar el valor de retorno para cuando es de tipo **number**:

hola-mundo/src/index.ts

```
103   function sumaDos(n: number | string): number {
104       if (typeof n === "number") {
105           return n + 2
106       }
107   }
```

Y para todo el resto del código, justamente después de este **if** sí es que vemos los métodos disponibles de **n**:

hola-mundo/src/index.ts

```
106       }
107       n.
108   }
```

Con esto nuestro editor nos va a ofrecer los métodos, pero solamente si es que **n** fuese un **string**:

```
106   }
107   n.
108   }      [⊘] Symbol        interface SymbolvarSymbol: SymbolCons…
109        ⬡ charAt
110   // s ⬡ charCodeAt
111        ⬡ codePointAt
```

Métodos sugeridos fuera de la condicional.

Entonces, ahora vamos a transformar a **n** en un número con el método **parseInt**:

hola-mundo/src/index.ts

```
106       }
107       return parseInt(n) + 2
108   }
```

Entonces este valor lo retornamos sumándole 2.

Con esto ya no tendremos un error en nuestra función porque esta está devolviendo, sí o sí, un **number**, porque ahora **TypeScript** nos está diciendo que el valor que vamos a estar retornando siempre va a ser un número.

Vamos a ver ahora qué sucede si no realizamos esta validación, para esto comentaremos todo este bloque de código de la función y vamos a colocar acá **n** y un punto:

hola-mundo/src/index.ts

```
103   function sumaDos(n: number | string): number {
104       // if (typeof n === "number") {
105       //   return n + 2
106       // }
107       // return parseInt(n) + 2
108       n.
109   }
```

Y vemos las sugerencias que nos ofrece el editor:

```
108   n.
109   }      ⬡ toLocaleStri…    (method) toLocaleString(): string (…
110        ⬡ toString
111   // s ⬡ valueOf
```

Métodos sugeridos sin validación.

Vemos solamente 3 métodos y esto es porque **TypeScript** no sabe si es que tenemos un **number** o un **string**. Entonces lo que está haciendo en este momento es ofrecernos solamente los métodos que ambos tipos tienen en común, que en este caso son estos 3.

Vamos a dejar el código como se encontraba antes:

hola-mundo/src/index.ts

```
103   function sumaDos(n: number | string): number {
104       if (typeof n === "number") {
105           return n + 2
106       }
107       return parseInt(n) + 2
108   }
```

Y ya que lo tenemos así, vamos a poder llamar a esta función y lo vamos a poder hacer con un valor numérico que en este caso vendría siendo **2**:

hola-mundo/src/index.ts

```
110   sumaDos(2)
```

O también lo podemos hacer con un **string**:

hola-mundo/src/index.ts

```
110   sumaDos("2")
```

Y para ambos casos, nuestro código va a funcionar correctamente. Y para verificar que esto está funcionando correctamente, lo que vamos a hacer es que vamos a compilar nuevamente nuestro proyecto:

Terminal de commandos

```
1   tsc
```

Y ahora nos vamos a ir al archivo generado de **JavaScript**:

hola-mundo/dist/index.js

```
. . .
let animal = { id: 1, estado: "", name: "" };
function sumaDos(n) {
    if (typeof n === "number") {
        return n + 2;
    }
    return parseInt(n) + 2;
}
sumaDos("2");
```

Y al final es donde tenemos nuestra función de **sumaDos**. Fíjate que aquí los **union type** no están apareciendo dentro de esta función. Finalmente, estos son solamente para que el compilador sepa qué es lo que tiene que hacer y qué errores tiene que entregarte a ti como desarrollador para que a ti te sea útil esto y así no caigas en errores de tipado como podría ser, por ejemplo, tratar de sumar el **string** de "2" con el número 2, que por si no lo sabías, si es que tú llegas a sumar el **string** de "2" con el número 2, lo que va a hacer es que esto te va a devolver **22**.

Y para que podamos verificar esto último que te estoy diciendo, vamos a escribir un **console.log** de esto:

hola-mundo/src/index.ts

```
111  console.log("suma de dos mas dos", "2" + 2)
```

Compilaremos nuevamente nuestro proyecto y vamos a ejecutar:

Terminal de commandos

```
1  tsc
2  node dist/index.js
```

Salida de ejecutar: node dist/index.js

```
4  suma de dos mas dos 22
```

Y el valor que nos está devolviendo finalmente es 22. Así que este tipo nos va a permitir a poder ahorrarnos este tipo de errores.

Código de la lección.

Para terminar, te dejaré el código que agregamos al archivo **"hola-mundo/src/index.ts**:

hola-mundo/src/index.ts

```
87   // Union Types
88   let puntaje: number | string | boolean | Talla = 98
89   puntaje = "hola mundo"
90
91   type Animal = {
92       id: number,
93       estado: string
94   }
95
96   type Usuario = {
97       id: number,
98       name: string
99   }
100
101  let animal: Usuario | Animal = { id: 1, estado: "", name: "" }
102
103  function sumaDos(n: number | string): number {
104      if (typeof n === "number") {
105          return n + 2
106      }
107      return parseInt(n) + 2
108  }
109
110  sumaDos("2")
111  console.log("suma de dos mas dos", "2" + 2)
```

Intersection Type.

Ahora, lo que vamos a ver es cómo podemos trabajar con el **Intersection Type** que, en este caso, vamos a definir dos tipos.

El primero va a ser datos de **auditoria**:

hola-mundo/src/index.ts

```
113   // Intersection Types
114   type Audit = {
115       created_at: string,
116       modified_at: string
117   }
```

Esto es más que nada, porque cuando queremos crear recursos en bases de datos, siempre vamos a querer saber cuándo se creó y también cuándo se actualizó. Estos son datos de auditoría.

Ahora lo que vamos a hacer es que vamos a crear otro recurso, el cual va a ser, por ejemplo, un producto:

hola-mundo/src/index.ts

```
119   type Product = {
120       name: string,
121   }
```

En el caso de este tipo, indicamos que los productos por lo general tienen un nombre, el cual vendría siendo el de **string** y también van a tener múltiples propiedades, pero por ahora lo vamos a dejar solamente hasta acá por simpleza de la operación.

Y vamos a crear ahora una constante de **product** y le vamos a indicar que los tipos van a ser **Audit** y también tenga el tipo de **Product**:

hola-mundo/src/index.ts

```
123   const product: Audit & Product = {
```

Esta vez no hemos usado la barra vertical, sino que hemos usado el ampersand **(&)**

Entonces vamos a tener finalmente un objeto que, en este caso, es **producto** que tiene que contener las propiedades de **created_at**, **modified_at**, así que vamos a agregar eso:

hola-mundo/src/index.ts

```
123   const product: Audit & Product = {
124       created_at: "",
125       modified_at: ""
126   }
```

Vamos a ver el mensaje de error y aquí nos está indicando que falta la propiedad de **name**:

```
114  Type '{ created_at: string; modified_at: string; }' is
115  not assignable to type 'Audit & Product'.
116    Property 'name' is missing in type '{ created_at:
117  string; modified_at: string; }' but required in type
118  'Product'. ts(2322)
119  index.ts(120, 3): 'name' is declared here.
120
121  const product: Audit & Product
122  View Problem (Alt+F8)    No quick fixes available
123  const product: Audit & Product = {
```

Error en product.

Así es que vamos a agregar aquí **name** y también lo vamos a dejar como un **string** vacío:

hola-mundo/src/index.ts

```
123  const product: Audit & Product = {
124      name: "Chanchito Feliz",
125      created_at: "",
126  . . .
```

Por supuesto que estos valores no tienen que estar vacíos, pero esto es más que nada por simpleza, para poder mostrarte cómo funcionan los **intersection types** y más que nada nos sirven para que podamos tener un tipo en conjunto con otro tipo, y finalmente el objeto que tenemos que construir tiene que contener las propiedades sí o sí de ambos tipos.

 ## Código de la lección.

Para terminar, te dejaré el código que agregamos al archivo "**hola-mundo/src/index.ts**:

hola-mundo/src/index.ts

```
113  // Intersection Types
114  type Audit = {
115      created_at: string,
116      modified_at: string
117  }
118
119  type Product = {
120      name: string,
121  }
122
123  const product: Audit & Product = {
124      name: "Chanchito Feliz",
125      created_at: "",
126      modified_at: ""
127  }
```

Literal types.

Ahora vamos a continuar viendo los tipos literales.

Vamos a definir una constante que va a ser algún número de Fibonacci. Vamos a colocarle como nombre **nDeFibo** y, como bien sabemos, la serie de Fibonacci es 0, 1,2,3,5... y así sucesivamente. Así que lo que vamos a hacer es que le vamos a asignar el valor de 1:

hola-mundo/src/index.ts

```
129  // Literal types
130  const nDeFibo= 1
```

Pare este ejemplo, nuestro objetivo es que solamente se pudiesen asignar los primeros valores de Fibonacci, que en este caso tendrían siendo 0, 1, 2 y 3. En ese caso, tendríamos que indicar necesariamente aquí que le vamos a pasar el tipo de **number**:

hola-mundo/src/index.ts

```
129  // Literal types
130  const nDeFibo: number = 1
```

Pero si le pasamos el tipo de **number**, aquí también podemos pasar el valor de 4 y para **TypeScript** esto estaría correcto.

hola-mundo/src/index.ts

```
129  // Literal types
130  const nDeFibo: number = 4
```

Afortunadamente, podemos utilizar los tipos literales, y son más que nada para indicarle a nuestro código que queremos que sea solamente valores específicos.

Así que vamos a cambiar este tipo de **number** y lo vamos a cambiar por un **4**, así tal cual:

hola-mundo/src/index.ts

```
129  // Literal types
130  const nDeFibo: 4 = 4
```

Como puedes ver, hemos colocado el mismo valor que le asignamos, y esto es un tipo literal.

Ahora, en este caso, le estamos diciendo a esta constante que solamente puede tener el valor de **4**, aunque este valor no se encuentra dentro de Fibonacci, así que vamos a cambiarlo por 3:

hola-mundo/src/index.ts

```
129  // Literal types
130  const nDeFibo: 3 = 4
```

Y, como puedes ver, ahora nos está arrojando un error:

Error con literal types.

Y es porque a esta variable solamente se le puede asignar el valor de 4.

Ahora vamos a corregir esta constante y le vamos a asignar el tipo de 3:

hola-mundo/src/index.ts

```
129  // Literal types
130  const nDeFibo: 3 = 3
```

Pero lo que necesitamos es que tenga por lo menos los primeros cinco valores, aquí es donde tenemos que utilizar el operador de **union type**:

hola-mundo/src/index.ts

```
129  // Literal types
130  const nDeFibo: 0 | 1 | 2 | 3 | 5 = 3
```

Y de esta manera, el número de Fibonacci que le podemos pasar puede ser: 0, 1, 2, 3 o 5, cualquiera de esos valores que le pasemos a esta constante van a ser válidos.

Esto que tenemos es que es bastante horrible y está quedando demasiado verboso, así que lo que voy a hacer es que vamos a sacar el tipado de esta línea y lo colocaremos en un nuevo tipo:

hola-mundo/src/index.ts

```
129  // Literal types
130  type Fibo = 0 | 1 | 2 | 3 | 5
131  const nDeFibo = 3
```

Y justamente acá, donde deberíamos definir el tipo de la constante, es donde vamos a colocar a nuestro tipo **Fibo**:

hola-mundo/src/index.ts

```
129  // Literal types
130  type fibo = 0 | 1 | 2 | 3 | 5
131  const nDeFibo: fibo = 3
```

Y ahora, a la constante, le podemos asignar 0:

hola-mundo/src/index.ts

```
130  type Fibo = 0 | 1 | 2 | 3 | 5
131  const nDeFibo: Fibo = 0
```

O asignarle 5:

hola-mundo/src/index.ts

```
130  type Fibo = 0 | 1 | 2 | 3 | 5
131  const nDeFibo: Fibo = 5
```

Y por supuesto que no le podemos asignar 7.

```
127    }        Type '7' is not assignable to type 'fibo'. ts(2322)
128
129    // Li    const nDeFibo: fibo
130    type     View Problem (Alt+F8)    No quick fixes available
131    const nDeFibo: fibo = 7
```

Error al asignar tipo incorrecto

Ni tampoco le podemos asignar un **string**:

```
126    Type '"hola mundo"' is not assignable to type
127    'fibo'. ts(2322)
128
129
130    const nDeFibo: fibo
130    View Problem (Alt+F8)    No quick fixes available
131    const nDeFibo: fibo = "hola mundo"
```

Error al asignar tipo incorrecto, ejemplo 2

Solamente tiene que ser alguno de estos valores que hemos definido en **Fibo**, así que lo dejaremos en **5**:

hola-mundo/src/index.ts

```
130    type Fibo = 0 | 1 | 2 | 3 | 5
131    const nDeFibo: Fibo = 5
```

Y esto ha sido todo con los tipos literales.

 ## Código de la lección.

Para terminar, te dejaré el código que agregamos al archivo "**hola-mundo/src/index.ts**:

hola-mundo/src/index.ts

```
129    // Literal types
130    type Fibo = 0 | 1 | 2 | 3 | 5
131    const nDeFibo: Fibo = 5
```

Nullable types.

Vamos a hablar ahora un poco sobre cómo trabajar con valores nulos.

Para eso, vamos a crear una nueva función, la cual vamos a indicar que se llama **toNumber**, y esta función lo que hará será tomar un **string** que recibe como parámetro y tratar de transformarlo en un número:

hola-mundo/src/index.ts

```
133  function toNumber(s: string) {
134      return parseInt(s)
135  }
```

Lo que vamos a hacer ahora es tratar de llamar a esta función, guardando su resultado en una variable **n**, pero lo que haremos será pasarle **null**:

hola-mundo/src/index.ts

```
137  const n = toNumber(null)
```

En este momento estamos viendo que VsCode no nos está arrojando absolutamente ningún error, sin embargo, **TypeScript** no nos va a permitir realizar esta operación, ya que, si es que empezamos a utilizar el valor de **null** o **undefined**, podría empezar a generar problemas dentro de nuestro código.

Ahora, si abrimos nuestra terminal integrada e intentamos compilar nuestro código:

Terminal de commandos al ejecutar:

```
1  tsc
```

Nos vamos a dar cuenta de que acá nos va a indicar que tenemos un error:

Salida de ejecutar: tsc

```
1  src/index.ts:137:20 - error TS2345: Argument of type 'null' is not assignable to par\
2  ameter of type 'string'.
3  137 const n = toNumber(null)
4                         ~~~~
5  Found 1 error in src/index.ts:137
```

 Y este error nos indica que le estamos tratando de pasar **null** a una función que no es asignable al parámetro de tipo **string**.

Existen dos formas de "poder resolver" este problema, y la primera es que nos vayamos a nuestro archivo de "**tsconfig.json**", y aquí tenemos que buscar la opción de "**strictNullChecks**":

hola-mundo/tsconfig.json

```
. . .
// "noImplicitAny": true,                              /* Enable error reporting for e\
xpressions and declarations with an implied 'any' type. */
// "strictNullChecks": true,                           /* When type checking, take int\
o account 'null' and 'undefined'. */
// "strictFunctionTypes": true,
. . .
```

Lo que vamos a hacer ahora es que la vamos a activar esta opción:

hola-mundo/tsconfig.json

```
. . .
// "noImplicitAny": true,                              /* Enable error reporting for e\
xpressions and declarations with an implied 'any' type. */
"strictNullChecks": true,                              /* When type checking, take into a\
ccount 'null' and 'undefined'. */
// "strictFunctionTypes": true,
. . .
```

Y esto nos debería mostrar un error en VsCode:

```
133
134   Argument of type 'null' is not assignable to parameter of
135   type 'string'. ts(2345)
136   View Problem (Alt+F8)    No quick fixes available
137   const n = toNumber(null)
```

Error al pasar null a la función.

Nos está mostrando el error ahora, porque VsCode en esta versión tiene un problema con esta misma opción, porque incluso si dejáramos comentada esta opción, cuando intentemos compilar nuestro código nos va a arrojar el error, como ya vimos antes.

Así es que en verdad esto lo que está haciendo es que nos está permitiendo para esta versión de VsCode que nos muestre el error mientras estamos programando. Sin embargo, lo que también podríamos hacer es cambiar el valor de esto a **false**:

hola-mundo/tsconfig.json

```
. . .
// "noImplicitAny": true,                              /* Enable error reporting for e\
xpressions and declarations with an implied 'any' type. */
"strictNullChecks": false,                             /* When type checking, take into \
account 'null' and 'undefined'. */
// "strictFunctionTypes": true,
. . .
```

Y cuando guardemos y nos devolvamos a nuestro editor, nos vamos a dar cuenta de que en este caso no nos está mostrando el problema. Y, además, si intentamos compilar nuestro código, nos va a mostrar que no tenemos absolutamente ningún error:

Terminal de commandos al ejecutar:

```
1  tsc
```

Sin embargo, ya sabemos que esto nos va a arrojar un problema porque vamos a estar tratando de hacer un **number** de un valor **null**. Así es que la forma correcta de cómo deberíamos bajar es que esta opción de **strictNullChecks** siempre la tengamos habilitada en **true**, y de esta manera nos podemos ahorrar este tipo de problemas:

hola-mundo/tsconfig.json

```
. . .
// "noImplicitAny": true,                          /* Enable error reporting for e\
xpressions and declarations with an implied 'any' type. */
"strictNullChecks": true,                          /* When type checking, take into a\
ccount 'null' and 'undefined'. */
// "strictFunctionTypes": true,
. . .
```

La forma de solucionar esto en el código cuando estemos programando es de la siguiente manera. Lo primero tenemos que utilizar nuestro **union type** e indicarle que, además de ser un **string**, este también puede ser un valor **null**:

hola-mundo/src/index.ts

```
133  function toNumber(s: string | null) {
134      return parseInt(s)
135  }
136  . . .
```

Ahora vamos a ver que tenemos un error en nuestro argumento de **s** y si colocamos el cursor para ver este error acá encima, nos va a indicar que el argumento que puede ser de tipo **string** o **null** no es asignarle al parámetro **string**:

```
127  Argument of type 'string | null' is not assignable to
128  parameter of type 'string'.
129    Type 'null' is not assignable to type
130  'string'. ts(2345)
131
132
     (parameter) s: string | null
133  View Problem (Alt+F8)   No quick fixes available
134      return parseInt(s)
```

Error en la asignación en la función

La forma correcta de poder manejar este caso es que preguntemos si es que la variable **s** existe y eso sencillamente lo hacemos con un **if**:

hola-mundo/src/index.ts

```
133  function toNumber(s: string | null) {
134      if (!s){
135          return 0
136      }
137      return parseInt(s)
138  }
139  . . .
```

Preguntamos si es que **s** existe y, en el caso de que no exista, aquí es donde tenemos que colocar un **return** para detener la ejecución de nuestro código y pasarle en este caso un valor por defecto, que será **0**. En este caso hacemos la negación en el **if** porque nos estamos refiriendo a **null** y de esta manera podemos manejar el caso para cuando el valor es un **string** o cuando este es **null**. Y es en este momento cuando dejamos de ver el error en VsCode.

Ahora vamos a ver también qué es lo que pasaría si es que en lugar de pasarle **null** le pasamos a **undefined**:

hola-mundo/src/index.ts

```
140  const n = toNumber(undefined)
```

Ahora sí que guardamos:

```
135   Argument of type 'undefined' is not assignable to
136   parameter of type 'string | null'. ts(2345)
137
138   var undefined
139   View Problem (Alt+F8)    No quick fixes available
140   const n = toNumber(undefined)
```

Error al tratar de pasar undefined como argumento.

 Vamos a ver que nos está mostrando nuevamente el error de que el tipo de dato **undefined** no es asignado a **string** o **null**.

Entonces tenemos que volver aquí a nuestra función nuevamente y pasarle el tipo de **undefined** a nuestro parámetro:

hola-mundo/src/index.ts

```
133  function toNumber(s: string | null | undefined) {
134      if (!s){
135  . . .
```

Y ahora, cuando guardamos, podemos ver que nuestra función ya nos está arrojando un error. Porque le asignamos el tipo a los argumentos de nuestra función y, además, estamos validando en el código todos esos posibles casos que podrían tener el valor de este parámetro.

 ## Código de la lección.

Para terminar, te dejaré el código que agregamos al archivo "**hola-mundo/src/index.ts**:

hola-mundo/src/index.ts

```
133  function toNumber(s: string | null | undefined) {
134      if (!s){
135          return 0
136      }
137      return parseInt(s)
138  }
139
140  const n = toNumber(undefined)
```

Optional Chaining.

Vamos a ver ahora el **Optional Chain Operator**, este se puede utilizar en tres instancias. Para ver la primera de cómo se tiene que utilizar, vamos a crear una función que se va a llamar **getUser**:

hola-mundo/src/index.ts

```
142  function getUser(id: number) {
143      if (id < 0) {
144          return null
145      }
146      return { id: 1, name: "Felipe", created_at: new Date() }
147  }
```

Este va a recibir un **id** que va a ser, por ahora, un número. Y esto es lo que hará: será preguntar si es que este **id** es menor que **0**, lo que haremos será retornar sencillamente **null**, y en el caso de que este sea mayor **0**, vamos a devolver un objeto, el cual va a contener las propiedades de **id**, **name** y **created_at**:

La verdad es que no es tan importante la implementación, sino que lo que es importante es lo que vamos a ver a continuación. Entonces, como vemos acá en esta función, podemos devolver **null** o también podemos devolver un objeto, el cual contiene una fecha de creación.

Vamos a empezar a utilizar esta fecha de creación para ver un poco más cómo se utiliza este operador. Así que lo que vamos a hacer es que vamos a ir a buscar un **usuario** con nuestra función.

Y lo vamos a ir a buscar por su **id** que va a ser en este caso -1:

hola-mundo/src/index.ts

```
142  const user = getUser(-1)
```

Con este llamado a la función sabemos que vamos a devolver **null**, pero no sabemos si es que este usuario finalmente existe y no existe en la base de datos.

Lo importante es lo que esto nos va a devolver y lo que estamos haciendo es simular que el usuario no existe en la base de datos con esta misma consulta.

Lo que vamos a buscar hacer es imprimir en la consola, cuando fue creado este usuario, así que vamos a llamar a la propiedad **created_at** de **user**:

hola-mundo/src/index.ts

```
150  console.log(user.created_at)
```

Ahora, si guardamos, nos vamos a dar que no nos está devolviendo un error:

```
142   function get 'user' is possibly 'null'. ts(18047)
143     if (id < 0
144       return n const user: {
145     }               id: number;
146     return { i     name: string;
147   }                 created_at: Date;
148   💡            } | null
149   const user = View Problem (Alt+F8)   No quick fixes available
150 | console.log(user.created_at)
```

Error de que el valor de retorno sea posiblemente nulo.

 Y ahora sí, nos vamos a dar cuenta de que acá posiblemente este objeto de usuario podría ser **null**, por lo que no sabemos si es que esta propiedad de **created_at** existe.

Afortunadamente, existe una funcionalidad en **TypeScript** que nos va a ayudar a verificar exactamente esto mismo, y este es el **chain operador**.

Aquí lo que vamos a hacer es colocar un símbolo de pregunta:

hola-mundo/src/index.ts

```
149  const user = getUser(-1)
150  console.log(user?.created_at)
```

Y esto lo que hará será preguntar si es que este valor existe, que en este caso vendría siendo **user** y en el caso de que este exista, y si es que este es un objeto, en ese caso, sí nos va a permitir a poder después acceder a la propiedad de **created_at**.

Así que lo que vamos a hacer acá, y vamos a colocar el siguiente texto al **console.log**:

hola-mundo/src/index.ts

```
149  const user = getUser(-1)
150  console.log("usuario", user?.created_at)
```

Ahora vamos a compilar y a ejecutar este código:

Terminal de commandos

```
1  tsc
2  node dist/index.js
```

Ejecutamos esto:

Salida de ejecutar: node dist/index.js

```
1  usuario undefined
```

Y aquí vemos que tenemos a un **usuario** y el cual este también nos está devolviendo **undefined**, y nos regresa este valor porque en este caso el usuario no existe.

Ahora vamos a intentar hacer esto mismo, pero con el **id** de **1**:

hola-mundo/src/index.ts
```
149  const user = getUser(1)
150  console.log("usuario", user?.created_at)
```

Y para ver este cambio, vamos a tener que compilar nuevamente y luego lo volvemos a ejecutar:

Terminal de commandos
```
1  tsc
2  node dist/index.js
```

Salida de ejecutar: node dist/index.js
```
1  usuario 2024-05-25T00:00:18.984Z
```

Aquí ya vemos que nos está devolviendo para este caso la fecha.

Y si no estuviésemos utilizando **TypeScript**, necesariamente tendríamos que escribir:

Terminal de commandos
```
152  if (user && user.created_at) {
153      console.log(user.created_at)
154  }
```

Con lo que validamos que **user** y si también existe la propiedad de **created_at**.

Afortunadamente, existe este operador que nos va a permitir acceder en este caso a propiedades de posibles objetos que podrían ser **null** o que también podrían ser **undefined**, y así no tenemos que escribir todas estas validaciones para poder acceder a esa propiedad basta con que sencillamente lo hagamos de esta manera y es bastante más corta.

Optional chaining en Arrays.

Ahora, esto también lo podemos hacer con arreglos, vamos a definir uno y vamos a indicar que este va a ser, en este caso, **null**:

hola-mundo/src/index.ts
```
156  const arr1 = null
157  arr1?.[0]
158
159  console.log(arr1?.[0])
```

Y luego indicamos que queremos acceder al primer elemento. En este caso, también colocamos el símbolo de interrogación (?), luego escribimos el punto y después de eso podemos colocar los paréntesis de corchete para poder acceder el elemento y le indicamos el índice al cual queremos acceder.

Y esto vendría realizando la misma validación que antes. En este caso, si es que el arreglo al cual estamos accediendo, llegas a ser **null** o **undefined** va a preguntar primero si es que este existe y, en el caso de existir ahí, lo que hará será acceder finalmente al elemento del arreglo.

Optional chaining para funciones.

Esto también lo podemos utilizar cuando estamos llamando a funciones. En el caso de las funciones, lo que debemos hacer para probar este mismo caso, que, por supuesto, vamos a definir una:

hola-mundo/src/index.ts

```
161   const fn5: any = null
162
163   console.log(fn5?.())
```

El retorno de esta función vendría siendo **null** y le asignamos el tipo de **any** para la simplicidad de este ejemplo. Y para poder verificar si la podemos llamar, podemos hacer uso nuevamente del interrogación (**?**). Escribimos un punto y ahí escribimos un abre y cierra paréntesis. Con esto, en el caso de que esta función se encuentre indefinida, esto no se va a ejecutar y, por ende, no nos va a entregar un error.

Ahora, lo que vamos a hacer es compilar nuestro código para verificar que esté funcionando correctamente:

Terminal de commandos

```
1   tsc
```

Y, como podemos ver ahora, no tenemos absolutamente ningún error, por lo que todo esto vendría siendo código completamente válido.

Esto, por supuesto, también lo podemos colocar dentro de un **console.log**, al igual que nuestra función o más bien de nuestra "no función":

hola-mundo/src/index.ts

```
163   console.log(fn5?.())
```

Volvemos a ejecutar nuestro compilador y, por supuesto, que esto también tenemos que ejecutarlo:

Terminal de commandos

```
1   tsc
2   node dist/index.js
```

Salida de ejecutar: node dist/index.js

```
6   undefined
7   undefined
```

Y aquí podemos ver que tenemos los valores de **undefined** y **undefined**. Cada uno de estos hace referencia al arreglo que es nulo y también a la función que también es nula.

Esta funcionalidad nos ayudaría, en el caso de que estemos recibiendo alguna función por algún argumento, por ejemplo, podría ser definir una función que va a ejecutar un **callback** y esto va a recibir alguna función que vamos a indicar que se va a llamar **fn**, podríamos preguntar si es que esta función existe y en el caso de existir aquí la ejecutamos:

hola-mundo/src/index.ts

```
165   function cb(fn: () => void) {
166       if (fn) {
167           fn()
168       }
169   }
```

Entonces este operador viene a reemplazar este condicional **if**.

Código de la lección.

Para terminar, te dejaré el código que agregamos al archivo "**hola-mundo/src/index.ts**:

hola-mundo/src/index.ts

```
133   function getUser(id: number) {
134       if (id < 0) {
135           return null
136       }
137       return { id: 1, name: "Felipe", created_at: new Date() }
138   }
139
140   const user = getUser(1)
141   console.log("usuario", user?.created_at)
142
143   // if (user && user.created_at) {
144   //    console.log(user.created_at)
145   // }
146
147   const arr1 = null
148   arr1?.[0]
149
150   console.log(arr1?.[0])
151
152   const fn5: any = null
153
154   console.log(fn5?.())
155
156   function cb(fn: () => void) {
157       if (fn) {
158           fn()
159       }
160   }
```

Nullish Coalescing Operator.

Ahora vamos a ver el **Nullish Coalescing Operator**. Este nos va a servir para que podamos tomar valores por defecto en **TypeScript**.

Para ejemplificar su uso, supongamos que tenemos un usuario que vamos a ir a buscar de la base de datos y estamos construyendo un juego. Sin embargo, realizamos una actualización y una propiedad podría no existir, que en este caso sería la dificultad.

Así que lo que vamos a hacer es crear una constante que se va a llamar **difficulty**, y esta podría ser un **number** o también un **null**, porque en este caso es una base de datos que hemos estado actualizando y ese valor podría no existir en recursos anteriores, además de que la funcionalidad de **difficulty**, es algo que acabaríamos de implementar en este ejemplo:

hola-mundo/src/index.ts

```
171   // nullish coalescing operator
172   const difficulty: number | null = null
```

Entonces vamos a decir que este va a tener el valor de **null**.

Ahora, si quisiéramos actualizar el usuario, tenemos que, por supuesto, crear una constante de usuario, en este caso le voy a indicar que es **user2** (porque ya tenemos definido una constante de usuario en nuestro código), y aquí lo que vamos a hacer es entregarle un objeto:

hola-mundo/src/index.ts

```
173   const user2 = {
174       username: "Chanchito feliz",
175       difficulty: difficulty || 1
176   }
```

Vamos a decir que este va a tener un **username** de "Chanchito feliz" y después de este, por supuesto, va a tener bastante más propiedades. Le vamos a asignar **difficulty** y que tenga el valor de **difficulty**. En el caso de JavaScript, lo que podemos hacer es, sencillamente decir, si es que se encuentra definido, **difficulty** toma ese valor y, en el caso de que no se encuentre definido, le podemos asignar un valor por defecto, que sería el de **1**.

Ahora la dificultad la vamos a tener definida como 0, 1, 2 y 3. 0, siendo la dificultad más fácil hasta finalmente llegar a 3, que vendría siendo la dificultad más difícil.

Entonces, supongamos, si es que el usuario no tiene seleccionada ninguna dificultad o era un usuario viejo que se está actualizando nuestro nuevo sistema, le vamos a indicar que la dificultad por defecto va a ser la de 1.

Ahora esto, por supuesto, que presenta un problema, porque cuando utilizamos el operador de **OR** (||) lo que hace es que, si es que lo que se encuentra a la izquierda evalúa en **falsy**, no en **false** sino **falsy**, y este vendría siendo el valor de falso, pero algo que evalúe a **falsy** podría ser, por ejemplo, un **string** vacío, un 0, **undefined** o también podría ser **null**.

En este caso, el valor de **0**, si nos interesa, queremos que ese valor sí lo tome y, eventualmente, el valor de **string** vacío. Después lo podemos transformar a un número entero o, derechamente, podemos manipularlo para posteriormente asignarle un valor, pero eso lo podemos hacer derechamente en el código.

Lo que sí nos interesa en este momento es que nos tome el valor de **0** y esto mismo que tenemos implementado acá, si es que por alguna razón la dificultad llegase a ser **0**, en ese caso el valor por defecto que tomaría sería **1**. Entonces, para este caso, el operador de **OR** no nos sirve.

Para esto, vamos a necesitar el **Nullish Coalescing Operator** y para poder hacer uso de este sencillamente colocamos dos símbolos de pregunta (**??**):

hola-mundo/src/index.ts

```
174     username: "Chanchito feliz",
175     difficulty: difficulty ?? 1
176  }
```

Ahora, si es que este valor llegase a ser 0, nos va a tomar directamente el valor de 0.

Y vamos a imprimir el valor de **user2**:

hola-mundo/src/index.ts

```
178  console.log(user2)
```

Por supuesto, vamos a tener que cambiar este valor de la variable **difficulty** de **null** a **0**, pero primero vamos a compilar nuestro código y vamos a ver qué es lo que nos devuelve:

Terminal de commandos

```
1  tsc
2  node dist/index.js
```

Salida de ejecutar: node dist/index.js

```
8  { username: 'Chanchito feliz', difficulty: 1 }
```

Y aquí tenemos que nos imprime: "**Chanchito feliz**" con la dificultad de **1**.

Vamos ahora a recompilar nuestro código, pero antes vamos a modificar la línea 172, colocándole el valor de cero.

hola-mundo/src/index.ts

```
171  //nullish coalescing operator
172  const difficulty: number | null = 0
173  const user2 = {
```

Y vamos a volver a compilar y a ejecutar:

Terminal de commandos

```
1  tsc
2  node dist/index.js
```

Ahora tenemos acá asignada la dificultad de **0**.

Si, en lugar de utilizar el **Nullish Coalescing Operator**, utilizáramos el operador de **OR** en este momento tendríamos el valor de 1 es para esto que este operador nos sirve, que cuando el valor de **0** o el valor de un **string** vacío es un valor útil y representativo para nosotros.

 # Código de la lección.

Para terminar, te dejaré el código que agregamos al archivo "**hola-mundo/src/index.ts**:

hola-mundo/src/index.ts

```ts
171  //nullish coalescing operator
172  const difficulty: number | null = 0
173  const user2 = {
174      username: "Chanchito feliz",
175      difficulty: difficulty ?? 1
176  }
177
178  console.log(user2)
179  }
```

Type Assertion.

Ahora vamos a ver a **Type Assertion**, qué vendría siendo cuando tenemos algún valor obtenido de algún lado que sabemos con 100% de certeza qué tipo de dato va a ser este. Pero quizás el compilador podría tener un poco de dificultades en entender qué tipo de dato es.

Vamos a suponer que vamos a obtener algún elemento. En este caso, vamos a definir una constante, la cual se va a llamar **elem** y vamos a indicar qué está por ahora tiene el tipo de **any** y vamos a indicar que esto es sencillamente un **null**:

hola-mundo/src/index.ts

```
180   const elem: any = null
```

En este caso, estamos teniendo un valor que vendría siendo **any**, y si tratamos de asignarle este mismo elemento a otro elemento, por ejemplo, a una variable llamada **elem1** y le asignamos **elem**:

hola-mundo/src/index.ts

```
181   const elem1 = elem
```

Nos vamos a dar cuenta de que, cuando coloquemos el cursor encima de este, va a tener el tipo de **any**:

Tipo any por asignar valor.

Pero supongamos que sí sabemos lo que es este elemento y no es un **any**.

Podríamos presumir, por ejemplo, que este es un **number** y estamos 100% seguros de que vamos, este va a ser un **number**.

En este caso, es cuando nos sirve un **Type Assertion** y lo que hacemos es indicarle al compilador que sabemos de qué tipo es esto, y que no nos tiene que decir que es un **any** o entregarnos un objeto con menos métodos.

Y para escribirlo, basta con que sencillamente nos coloquemos justamente después de la asignación en **elem1** con lo siguiente:

hola-mundo/src/index.ts

```
180   const elem: any = null
181   const elem1 = elem as number
```

Con la palabra reservada de **as** y luego le indicamos qué tipo de dato queremos que sea, en este ejemplo indicamos que sea un **number**.

Ahora, si colocamos el cursor sobre **elem1**:

```
178    console.log(user2)
179
180    const   │ const elem1: number │
181    const elem1 = elem as number
```

Tipo number por type assertion.

Ahora esto nos indica que el tipo es **number**.

Pero fíjate en lo siguiente, esto es sumamente importante, porque esto te puede llegar a arrojar un error. En este caso, tenemos que a este **elem1** le estamos forzando con **Type Assertion** a que esto sea de tipo **number**, pero estamos recibiendo un **null** como valor desde **elem** que sí es de tipo **any**

¿Es esto necesariamente malo? Mira, si es que tú estás trabajando con datos con los cuales no conoces completamente cuáles son todos los tipos que este podría tener, podría ser que esto de después te termine arrojando algún error, porque como ya sabes que esto es de tipo **number**, cuando llames a **elem1.**, y te va a mostrar absolutamente todos los métodos que tiene este tipo:

```
181    const elem1 = elem as number
182    elem1.toFixed()
183        ⬡ toExponential
184        ⬡ toFixed          (method) Number.toFixed(fractionDigits_
185        ⬡ toLocaleString
186        ⬡ toPrecision
187        ⬡ toString
```

Métodos de tipo number.

Entonces, en este tipo de casos, sí sería peligroso.

Pero cuando si te podría servir un **Type Assertion**, es por ejemplo, cuando vas a buscar elementos dentro del documento HTML. En **JavaScript** existe un método que se llama **getElementByID**:

hola-mundo/src/index.ts

```
183    const input = document.getElementById("username")
```

Supongamos que tenemos un **input** de un formulario, y el **id** del campo del formulario, supongamos que es **username**. Ahora que ya tenemos el valor de **input** que vendría siendo un campo del formulario, y necesitamos obtener el **value** de este campo de formulario. Para esto escribimos:

hola-mundo/src/index.ts

```
184    input.valu
```

Nos vamos a dar cuenta de que el valor no se encuentra dentro de los valores que nos está recomendando, en este caso el compilador, y esto es porque no está logrando identificar muy bien qué tipo de dato es este:

```
183   const input = document.getElementById("username")
184   input.valu
185        ⬡ ariaValueM_      (property) ARIAMixin.ariaValueMax: st_
186        ⬡ ariaValueMin
187        ⬡ ariaValueNow
188        ⬡ ariaValueText
189        ⬡ nodeValue
```

Variable en la que no existe value.

Entonces aquí es donde nos sirve, cuando sabemos exactamente el tipo que debe tener esta variable.

En este caso, como sabemos que su tipo vendría siendo el de un campo de un formulario, así que lo que puedo hacer es usar **Type Assertion** de la siguiente manera:

hola-mundo/src/index.ts

```
183   const input = document.getElementById("username") as HTMLInputElement
184   input.valu
```

En este caso asignamos el tipo de **HTMLInputelement**. Y ahora, regresamos a la línea de debajo para ver las sugerencias nuevamente:

```
183   const input = document.getElementById("username") as HTMLInputEleme
184   input.value = "Hola Mundo"
185        ⬡ value            (property) HTMLInputElement.value: s_ >
186        ⬡ valueAsDate
187        ⬡ valueAsNumber
188        ⬡ ariaValueMax
189        ⬡ ariaValueMin
```

Sugerencias para una variable del tipo HTMLInputelement.

Vemos que ahora sí aparecer aquí la sugerencia de esa propiedad, así es que podemos obtener el valor de este input.

También le podemos cambiar el método de **onchange** o cualquier otra propiedad que este tenga.

Recuerda que **Type Assertion** es algo sumamente peligroso, ya que, como vimos en un comienzo, en este caso teníamos un **elem**, el cual contenía el tipo de **null** inicialmente. Sin embargo, podemos forzarlo para que este tenga otro tipo, como en este caso el de tipo **number**. Y si intentáramos acceder a los métodos que tienen los números en **JavaScript**, esto nos va a arrojar un error.

Así que solamente podemos hacer uso de los **Type Assertion** si es que estamos 100% seguros del tipo de dato que estamos recibiendo, como por ejemplo, cuando vamos a buscar algo dentro del **DOM**, pero estamos seguro de que ese elemento existe, en ese caso podemos hacer un **Type Assertion** como lo estamos viendo en nuestro ejemplo.

Vamos a comentar estas líneas:

hola-mundo/src/index.ts

```
183  // const input = document.getElementById("username") as HTMLInputElement
184  // input.valu
```

Y existe otra forma en la que podemos realizar **Type Assertion**. Basta con que, en lugar de escribir el tipo después de la palabra reservada de **as**, nos vayamos justamente antes de cuando estamos llamando al método **document.getElementById**. Utilizamos los símbolos mayor y menor que (<>) y dentro de estos, acá es donde colocamos el tipo:

hola-mundo/src/index.ts

```
183  // const input = document.getElementById("username") as HTMLInputElement
184  const input = <HTMLInputElement>document.getElementById("username")
185  // input.valu
```

De esta manera debemos seguir teniendo el autocompletado de este elemento:

Segunda forma de hacer type assertion.

Y esta es la otra forma en la cual podemos hacer **Type Assertion**.

Código de la lección.

Para terminar, te dejaré el código que agregamos al archivo "**hola-mundo/src/index.ts**:

hola-mundo/src/index.ts

```
180  const elem: any = null
181  const elem1 = elem as number
182
183  // const input = document.getElementById("username") as HTMLInputElement
184  const input = <HTMLInputElement>document.getElementById("username")
185  // input.valu
```

Type narrowing.

Ahora vamos a ver algo que ya hemos visto en unas lecciones anteriores, el cual es el **type narrowing** y esto es cuando posiblemente podríamos tener más de un tipo de dato, pero dentro de la misma variable y de esta manera lo que hacemos para poder manejar estos caminos es que tenemos que hacer uso de la condición **if** y también tenemos que preguntar por su tipo de dato.

Para ver cómo se ocupa esto, lo que vamos a hacer es crear una función, la cual se va a llamar **lala** y va a recibir un parámetro, el cual se va a llamar **x** y este puede ser un **string** o también podría ser un **number**:

hola-mundo/src/index.ts

```
187  function lala(x: string | number) {
188  //Type narrowing
189  }
```

Esto ya lo vimos antes, así que lo vamos a ver de manera más rápida.

Es cuando tratamos de llevar algún tipo por algún camino en particular, entonces, en este caso, vamos a escribir:

hola-mundo/src/index.ts

```
187  function lala(x: string | number) {
188  //Type narrowing
189      if (typeof x === "number") {
190          x.toExponential()
191      }
192      if (typeof x === "string") {
193          x.toUpperCase()
194      }
195  }
```

Aquí estamos colocando 2 caminos, uno en el que el tipo es un **string** y otro donde es un **number**. Entonces si este es un número todos los métodos que tienen asociados los números, pero si es que el tipo es igual a **string** en ese caso, lo que hará será recomendarnos todos los métodos que tienen los **strings** asociados y esto es lo que se conoce como **type narrowing**

De esta manera podemos escribir validaciones dependiendo del tipo que estemos manejando. Y esto es, por supuesto, que es algo sumamente positivo, ya que nos vamos a asegurar mediante el uso de **typeof** si es que estamos trabajando con un **number** o si estamos trabajando con un **string**.

Y aquí el compilador se va a encargar de ayudarnos, de mostrar los errores en el caso de que estemos trabajando con el tipo que no corresponda.

 ## Código de la lección.

Para terminar, te dejaré el código que agregamos al archivo "**hola-mundo/src/index.ts**:

hola-mundo/src/index.ts

```
187  function lala(x: string | number) {
188  //Type narrowing
189  if (typeof x === "number") {
190      x.toExponential()
191  }
192  if (typeof x === "string") {
193      x.toUpperCase()
194  }
195  }
```

Type unknown.

Y ahora vamos a ver el reemplazo del tipo **any**, ¿por qué recuerdas que habíamos dicho que el tipo de **any** no tienen que utilizarlo nunca? Vamos a ver una mejor alternativa en el caso de **any**.

Así que vamos a escribir una función, la cual se va a llamar **procesa** y esta va a recibir un parámetro que le llamaremos **algo** que no tenemos idea qué es lo que es:

hola-mundo/src/index.ts

```
197   // Type unknown
198
199   function procesa(algo:any) {
200   }
```

Así es que justamente dentro de esta función de **procesa**, lo que vamos a hacer es que vamos a aprovechar de llamar a los métodos de **algo**:

hola-mundo/src/index.ts

```
199   function procesa(algo:any) {
200       algo.haceCosas()
201       algo.otrasCosas()
202       algo.genkidama()
203   }
```

Entonces, el problema que nos entrega **any** es que no sabemos, es que el parámetro **algo** va a tener finalmente alguno de estos métodos o un método diferente, por ejemplo, uno para hacer **"chanchitos felices"**, eso no lo sabemos.

Entonces, una mejor alternativa es que en lugar de utilizar el tipo **any** es que le indiquemos el tipo de **unknown**:

hola-mundo/src/index.ts

```
199   function procesa(algo: unknown) {
200       algo.haceCosas()
201   . . .
```

Y este tipo lo que va a hacer es que nos va a obligar a tener que manejar los posibles caminos que pueda tener, en este caso nuestro parámetro, para que así podamos escribir código.

Entonces, si es que **algo** en lugar de ser **unknown** fuese **string**, tendríamos que preguntar si es que el tipo de **algo** es igual a **string**:

hola-mundo/src/index.ts

```
199  function procesa(algo: unknown) {
200      if (typeof algo === "string") {
201          return algo.toUpperCase()
202      }
203  . . .
```

En ese caso, vamos a poder escribir aquí dentro de este **if** todos los métodos que estén asociados con **string**, como, por ejemplo, podría ser un **toUpperCase**.

Ahora, sí que quisiéramos manejar otro tipo de dato, como, por ejemplo, podría ser el de **number**, aquí también tendríamos que escribir:

hola-mundo/src/index.ts

```
202      }
203      if (typeof algo === "number") {
204          return algo.toString()
205      }
206  . . .
```

Podríamos empezar a escribir todos los métodos que se encuentran asociados a un **number**, como, por ejemplo, podría ser **toString**.

Ahora, en el caso de que queramos llamar a los métodos de algún objeto, como, por ejemplo, podría ser el de **haceCosas**, **otrasCosas**, o **genkidama**. En este caso, necesariamente tenemos que llamar a:

hola-mundo/src/index.ts

```
206  }
207
208      if (algo instanceof String) {
209
210      }
211  . . .
```

Usando **instanceof** de alguna clase que contenga estos métodos, como por ejemplo podría ser la clase de **String**, que, en este caso, por supuesto, no contiene estos métodos, esto es solo a modo de ejemplo, pero deberíamos preguntar si es que este es la instancia de alguna clase que hayamos definido en nuestro código que sí contenga estos métodos.

Pero eso lo vamos a ver más adelante cuando veamos **TypeScript** con programación orientada a objetos.

Código de la lección.

Para terminar, te dejaré el código que agregamos al archivo "**hola-mundo/src/index.ts**:

hola-mundo/src/index.ts

```
197  // Type unknown
198
199  function procesa(algo: unknown) {
200      if (typeof algo === "string") {
201          return algo.toUpperCase()
202      }
203
204      if (typeof algo === "number") {
205          return algo.toString()
206      }
207
208      if (algo instanceof String) {
209
210      }
211      // algo.haceCosas()
212      // algo.otrasCosas()
213      // algo.genkidama()
214  }
```

Capítulo 4: programación orientada a objetos con TypeScript.

Contenido de la sección.

Hola mundo, esta es la sección de "programación orientada a objetos" con **TypeScript**. En esta sección veremos:

1. Una introducción a la programación orientada a objetos.
2. Clases con **TypeScript**.
3. Control de acceso.
4. Parámetros opcionales y de solo lectura.
5. Propiedades por parámetros.
6. Getters y setters.
7. Propiedades y métodos estáticos.
8. Herencia.
9. Method override.
10. Propiedades protegidas o protected.
11. Clases y métodos abstractos.
12. Interfaces.
13. E index signature.

Y ahora continuamos.

Introducción a la programación orientada a objetos (POO).

En esta sección vamos a hablar sobre programación orientada a objetos, pero con **TypeScript**. Si tú no recuerdas o no sabes programación orientada a objetos, puedes ir a ver mi curso completamente gratuito de aprender a programar desde cero en el canal de YouTube **HolaMundoDev**. Te voy a dejar el link por acá:

https://www.youtube.com/watch?v=VxrIZGQfxmE

Igualmente, vamos a un pequeño recordatorio de que se trata la programación orientada a objetos. Este es uno de los tantos paradigmas que existe hoy en programación, existen entre estos el paradigma funcional, el interpretado, el imperativo, entre muchos otros, además del orientado a objetos.

Sencillamente, es una forma en la cual se puede resolver un problema, no es la mejor ni tampoco es la peor de las soluciones; sencillamente es una herramienta y no deberías volverte fanático de ninguna de estas, esto es solamente para que puedas solucionar problemas.

Y en el caso de la programación orientada a objetos, esta se compone de clases y objetos. Las clases vendrían siendo los esquemáticos o el blueprint para poder crear algo. Piénsalo como el plano de una casa, eso vendría siendo una clase y la casa ya finalmente construida vendría siendo un objeto.

Entonces las clases nos van a servir para poder crear instancias de objetos, los cuales vendrían siendo la representación de los datos en la realidad.

Y **las clases se componen de propiedades y de métodos**. Las propiedades son sencillamente variables y los métodos son funciones. Pero las funciones y las variables, cuando estas se encuentran agrupadas dentro de una clase, son ahí cuando pasan a llamarse propiedades y también métodos.

Basta de la introducción, ahora vamos a ver cómo podemos crear clases con **TypeScript**.

Clases con TypeScript.

Preparación.

Para esta sección, puedes ocupar la misma carpeta con la que hemos estado trabajando comentando todo el código anterior que hemos usado de las secciones 1 a 3.

O puedes crear una nueva carpeta, que en este caso llamaré "**seccion_4_POO**", en esta usaremos nuestro comando **tsc init** y puedes copiar todas las configuraciones de nuestro anterior archivo **tsconfig.json**, en esta carpeta igualmente tendremos una carpeta **src** y un archivo **index.ts**

Esto con objetivo de ser más ordenados:

Estructura de carpetas y archivos en la carpeta: seccion_4_POO

```
1  seccion_4_POO/
2      |-- src/
3          |-- index.ts
4      |-- tsconfig.ts
```

Vamos a comenzar creando nuestra primera clase, para eso utilizaremos la palabra reservada de **class** para poder crear una clase, y luego de eso le tenemos que indicar cuál es el nombre que queremos que tenga esta clase, indicaremos que se llamará **Personaje**, porque vamos a empezar a crear personajes de ficción:

seccion_4_POO/src/index.ts

```
1  class Personaje {
```

Y fíjate que la palabra **Personaje** tendrá la primera letra, siempre con mayúscula. Lo que estamos haciendo es uso de "**PascalCase**" o también lo puedes encontrar con el nombre de "**Upper Camel Case**", y estas son sencillamente convenciones de cómo vamos a redactar las clases y también las instancias de las clases o, en su defecto, objetos.

Ahora sí, lo que tenemos que hacer primero es entregarle las propiedades. Para hacer esto, escribimos:

seccion_4_POO/src/index.ts

```
2      id: number
3      name: string
4      level: number
5      hp: number
6  }
```

Entonces le estamos indicando que va a tener:

1. un **id** con el tipo **number**.
2. Un **name** o nombre en inglés que va a ser un **string**.
3. Un nivel, en inglés **level**, digámoslo así, como nivel de experiencia que tú vas a tener como en un videojuego, y este va a ser también un **number**.

4. Y de nuestro personaje, además de que este pueda subir de nivel, también necesitamos que pueda aumentar su energía o su **hp**, y este también va a ser un **number**.

Ahora, si llegamos y colocamos el cursor por encima de cualquiera de estas propiedades, nos vamos a dar cuenta de que este nos está indicando que no hemos inicializado estas propiedades en el **constructor**:

```
1   class Personaje {
2      id: number
3
       Property 'id' has no initializer and is not definitely
4      assigned in the constructor. ts(2564)
5
6      (property) Personaje.id: number
7
       View Problem (Alt+F8)   Quick Fix... (Ctrl+.)
```

Propiedades no inicializadas.

El **constructor** es un método que se ejecuta siempre que creamos una instancia, esto va a ser más sentido después, cuando empecemos a crear las instancias, pero por ahora lo que tienes que pensar es que es lo primero que se ejecuta.

Vamos a redactarlo ahora y después vamos a ver cómo funciona:

seccion_4_POO/src/index.ts

```
6      constructor( id, name, level, hp) {
```

Ya tenemos nuestro constructor y este va a recibir las que hemos definido propiedades a través de los paréntesis cuando creamos una nueva instancia y se las tenemos que pasar como argumentos.

Ahora vamos a tomar estos parámetros que se encuentran en el **constructor** y se los vamos a asignar a cada una de estas propiedades de este objeto:

Asignar propiedades.

El método constructor, siempre va a retornar una instancia de la clase, así es que si colocamos el cursor sobre el constructor:

```
1   class Personaje {
2      id: number
3      name: string
4      constructor Personaje(id: any, name: any, level: any, hp:
5      any): Personaje
6      constructor( id, name, level, hp) {
7
```

Retorno del constructor sin haberle asignado tipos.

Nos vamos a dar cuenta de que lo que va a retornar, es un **Personaje**, así que da lo mismo lo que le coloquemos acá como valor de retorno. Siempre debería retornar a una instancia de la clase. Es más, si tratamos de cambiar el valor de retorno, nos va a indicar un error:

Tratando de cambiar el valor de retorno de la clase.

Ahora, para que podamos asignar los valores a cada una de estas propiedades, vamos a tener que hacer uso de la palabra reservada **this**. En este caso, **this** es una instancia del personaje.

Entonces vamos a usar **this** de esta manera:

seccion_4_POO/src/index.ts

```
7     this.id = id
8     this.name = name
9     this.level = level
10    this.hp = hp
11    }
12  }
```

Y aquí escribimos que **this.id** va a ser igual a **id** y tenemos que hacer lo mismo con las otras 3 propiedades.

Y ya que hemos creado nuestro constructor, ahora podemos crear una instancia de un personaje, el cual va a contener absolutamente todas estas propiedades.

Así es que, para poder crear una instancia del personaje, vamos a crear un personaje con la letra "p" en minúscula:

seccion_4_POO/src/index.ts

```
14  const personaje = new Personaje()
```

Aquí tenemos que llamar a la palabra reservada de **new** para indicar que queremos una nueva instancia y enseguida el nombre de la clase de la que queremos hacer esta instancia, que en este caso es de **Personaje**.

Y luego de eso escribimos un abre y cierra paréntesis y dentro de estos.

Pero antes de escribir en los paréntesis, vamos a ver un detalle: nos está mostrando un error. Y si colocamos el cursor sobre este:

Propiedades con el tipo any.

En este caso vemos que nos está indicando que cada uno de estos valores es de tipo **any**, y para poder corregir eso, nos tenemos que dirigir a la definición de nuestro constructor y le vamos a indicar los tipos que deben ser:

seccion_4_POO/src/index.ts

```
5    hp: number
6    constructor(id: number, name: string, level: number, hp: number) {
7        this.id = id
8    . . .
```

Con esto listo, nos devolvemos nuestra clase para ver qué argumentos le tenemos que pasar:

```
6    constructor(id: number, name: string, level: number, hp: number)
7        this.id =
8        this.name       Expected 4 arguments, but got 0. ts(2554)
9        this.level  index.ts(6, 15): An argument for 'id' was not provided.
10       this.hp =
11   }              constructor Personaje(id: number, name: string, level:
12   }              number, hp: number): Personaje

13                  View Problem (Alt+F8)    Quick Fix... (Ctrl+.)
14   const personaje = new Personaje()
```

Propiedades con los tipos correctos.

Y nos va a mostrar ahora que tenemos que entregarle los valores de:

- **id** con **number**,
- **name** con **string**,
- **level** con **number**, y
- **hp** con **number**.

Es importante que también agreguemos los tipos dentro de los parámetros de nuestro constructor para que así sepamos cuáles son los argumentos que tenemos que pasarle.

Ahora, si le vamos a pasar los valores:

- **id** va a ser el índice **1**,
- El **name** será **"Nicolás"**,
- Vamos a indicar que este viene con **level** igual a **1**, y
- el **hp** será igual a **100**:

seccion_4_POO/src/index.ts

```
14   const personaje = new Personaje(1, "Nicolas", 1, 100)
```

Ahora que ya tenemos eso, podemos llamar ahora personaje en el código, y colocando un punto:

```
16    personaje.
17           ⊗ hp                                              >
18           ⊗ id
19           ⊗ level
20           ⊗ name
21           (property) Personaje.hp: number           ×
22
```

Propiedades disponibles para las instancias.

Y aquí podemos ver cómo el compilador nos está sugiriendo las distintas propiedades. Y fíjate en esto, aquí, tenemos que aparecen estas cajitas de color azul. Cuando son en azul, es porque son propiedades.

Asignar métodos.

Ahora lo que vamos a hacer es que vamos a agregar unos métodos a nuestra clase, así que lo que vamos a hacer es que nos moveremos un poco más hacia arriba en nuestro código y justamente después de nuestro **constructor**, para poder agregar un método dentro de nuestra clase, tenemos que hacer lo siguiente:

seccion_4_POO/src/index.ts

```
13    subirNivel(): number {
14        this.level = this.level + 1
15        return this.level
16    }
17  }
18  . . .
```

Escribimos el nombre del método, que en este caso va a ser **subirNivel** y así es como definimos las funciones es que definimos estos métodos, a excepción de que no es necesario utilizar la palabra reservada de **function**. Lo que sí hicimos fue entregarle el valor de retorno, que es **number** y le sumamos **1** al valor actual de **level**, recordando que tenemos que usar la palabra reservada de **this** para referirnos al valor de **level** de la instancia y retornamos este valor.

Ya que hemos definido este método, lo que vamos a hacer es llamar de nuevo a nuestra instancia y colocarle un punto:

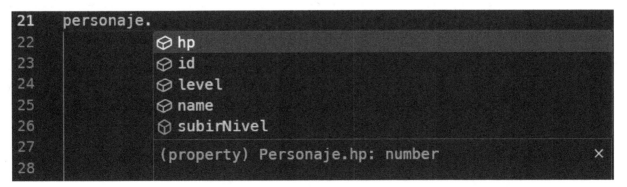

Propiedades y métodos de la instancia.

Y ahora fíjate que las propiedades se encuentran en color azul, pero los métodos se encuentran con el color morado en nuestro editor. Entonces un método es sencillamente una función, pero que se encuentra dentro de una clase.

Ahora vamos a escribir el método para poder cambiar la cantidad de **hp** que tiene el personaje, porque podríamos subirla o bajarla. Entonces, debajo de nuestro método **subirNivel**:

seccion_4_POO/src/index.ts

```
18      cambiarHP(cantidad: number): number {
19          this.hp = this.hp + cantidad
20          return this.hp
21      }
22  }
23  . . .
```

Este método recibe un parámetro y este, al igual que en las funciones, podemos agregarle el tipo que esperamos que sea. Sumaremos el valor actual de **hp** con la cantidad que recibimos por parámetro y retornamos este valor. Entonces, esta función recibe un número y retorna un número.

Vamos a volver a llamar a nuestra instancia para ver sus opciones disponibles:

```
24      const personaje = new Personaje(1, "Nicolas", 1, 100)
25      💡
26      personaje.|
27                    ⊗ cambiarHP
28                    ⊗ hp
29                    ⊗ id
30                    ⊗ level
31                    ⊗ name
32                    ⊗ subirNivel
33
34                    (method) Personaje.cambiarHP(cantidad: number): ×
35                    number
```

Segundo método disponible en la instancia.

Vamos a ver que ahora tenemos **cambiarHP**, y de nuevo podemos notar que estos tienen una cajita de distinto color: azul para propiedades y morado para los métodos, y así podemos hacer uso del compilador de **TypeScript** para que este nos ayude con los métodos y también con las propiedades.

Y también algo importante si nos vamos a **cambiarHP**, nos vamos a dar cuenta de que aquí nos dice que es un método y también tenemos una **cantidad** y que retorna un dato de tipo **number**.

Así que vamos a llamar a este método de **cambiarHP** y vamos a pasarle como argumento a **-10** para que reste 10 de la cantidad de **hp** que tenía inicialmente nuestra instancia, que es de 100:

seccion_4_POO/src/index.ts

```
26  personaje.cambiarHP(-10)
```

Lo siguiente que haremos será ver a nuestra instancia:

seccion_4_POO/src/index.ts

```
27   console.log(personaje)
```

Vamos a guardar y vamos a compilar nuestro código:

Terminal de commandos

```
1   tsc
2   node dist/index.js
```

Salida de ejecutar: node dist/index.js

```
1   Personaje { id: 1, name: 'Nicolas', level: 1, hp: 90 }
```

Y aquí podremos ver que tenemos aquí el **id**, **name**, **level** y **hp**.

Pero ahora lo que nos interesa es que vayamos a ver ahora nuestro archivo de "**index.js**":

seccion_4_POO/dist/index.js

```
1    "use strict";
2    class Personaje {
3        constructor(id, name, level, hp) {
4            this.id = id;
5            this.name = name;
6            this.level = level;
7            this.hp = hp;
8        }
9        subirNivel() {
10           this.level = this.level + 1:
11           return this.level;
12       }
13       cambiarHP(cantidad) {
14           this.hp = this.hp + cantidad;
15           return this.hp;
16       }
17   }
18   const personaje = new Personaje(1, "Nicolas", 1, 100);
19   personaje.cambiarHP(-10);
20   console.log(personaje);
```

Y aquí podemos ver que tenemos nuestra clase con absolutamente todo lo que le habíamos indicado.

Sin embargo, lo que aparecía acá, el comienzo que tenemos dentro de nuestro archivo de **index.ts**:

seccion_4_POO/src/index.ts

```
1   class Personaje {
2       id: number
3       name: string
4       level: number
5       hp: number
6       constructor(id: number, name: string, level: number, hp: number) {
7   . . .
```

Específicamente, el contenido de las líneas 2 a 5, no aparece dentro de nuestro archivo de **JavaScript**. Y esto es porque estos valores que aparecen acá son solamente para el compilador. Estos finalmente no son transpilados a código **JavaScript**; como puedes ver, estos son completamente ignorados.

Y ahora, en el caso del **type narrowing** que vimos en la sección pasada cuando vimos el tipo de **unknown**, lo que tenemos que hacer es que en lugar de preguntar con **typeof** lo que vamos a tener que hacer es necesariamente preguntar con **instanceof** de **Personaje** y de esta manera con esto vamos a poder hacer el **type narrowing** cuando sean objetos:

seccion_4_POO/src/index.ts

```
29  if (typeof personaje) {
30
31  }
32
33  if (personaje instanceof Personaje) {
34
35  }
```

Y la razón de esto es porque si preguntamos con **typeof** de personaje, lo que va a hacer es que nos va a devolver **Object** y no nos va a devolver la clase de **Personaje**. Pero si preguntamos con **instanceof** de **Personaje**, esto es lo que va a hacer, es que nos va a devolver un boolean, entonces esto puede ser **true** o puede ser **false**.

Así es como podemos ser explícitos al momento de preguntar si es que esta es una instancia de alguna clase en específico.

 # Código de la lección.

Para terminar, te dejaré el código del archivo "**seccion_4_POO/src/index.ts**":

seccion_4_POO/src/index.ts

```typescript
class Personaje {
  id: number
  name: string
  level: number
  hp: number
  constructor(id: number, name: string, level: number, hp: number) {
      this.id = id
      this.name = name
      this.level = level
      this.hp = hp
  }

  subirNivel(): number {
      this.level = this.level + 1
      return this.level
  }

  cambiarHP(cantidad: number): number {
      this.hp = this.hp + cantidad
      return this.hp
  }
}

const personaje = new Personaje(1, "Nicolas", 1, 100)

personaje.cambiarHP(-10)
console.log(personaje)

if (typeof personaje) {

}

if (personaje instanceof Personaje) {

}
```

Control de acceso.

En la lección anterior creamos una clase de **Personaje** que íbamos a utilizar para un supuesto videojuego. Ahora vamos a ver el problema que este tiene.

Acá podemos ver que tenemos el **hp**, que vendría siendo la cantidad de energía que tiene nuestro personaje, y lo que necesitamos hacer es que, cuando estemos cambiando este valor, solamente pueda colocarse el **hp** dependiendo de la máxima cantidad de energía que este personaje pueda llegar a tener.

Vamos a aprovecharnos de colocar esto dentro de un comentario:

seccion_4_POO/src/index.ts

```
19    this.hp = this.hp + cantidad
20    // No pasar del máximo
21    return this.hp
22    . . .
```

Y podríamos llegar a implementar la lógica dentro de este método de **cambiarHP**, sin embargo, perfectamente podríamos acceder al **hp** del personaje directamente escribiendo **personaje.hp**, y luego le podemos asignar un número ridículo, y no queremos eso.

Lo que queremos hacer es que nuestro código sea bastante más robusto. Afortunadamente, **TypeScript** nos entrega a una funcionalidad para que podamos escribir código más robusto y no dejar estas propiedades públicas.

Para lograr esto, donde tenemos nuestra propiedad de **hp**, lo que vamos a hacer es agregarle el texto de **private**:

seccion_4_POO/src/index.ts

```
4    level: number
5    private hp: number
6    constructor(id: number, name: string, level: number, hp: number) {
7    this.id = id
8    . . .
```

Y esto lo que hará será que esta propiedad de **hp** solamente va a poder ser accedida dentro de la clase. Lo que quiere decir que intentamos acceder a las propiedades de este objeto de nuestra instancia de **personaje**:

```
28    console.log(personaje.)
29      ⊗ cambiarHP
30      ⊗ id
31      ⊗ level
32      ⊗ name
33      ⊗ subirNivel
34
        (method) Personaje.cambiarHP(cantidad: number):   ×
35
        number
36
```

Ya no podemos acceder a la propiedad hp.

Vamos a ver ahora que tenemos acceso a los métodos de **cambiarHp**, **subirNivel**, a las propiedades de **id**, **name** y **level**, pero en este caso la propiedad de **hp** no aparece.

Si escribimos la propiedad de **hp**:

seccion_4_POO/src/index.ts

```
27   personaje.cambiarHP(-10)
28   console.log(personaje.hp)
29   . . .
```

Nos va a mostrar un error:

```
Property 'hp' is private and only accessible within class
'Personaje'. ts(2341)

(property) Personaje.hp: number

View Problem (Alt+F8)    Quick Fix... (Ctrl+.)

28    console.log(personaje.hp)
```

Error en que la propiedad no es accesible.

Y el error es que **hp** es una propiedad privada y solamente puede ser accedido dentro de la clase. O sea que tenemos que venirnos necesariamente a alguno de estos métodos, como por ejemplo puede ser **subirNivel** o **cambiarHP**, y aquí sí vamos a poder acceder a la propiedad de **hp**.

Vamos a dejar a este console.log como estaba:

seccion_4_POO/src/index.ts

```
27   personaje.cambiarHP(-10)
28   console.log(personaje)
29   . . .
```

Ahora, existen convenciones en Internet que indican que, para poder declarar que esta propiedad sea privada, le coloquemos un guion bajo. Esto no es necesario, sin embargo, se utiliza mucho en Internet, ya que incluso si llegamos a compilar nuestro código y hacemos por ejemplo un **console.log** de **personaje**, vamos a ver que efectivamente sí vamos a poder ver la propiedad, pero en nuestro código **JavaScript**, entonces vamos a agregar esto:

seccion_4_POO/src/index.ts

```
4      level: number
5      private _hp: number
6      constructor(id: number, name: string, level: number, hp: number) {
7          this.id = id
8          this.name = name
9          this.level = level
10         this._hp = hp
11     }
12
13     subirNivel(): number {
14         this.level = this.level + 1
15         return this.level
16     }
17
18     cambiarHP(cantidad: number): number {
19         this._hp = this._hp + cantidad
20         // No pasar del máximo
21         return this._hp
22     }
23 . . .
```

Ahora vamos a compilar nuestro código y vamos a ejecutar nuevamente:

Terminal de commandos

```
1  tsc
2  node dist/index.js
```

Salida de ejecutar: node dist/index.js

```
1  Personaje { id: 1, name: 'Nicolas', level: 1, _hp: 90 }
```

Y aquí vamos a ver que existe la propiedad de **_hp**, y con este guion bajo le estamos indicando a otros desarrolladores que, si llegan a ver esta propiedad con algún **console.log**, esta propiedad es privada. Esto es lo que quiere decir que declaremos estas propiedades con el guion bajo.

Incluso antiguamente, cuando querías indicar que una propiedad era privada, tenías que hacerlo así. Pero esto era más que nada como un acuerdo entre desarrolladores para decirnos que cuando una propiedad tenía el guion bajo era privada y que no debía ser accedida desde afuera de la clase y que solamente podría ser modificada desde dentro de esta, como estamos viendo aquí en la clase de **Personaje**. Pero, en fin, eso es un poco de historia.

Volviendo a **TypeScript**, si queremos declarar una propiedad como privada, tenemos que utilizar la palabra reservada de **private**. No es necesario que coloquemos el guion bajo para la propiedad, pero sí es algo que es sugerido.

Código de la lección.

Para terminar, te dejaré el código del archivo: "**seccion_4_POO/src/index.ts**":

seccion_4_POO/src/index.ts

```ts
1   class Personaje {
2   id: number
3   name: string
4   level: number
5   private _hp: number
6   constructor(id: number, name: string, level: number, hp: number) {
7       this.id = id
8       this.name = name
9       this.level = level
10      this._hp = hp
11      }
12
13  subirNivel(): number {
14      this.level = this.level + 1
15      return this.level
16      }
17
18  cambiarHP(cantidad: number): number {
19      this._hp = this._hp + cantidad
20      // No pasar del máximo
21      return this._hp
22      }
23  }
24
25  const personaje = new Personaje(1, "Nicolas", 1, 100)
26
27  personaje.cambiarHP(-10)
28  console.log(personaje)
29
30  if (typeof personaje) {
31
32  }
33
34  if (personaje instanceof Personaje) {
35
36  }
```

Parámetros opcionales y de solo lectura.

Supongamos ahora que, dentro de esta misma clase, este personaje también va a tener una profesión, algo así como una clase de personaje donde podría ser un bardo, un guerrero, un chanchito feliz, lo que tú quieras.

En ese caso, vamos a indicarle **profesión** y vamos a suponer que va a ser un **string**:

seccion_4_POO/src/index.ts

```
5     private _hp: number
6     profesion: string
7     constructor(id: number, name: string, level: number, hp: number) {
8     . . .
```

Pero esta **profesión** tendría un problema, cuando nuestro personaje está recién comenzando nuestro juego, este no va a tener una profesión por defecto. Digamos que vendría siendo algo así como un personaje sin profesión, y no va a ser hasta que hayamos avanzado un poco más en la historia para que le podamos asignar una profesión a este personaje.

En ese caso, podríamos declarar esta **profesión** con algún valor por defecto, o lo que podemos hacer en este caso también es declararla una propiedad completamente opcional que vamos a ir agregando en un futuro.

En este caso, sencillamente podemos utilizar el símbolo de pregunta justamente después del nombre de la propiedad y antes de los dos puntos:

seccion_4_POO/src/index.ts

```
5     private _hp: number
6     profesion?: string
7     constructor(id: number, name: string, level: number, hp: number) {
8     . . .
```

De esta manera no es necesario que definamos esta propiedad en nuestro constructor, ya que podríamos agregar esta propiedad después, en un futuro, cuando hayamos avanzado un poco más en la historia.

Parámetros de solo lectura.

De la misma manera, también tenemos acceso a otras propiedades dentro de esta misma clase que podrían ocasionar errores. Por ejemplo, podría ser el **id** de nuestro personaje, ya que no hay absolutamente nada que nos impida reasignar su valor a, por ejemplo, un número negativo.

En este caso, lo que podemos hacer para poder evitar estos casos es indicarle a nuestra clase que esa propiedad es solamente de lectura y que no la podemos modificar.

Para eso, donde estamos definiendo nuestra propiedad, y al igual que hicimos con las propiedades privadas, vamos a colocar la palabra reservada **readonly**:

seccion_4_POO/src/index.ts

```
1  class Personaje {
2      readonly id: number
3      name: string
4  . . .
```

Y esto va a indicar que no podemos modificar esta propiedad, independientemente si va a ser afuera o si va a ser dentro de esta misma clase, entonces el único lugar donde la vamos a poder inicializar vendría siendo en el constructor.

Vamos a probar esto, en la función **subirNivel** vamos a intentar reasignar esta propiedad:

seccion_4_POO/src/index.ts

```
14     subirNivel(): number {
15         this.id = 54
16         this.level = this.level + 1
17  . . .
```

Esto nos va a indicar un error:

```
10  Cannot assign to 'id' because it is a read-only
11  property. ts(2540)
12
13  (property) Personaje.id: any
14  View Problem (Alt+F8)    Quick Fix... (Ctrl+.)
15      this.id = 54
16      this.level + 1
17      return this.level
18  }
```

Error al tratar de reasignar la propiedad.

 Indicando que no se puede reasignar la propiedad porque esta es de solamente **readonly**.

Así que lo que vamos a hacer ahora es que vamos a eliminar esto:

seccion_4_POO/src/index.ts

```
14     subirNivel(): number {
15         this.id = 54
16         this.level = this.level + 1
17  . . .
```

Y vamos a hacer exactamente esta misma prueba, pero fuera de la clase, cuando tenemos ya creado a nuestro objeto de **personaje**:

seccion_4_POO/src/index.ts

```
31   console.log(personaje)
32   personaje.id = 54
33   . . .
```

Aquí tenemos exactamente el mismo problema:

```
26   Cannot assign to 'id' because it is a read-only
27   property. ts(2540)
28
29   (property) Personaje.id: any
30   View Problem (Alt+F8)    Quick Fix... (Ctrl+.)
31   personaje.id = 54
```

Propiedad readonly fuera de la clase

 En el que tampoco podemos reasignar el **id**.

Vamos también a eliminar este ejemplo:

seccion_4_POO/src/index.ts

```
31   console.log(personaje)
32   personaje.id = 54
33   . . .
```

De esta manera, podemos construir un código mucho más robusto en donde la propiedad que sea **readonly** no las vamos a poder cambiar. Y también vamos a tener las propiedades opcionales que podrían ser agregadas en un futuro o podría ser que estas nunca vengan, en ese caso, podemos utilizar el operador que es el símbolo de pregunta (**?**) justamente al final del nombre de la propiedad, para indicarle al compilador que esa propiedad es opcional.

Código de la lección.
Para terminar, te dejaré el código del archivo: "**seccion_4_POO/src/index.ts**":

seccion_4_POO/src/index.ts

```
1    class Personaje {
2        readonly id: number
3        name: string
4        level: number
5        private _hp: number
6        profesion?: string
7        constructor(id: number, name: string, level: number, hp: number) {
8            this.id = id
9            this.name = name
10           this.level = level
11           this._hp = hp
```

```
12        }
13
14        subirNivel(): number {
15            this.id = 54
16            this.level = this.level + 1
17            return this.level
18        }
19
20        cambiarHP(cantidad: number): number {
21            this._hp = this._hp + cantidad
22            // No pasar del máximo
23            return this._hp
24        }
25    }
26
27    const personaje = new Personaje(1, "Nicolas", 1, 100)
28
29    personaje.cambiarHP(-10)
30    console.log(personaje)
31
32    if (typeof personaje) {
33
34    }
35
36    if (personaje instanceof Personaje) {
37
38    }
```

Propiedades por parámetros.

Vamos a continuar viendo cómo podemos hacer esta misma definición:

seccion_4_POO/src/index.ts

```
1  class Personaje {
2      readonly id: number
3      name: string
4      level: number
5      private _hp: number
6      profesion?: string
7      . . .
```

Pero utilizando menos líneas.

Para eso vamos a ver lo que ahora se conoce como **parameters properties** o las **propiedades por parámetro**.

Y en este caso lo que vamos a hacer es simplificar todo esto que aparece acá, ya sea desde la definición de las propiedades hasta el **constructor**.

Así es que vamos a hacer lo siguiente, donde estamos colocando todos los parámetros que recibe nuestro constructor:

seccion_4_POO/src/index.ts

```
6      profesion?: string
7      constructor(public readonly id: number, name: string, level: number, hp: number)\
8  {
9          this.id = id
```

Antes del nombre del parámetro hemos escrito **public** que esto, a diferencia de private, significa que podemos acceder a esta propiedad desde fuera de la clase y también le estamos pasando a **readonly**.

De esta manera, le indicamos lo mismo que creando lo definimos un poco más arriba. Con este cambio que hemos realizado, nos estará mostrando un error y es porque tenemos la propiedad duplicada:

Error propiedad duplicada.

Así que lo que vamos a hacer es eliminar la definición en la línea 2:

seccion_4_POO/src/index.ts

```
1  class Personaje {
2      readonly id: number
3      name: string
4  . . .
```

Y ya no es necesario que le pasemos el valor a la **id** dentro del constructor, así es que la siguiente línea también la podemos eliminar:

seccion_4_POO/src/index.ts

```
6      constructor(public readonly id: number, name: string, level: number, hp: number)\
7      {
8          this.id = id
9          this.name = name
10 . . .
```

Entonces vamos a hacer esto mismo con el resto de los parámetros:

seccion_4_POO/src/index.ts

```
1  class Personaje {
2      name: string
3      level: number
4      private _hp: number
5      profesion?: string
6      constructor(
7          public readonly id: number,
8          public name: string,
9          public level: number,
10         private _hp: number
11     ) {
12         this.name = name
13         this.level = level
```

```
14      this._hp = hp
15     }
16   . . .
```

Entonces:

- Hemos eliminado las definiciones de las propiedades y las hemos puesto dentro del constructor.
- Fíjate también que le hemos colocado el guion bajo a **hp** dentro del constructor porque esta es una propiedad privada.
- En este caso, la propiedad de **profesión** no tiene un valor inicial, así es que la tenemos que dejar arriba, fuera del **constructor**.
- Y hemos eliminado también la asignación que teníamos abajo del constructor con la palabra reservada de **this**.

Cuando queramos definir propiedades dentro de una clase que tengan un valor inicial, perfectamente lo podemos hacer así. Y esto va a ser bastante más corto que la forma en que lo teníamos escrito anteriormente.

Ahora, si podemos guardar, podemos compilar nuevamente nuestro código y lo podemos volver a ejecutar:

Terminal de commandos

```
1  tsc
2  node dist/index.js
```

Salida de ejecutar: node dist/index.js

```
1  Personaje { id: 1, name: 'Nicolas', level: 1, _hp: 90 }
```

Y seguimos teniendo correctamente las propiedades de nuestro personaje.

Código de la lección.

Para terminar, te dejaré el código del archivo: **"seccion_4_POO/src/index.ts"**:

seccion_4_POO/src/index.ts

```
1  class Personaje {
2     profesion?: string
3     constructor(
4        public readonly id: number,
5        public name: string,
6        public level: number,
7        private _hp: number
8     ) {
9     }
10
11    subirNivel(): number {
12       this.level + 1
```

```
13          return this.level
14      }
15
16      cambiarHP(cantidad: number): number {
17          this._hp = this._hp + cantidad
18          // No pasar del máximo
19          return this._hp
20      }
21  }
22
23  const personaje = new Personaje(1, "Nicolas", 1, 100)
24
25  personaje.cambiarHP(-10)
26  console.log(personaje)
27
28  if (typeof personaje) {
29
30  }
31
32  if (personaje instanceof Personaje) {
33
34  }
```

Getters y Setters.

Lo que hicimos en lecciones anteriores fue modificar la propiedad de **hp** para volverla privada. Pero ahora tenemos un problema, ya no podemos acceder esta propiedad dentro de nuestro código para poder ver su valor.

Una forma vendría siendo creando un método, el cual se llame **getHP**:

seccion_4_POO/src/index.ts

```
22      getHP(): number {
23          return this._hp
24      }
25  }
26  . . .
```

Este método va a retornar un número y aquí es donde retornamos el valor de **_hp**. De esta manera, más abajo podríamos llamar al método **getHP** de nuestra instancia y esto nos devolvería un **number** que vendría siendo la cantidad de **hp** que tiene el personaje en determinado momento:

seccion_4_POO/src/index.ts

```
29  console.log(personaje)
30  personaje.getHP()
31  . . .
```

Pero esto es muy de 2015, así que vamos a ver la forma de cómo podemos realizar esto mismo con TypeScript.

Getters con TypeScript.

Así que vamos a eliminar esto que escribimos:

seccion_4_POO/src/index.ts

```
22      getHP(): number {
23          return this._hp
24      }
25  }
26
27  const personaje = new Personaje(1, "Nicolas", 1, 100)
28
29  personaje.cambiarHP(-10)
30  console.log(personaje)
31  personaje.getHP()
32  . . .
```

Y vamos a ver ahora los **getters** y **setters**. En **TypeScript** un **getter** es cuando escribimos:

seccion_4_POO/src/index.ts

```
22      get hp(): number {
23          return this._hp
24      }
25  }
26  . . .
```

Sencillamente, con escribir **get** espacio y después de esto, tenemos que indicarle cuál vendría, siendo el nombre de la propiedad al cual queremos acceder. Le vamos a indicar que se llama **hp** seguido de paréntesis. Al igual que con una función en que colocamos 2 puntos para indicarle cuál es el tipo de dato que queremos, le vamos a indicar que este va a ser un **number**. Al final, retornamos la variable, que en este caso recuerda que lleva el guion bajo **_hp** para referirnos a esa que tenemos definida en el constructor.

Y ahora, si queremos acceder a la propiedad de **hp** desde cualquier parte del código, lo hacemos con:

seccion_4_POO/src/index.ts

```
29  personaje.cambiarHP(-10)
30  console.log(personaje.hp)
31  . . .
```

Que, al escribir el valor, nos aparece esta propiedad entre las sugerencias para que podamos acceder a ella. De hecho, también aparece en azul, que nos está indicando que esta sí es una propiedad y que esta es una propiedad pública:

```
29  personaje.cambiarHP(-10)
30  console.log(personaje.hp)
31          ⊗ cambiarHP
32  if (t  ⊗ hp                    (property) Personaje.hp: num…>
33          ⊗ id
34  }       ⊗ level
35          ⊗ name
36  if (p⊗ profesion?
37          ⊗ subirNivel
```

Propiedad hp visible desde el getter.

Sin embargo, esta propiedad vendría siendo como una "propiedad virtual". En verdad este **hp** que acabamos de llamar no existe.

Setters con TypeScript.

Y ya que hemos redactado este **getter**, vamos a ver ahora cómo podemos redactar un **setter**, y estos nos servirían para poder cambiar el valor de la propiedad, puesto que al ser una propiedad privada, recuerda que no podemos acceder o cambiar su valor desde fuera de la clase.

Así es que vamos a agregarla justamente abajo haciendo uso de la palabra **set**:

seccion_4_POO/src/index.ts

```
26      set hp(cantidad: number) {
27      }
```

Delante de esta palabra le indicamos el nombre de la propiedad, la cual es **hp**. Este va a recibir el parámetro, que en este caso va a ser **cantidad** y este va a ser de tipo de dato **number**. Y un detalle importante es que, los **setters** no retornan absolutamente ningún valor. Sí, lo intentamos:

seccion_4_POO/src/index.ts

```
26      set hp(cantidad: number): number{
27          return 12
28      }
```

Esto nos va a arrojar un error:

Error en el return del setter.

Así es que esto lo vamos a eliminar:

seccion_4_POO/src/index.ts

```
26      set hp(cantidad: number){
27      return 12
28      }
```

Y aquí, lo que vamos a hacer es colocar esta misma lógica que usamos en el **getter**:

seccion_4_POO/src/index.ts

```
26      set hp(cantidad: number) {
27          this._hp = this._hp + cantidad
28      }
```

Entonces, el nuevo valor de **_hp** va a ser igual a su valor actual más la cantidad que se reciba como parámetro.

Y para cambiar el valor de **_hp**, lo que hacemos llamando a la propiedad **hp** de nuestra instancia **personaje** y aquí con el símbolo de igual vamos a colocar el nuevo valor que queríamos "settear":

```
33  personaje.cambiarHP(-10)
34  personaje.hp = 20
35  console.log(personaje)
36  . . .
```

Ahora, en este caso, no le vamos a settear un nuevo valor, porque nos falta un detalle importante que mencionar, ya que este tendría que pasar por una validación. Si nos quedamos con esto, que le asignamos el valor de **20** y luego hacemos un **console.log** de **personaje**, abrimos nuestra terminal para compilar nuevamente nuestro código y volvemos a ejecutar nuestro archivo:

Terminal de commandos

```
1  tsc
2  node dist/index.js
```

Salida de ejecutar: node dist/index.js

```
1  Personaje { id: 1, name: 'Nicolas', level: 1, _hp: 110 }
```

Vamos a ver ahora que el **hp** total de nuestro personaje es de **110**. O sea que al hacer esto en verdad no le estamos asignando el valor de **20** a esa propiedad. Lo que estamos haciendo es pasar a través de un setter, el cual le está cambiando el valor a la propiedad de **_hp**.

Este tipo de implementaciones, cuando tú quieres realizar algún tipo de lógica como esto, la verdad es que esto no vendría siendo la mejor alternativa. Lo mejor siempre va a ser que llamemos directamente a un método, como por ejemplo el de **cambiarHP**. Y ahí colocarle absolutamente toda la lógica. Porque si lo hacemos de esta manera, podría ser un poco confuso, ya que en nuestro código vamos a ver que estamos "setteando" una propiedad de **hp**. Pero luego, cuando veamos un **console.log**, vamos a ver que en verdad no estamos cambiando la propiedad de **hp**, sino que estamos cambiando la propiedad de **_hp**.

Así es que hay que utilizar los setters cuando queremos realizar una validación del dato que estamos colocando, como por ejemplo colocar valores que no correspondan.

Así es que lo que vamos a hacer, en este caso, es que vamos a eliminar este setter y su llamado, que en este caso es lo que más sentido hace:

seccion_4_POO/src/index.ts

```
26      get hp(): number {
27          return this._hp
28      }
29
30      set hp(cantidad: number){
31          this._hp = this._hp + cantidad
32      }
33  }
34
35  const personaje = new Personaje(1, "Nicolas", 1, 100)
36
37  personaje.cambiarHP(-10)
38  personaje.hp = 20
39  console.log(personaje)
```

Código de la lección.

Para terminar, te dejaré el código del archivo: **"seccion_4_POO/src/index.ts"**:

seccion_4_POO/src/index.ts

```ts
class Personaje {
    profesion?: string
    constructor(
        public readonly id: number,
        public name: string,
        public level: number,
        private _hp: number
    ) {
    }

    subirNivel(): number {
        this.level + 1
        return this.level
    }

    cambiarHP(cantidad: number): number {
        this._hp = this._hp + cantidad
        // No pasar del máximo
        return this._hp
    }

    get hp(): number {
        return this._hp
    }
}

const personaje = new Personaje(1, "Nicolas", 1, 100)

personaje.cambiarHP(-10)
console.log(personaje)

if (typeof personaje) {

}

if (personaje instanceof Personaje) {

}
```

Propiedades y métodos estáticos.

En nuestro videojuego podríamos tener más de un personaje, supongamos que podemos tener un equipo de hasta cuatro personajes creados simultáneamente. Entonces, si quisiéramos mantener esto dentro del estado de esta aplicación, podríamos agregar una nueva propiedad, la cual se llame **equipo**:

seccion_4_POO/src/index.ts

```
2    profesion?: string
3    equipo: number = 0
4    constructor(
5    . . .
```

Y esta vendría siendo un **number** y vamos a hacer que esta, por defecto, tenga el valor de **0**. Que a todo esto, si es que queremos inicializar una propiedad con un valor, lo podemos hacer de esta manera y no es necesario que le pasemos el valor por el constructor.

Ahora, lo siguiente que haremos es que dentro de nuestra clase de **Personaje**, vamos a crear un método, el cual va a ser de **agregarPersonaje**:

seccion_4_POO/src/index.ts

```
27    agregarPersonaje(): void {
28        this.equipo++
29    }
30    . . .
```

Este no va a retornar absolutamente nada, por lo que el tipo de retorno de la función es **void**, y vamos a sumar en **1** al valor de la propiedad **equipo**, sumamente sencillo.

Ahora, si es que queremos hacer eso y queremos crear un nuevo personaje, lo que debemos hacer es sencillamente crear un nuevo personaje. A este vamos a llamar **personaje2**:

seccion_4_POO/src/index.ts

```
37  const personaje2 = new Personaje(2, "Chanchito", 1, 120)
38    . . .
```

Usando la palabra reservada de **new**, con el **id** de **2**, su **name** va a ser "Chanchito", su **level** también va a ser el de un **1** y su **hp** va a ser de **120**.

Ahora, si quisiéramos aumentar la cantidad de personajes que se encuentran dentro de nuestro equipo, tendríamos que llamar al método **agregarPersonaje** de nuestra instancia **personaje**, y luego de esto imprimimos a nuestros personajes. Aprovecharemos también de eliminar el **console.log** anterior:

seccion_4_POO/src/index.ts

```
34  personaje.cambiarHP(-10)
35  // console.log(personaje)
36
37  const personaje2 = new Personaje(2, "Chanchito", 1, 120)
38  personaje.agregarPersonaje()
39  console.log(personaje, personaje2)
40  . . .
```

Con estos cambios listos, vamos a compilar y vamos a ejecutar nuestro código:

Terminal de commandos

```
1  tsc
2  node dist/index.js
```

Salida de ejecutar: node dist/index.js

```
1  Personaje { id: 1, name: 'Nicolas', level: 1, _hp: 90, equipo: 1 } Personaje { id: 2\
2  , name: 'Chanchito', level: 1, _hp: 120, equipo: 0 }
```

Ahora aquí vemos que nuestra instancia con el **name** de **Nicolas**, tenemos que se incrementó el equipo en **1**, mientras que el equipo del personaje **Chanchito** está en **0**.

Esto funciona así porque cada una de las instancias de la clase de **Personaje** va a tener su propio estado, y con estado nos referimos a sus propias variables, que van a poder ir aumentándose, cambiándose de valor o lo que quieras hacer con estas mismas variables.

Entonces, si quisiéramos mantener algún dato, por ejemplo, de la cantidad de personajes que se encuentran en mi equipo, pero que este sea compartido a lo largo de todos los personajes, este tipo de implementación no nos va a servir para eso.

Para esto vamos a utilizar los **métodos y propiedades estáticas**.

Y en nuestro código, donde tenemos a la propiedad **equipo**, lo que vamos a tener que hacer es indicarle la palabra reservada de **static** de esta manera:

seccion_4_POO/src/index.ts

```
2      profesion?: string
3      static equipo: number = 0
4      constructor(
5  . . .
```

Y esto nos va a indicar que esta propiedad de **equipo** no pertenece a las instancias de la clase de **Personaje**, sino que pertenece a la misma clase de **Personaje**.

Vamos a bajar en nuestro código para ver las propiedades y métodos de nuestras instancias:

```
35  personaje.subirNivel()        Identifier expected.
36    ◈ agregarPersonaje
37  c ◈ cambiarHP
38  ┌ ◈ hp
39  c ◈ id
40    ◈ level
41  i ◈ name
42    ◈ profesion?
43  } ◈ subirNivel
```

Propiedad equipo no existe en nuestra instancia.

Nos vamos a dar cuenta de que ahora ya no aparece la propiedad de **equipo**. Y, si en lugar de tratar de acceder a esta propiedad de **equipo** a través de la instancia de **personaje**, lo hacemos a través de la misma clase, esto quiere decir, con la **P** mayúscula que es como la tenemos definida:

seccion_4_POO/src/index.ts

```
34  personaje.cambiarHP(-10)
35  Personaje.
36    . . .
```

```
35  Personaje.equipo = 1          Identifier expected.
36    ◈ equipo              (property) Personaje.equipo: num…>
37  c [◉] Symbol
38  ┌ ◈ apply
```

La propiedad aparece en la clase.

Aquí vamos a empezar a ver la propiedad del **equipo** y, en este caso, aquí sí podríamos cambiarla. La vamos a cambiar con el valor de **1**:

seccion_4_POO/src/index.ts

```
34  personaje.cambiarHP(-10)
35  Personaje.equipo = 1
36    . . .
```

Ahora sí, vamos a nuestro método **agregarPersonaje**, y en este caso, el método está obteniendo un error:

```
Property 'equipo' does not exist on type 'Personaje'. Did
you mean to access the static member 'Personaje.equipo'
instead? ts(2576)

any

View Problem (Alt+F8)    Quick Fix... (Ctrl+.)

28         this.equipo++        Property 'equipo' does not e>
```

Error en el método con propiedad estática.

Y nos está indicando que **equipo** no existe dentro de **Personaje**, que quizás nos estamos refiriendo al miembro estático, si es que llegase a ser así. En ese caso, lo que tenemos que hacer es cambiar esta palabra de **this** por el nombre de la clase que vendría siendo **Personaje**:

seccion_4_POO/src/index.ts

```
27    agregarPersonaje(): void {
28        Personaje.equipo++
29    }
30  . . .
```

De esta manera es como podemos acceder a valores que se encuentran dentro de la misma clase. Entonces, en lugar de referenciar a la propiedad dentro de la instancia, lo hacemos dentro de la clase. O sea que **this** vendría siendo una instancia, o sea un personaje, pero con la pequeña que podría ser "Chanchito" o podría ser "Nicolas". Pero si lo escribimos como **Personaje** con la **P** mayúscula, en este caso nos estamos refiriendo a la propiedad de la clase. En este caso **es una propiedad estática**.

Sin embargo, no vamos a buscar que se pueda acceder a modificar la cantidad de miembros que se encuentran dentro del equipo en una instancia de la clase de personaje. Lo que queremos hacer con la misma clase de **Personaje**. En ese caso, lo que tengo que hacer es definiéndolo, colocándole también la palabra reservada de **static**:

seccion_4_POO/src/index.ts

```
27  static agregarPersonaje(): void {
28      Personaje.equipo++
29  }
30  . . .
```

De esta manera, ahora vamos a bajar un poco aquí donde llamamos a este método de **agregar-Personaje** y en lugar de llamarlo desde la instancia de personaje que vendría siendo el personaje de Nicolás, lo tenemos que hacer a través de la clase y eso lo hacemos cambiando la primera **p** y cambiarla a mayúscula:

seccion_4_POO/src/index.ts

```
37   const personaje2 = new Personaje(2, "Chanchito", 1, 120)
38   Personaje.agregarPersonaje()
39   console.log(personaje, personaje2)
40   . . .
```

Ahora, no es por el hecho de cambiar la letra por la **P** mayúscula, es porque ahora estamos haciendo referencia a la clase de **Personaje** y no a nuestras instancias que se llaman **personaje** y **personaje2**. Así que no es sencillamente llegar y cambiar la **p** por una **P**, sino por cómo se llame la clase.

Compilaremos y ejecutaremos nuevamente nuestro código:

Terminal de commandos

```
1   tsc
2   node dist/index.js
```

Salida de ejecutar: node dist/index.js

```
1   Personaje { id: 1, name: 'Nicolas', level: 1, _hp: 90 } Personaje { id: 2, name: 'Ch\
2   anchito', level: 1, _hp: 120 }
```

Nos vamos a dar cuenta de que la propiedad de **equipo** ya no aparece.

Para que esta propiedad aparezca, en lugar de imprimir a los personajes, lo que vamos a hacer es que vamos a imprimir a **Personaje** y a la propiedad estática:

seccion_4_POO/src/index.ts

```
38   Personaje.agregarPersonaje()
39   console.log(Personaje.equipo)
```

Vamos a compilar nuevamente y vamos a ejecutar nuevamente nuestro script:

Terminal de commandos

```
1   tsc
2   node dist/index.js
```

Salida de ejecutar: node dist/index.js

```
1   2
```

Y ahora podemos ver que este contiene el valor de **2**, y este tiene este valor porque modificamos su valor en **1** y después con el método **agregarPersonaje** le sumamos **1** más.

Entonces subiremos en nuestro código y vamos a inicializar su valor en **1** que vendría siendo como tendría más sentido esto porque vamos a tener un personaje dentro de nuestro equipo:

seccion_4_POO/src/index.ts

```
2      profesion?: string
3      static equipo: number = 1
4      constructor(
5   . . .
```

Pero aún estamos llamando a **agregarPersonaje** desde afuera. Y si volvemos a modificar esta línea:

seccion_4_POO/src/index.ts

```
34   personaje.cambiarHP(-10)
35   Personaje.equipo = 2
36   . . .
```

Si compilamos y ejecutamos el script:

Terminal de commandos

```
1   tsc
2   node dist/index.js
```

Salida de ejecutar: node dist/index.js

```
1   3
```

Nos va a mostrar que ahora tenemos 3 elementos, por supuesto que esto no lo vamos a querer hacer de manera intencional. Esto podría ser porque se nos pasó un error mientras estábamos programando.

Entonces, para que no se nos pase este error mientras estamos programando, es que podemos cambiar esta propiedad de equipo a privada. Para hacer esto justamente antes de **static**, tenemos que escribir **private**:

seccion_4_POO/src/index.ts

```
2      profesion?: string
3      private static equipo: number = 1
4      constructor(
5   . . .
```

Entonces vamos a decir que es una propiedad estática, o sea, de la clase, y que esta va a ser privada, o sea, que solamente la clase puede acceder a esta propiedad.

En este caso ya no vamos a poder modificarla como lo hacíamos hasta ahora y tampoco vamos a poder acceder a leerla.

Antes de que veamos cómo podemos ver esta propiedad, primero vamos a eliminar esta línea, porque esto ya no tiene sentido:

seccion_4_POO/src/index.ts

```
34  personaje.cambiarHP(-10)
35  Personaje.equipo = 2
36  . . .
```

Y lo que podemos hacer para ver esta propiedad es que podemos cambiar lo siguiente por el método **getEquipo**:

seccion_4_POO/src/index.ts

```
37  Personaje.agregarPersonaje()
38  console.log(Personaje.getEquipo())
```

Y aquí lo que hacemos es que guardamos, y lo que debemos hacer es construir este método dentro de la clase, o también lo podemos hacer con un **getter**.

Entonces lo que vamos a hacer es crear un método estático llamando a **static** y de esta manera definir el método **getEquipo**:

seccion_4_POO/src/index.ts

```
31      static getEquipo(): number {
32          return Personaje.equipo
33      }
34  }
```

Este método va a retornar un **number**, y con el **return**, tenemos que colocar el nombre de la clase, que en este caso es **Personaje**, y llamamos a su propiedad **equipo**.

Guardamos estos cambios y ahora esto nos debería retornar la cantidad de miembros que tiene nuestro equipo.

De regreso a nuestra terminal, volvemos a compilar y ejecutamos nuestro script:

Terminal de commandos

```
1  tsc
2  node dist/index.js
```

Salida de ejecutar: node dist/index.js

```
1  2
```

Y ahora tenemos el valor que le corresponde, que vendría siendo 2.

Código de la lección.

Para terminar, te dejaré el código del archivo: "**seccion_4_POO/src/index.ts**":

seccion_4_POO/src/index.ts

```ts
class Personaje {
    profesion?: string
    private static equipo: number = 1
    constructor(
        public readonly id: number,
        public name: string,
        public level: number,
        private _hp: number
    ) {
    }

    subirNivel(): number {
        this.level + 1
        return this.level
    }

    cambiarHP(cantidad: number): number {
        this._hp = this._hp + cantidad
        // No pasar del máximo
        return this._hp
    }

    get hp(): number {
        return this._hp
    }

    static agregarPersonaje(): void {
        Personaje.equipo++
    }

    static getEquipo(): number {
        return Personaje.equipo
    }
}

const personaje = new Personaje(1, "Nicolas", 1, 100)

personaje.cambiarHP(-10)

const personaje2 = new Personaje(2, "Chanchito", 1, 120)
Personaje.agregarPersonaje()
console.log(Personaje.getEquipo())

if (typeof personaje) {

}
```

```
48  if (personaje instanceof Personaje) {
49
50  }
```

Herencia.

En esta lección vamos a ver la herencia.

Preparación.

Para eso lo que vamos a hacer es que es nuestra carpeta **"seccion_4_POO/src"** vamos a crear un nuevo archivo, el cual se va a llamar **"herencia.ts"**, y trabajaremos directamente en este nuevo archivo:

Supongamos que vamos a crear una clase de **Producto** que va a tener distintas propiedades como un:

- **nombre**,
- una **descripción**,
- una **fecha de creación**,
- **quien creo dicho producto**,
- **stock**,
- y **sku**, que por lo general esté es el código de barras.

Siguiendo este mismo supuesto tendríamos otra clase, que se va a llamar **Categoria**. En este caso, la clase de categoría vendría siendo una relación entre **Producto** y **Categoria**, donde un **Producto** podría estar en múltiples categorías, como por ejemplo: "electrodomésticos", "línea blanca", "artículos de hogar", etcétera. Y una categoría es exactamente este de cosas que podría agrupar más de un solo producto.

Y ahora, dentro de las propiedades que debe tener una categoría, vamos a tener que estas tienen:

- un **nombre**,
- una **descripción**,
- estas también podrían haber sido **creadas en alguna fecha**
- y también haber sido **creadas por alguien**, entre otros atributos que estas también podrían tener.

En este caso, la herencia solucionaría un problema que tenemos, ya que en este caso tenemos a las clases **Producto** y **Categoria**, a las cuales en ambas se les están repitiendo propiedades.

Por supuesto que estos pueden tener más propiedades que se repitan, pero para este caso en particular vamos a tener estas 4 propiedades que se están repitiendo: **nombre**, **descripcion**, **creado en** y **creado por**.

Entonces, con base en esto, vamos a crear un par de clases. Lo primero que tenemos que hacer, por supuesto, es crear una clase superior que se encargue de poder tomar las propiedades que se encuentran en común para después poder aplicarse a las otras clases. En este caso, vamos a indicar que se llama **DatosBasicos** y la definiremos de la siguiente manera:

seccion_4_POO/src/herencia.ts

```
1  class DatosBasicos {
2      constructor(
3          public name: string,
4          public desc: string,
5          public created_at: Date,
6          public created_by: number
7      ) { }
```

Entonces para esta clase vamos a tener un constructor, el cual contiene:

- Un **public name** que va a ser un **string**.
- **public desc** que también va a ser un **string**.
- **public created_at**, que este va a ser un objeto de tipo **Date**.
- Y también va a tener un valor público de **created_by**, que por ahora, por simpleza del ejercicio, le vamos a indicar que es de tipo **number**.

Ahora lo que haremos también será crear un **getter** que se va a llamar **fullYear** para poder obtener el año completo:

seccion_4_POO/src/herencia.ts

```
9       get fullYear() {
10          return this.created_at.getFullYear();
11      }
12  }
```

Y esto lo que hará será retornar la propiedad con **created_at** usando a **this** y de este valor vamos a ejecutar el método **getFullYear**.

Ahora la clase de **DatosBasicos**, después las vamos a utilizar para poder ahorrarnos la duplicidad de código. Porque lo que debemos hacer para poder crear las clases de **Producto** y de **Categoria**, es sencillamente llegar y copiar absolutamente todas estas propiedades y métodos en cada una de las clases. Pero vamos a aprovecharnos de utilizar la herencia para poder ahorrarnos esto mismo.

Así es que vamos a crear una nueva clase, la cual va a ser la de **Producto**:

seccion_4_POO/src/herencia.ts

```
14  class Producto extends DatosBasicos {
```

Esta clase extiende de datos básicos con esta palabra reservada de **extends**. Y lo que hace es que le estamos indicando que **Producto** tiene que tener las mismas propiedades y también los mismos métodos de la clase **DatosBasicos**.

Sin embargo, para **Producto** también necesitamos que tenga otras 2 propiedades que vendrían siendo **stock** y el **sku**. Así que vamos a aprovecharnos de agregar esas dos también:

seccion_4_POO/src/herencia.ts

```
15    constructor(
16        public stock: number,
17        public sku: number,
18    ) {}
19  }
```

Entonces llamamos al constructor, y definimos nuestras 2 propiedades como **public** y de tipo **number**. Sin embargo, aquí el constructor nos está mostrando un error:

```
 9    Constructors for derived classes must contain a 'super'
10    call. ts(2377)
11
12    constructor Producto(stock: number, sku: number):
13    Producto
14    View Problem (Alt+F8)    Quick Fix... (Ctrl+.)
15    constructor(        Constructors for derived classes mus
16        public stock: number,
17        public sku: number,
18    ) {}
19  }
```

Error en el constructor.

 En este caso, nos está indicando ahora que los constructores de clases derivadas tienen que tener un llamado a **super**. Un constructor de clases derivadas vendría siendo un constructor para una clase que extiende de otra, y en este caso nos está indicando que tenemos que hacer un llamado al constructor padre que vendría siendo el constructor de la clase **DatosBasicos**. Y la manera en la cual podemos llamar al constructor de **DatosBasicos** desde la clase **Producto** es con la palabra reservada de **super**:

seccion_4_POO/src/herencia.ts

```
18    ) {
19        super()
20    }
21  }
```

Aquí escribimos **super** con él abre y cierra paréntesis. De esta manera, **super** es el constructor de **DatosBasicos**.

Ahora, por supuesto, tenemos que pasarle unos cuantos datos a esto, así que lo que vamos a hacer es ver cuáles son los datos que necesita:

```
11
12   Expected 4 arguments, but got 0. ts(2554)
13   herencia.ts(3, 5): An argument for 'name' was not
14   provided.
15
16   constructor DatosBasicos(name: string, desc: string,
     created_at: Date, created_by: number): DatosBasicos
17
18   View Problem (Alt+F8)    Quick Fix... (Ctrl+.)
19        super();        Expected 4 arguments, but got 0.
20      }
21    }
22
```

Error al faltar propiedades en super.

 Necesita el **name**, la **desc**, **create_at** y también **created_by**. Así es que estos también los va a tener que recibir desde el **Producto**.

Así que tenemos que agregarlos al constructor de nuestra clase, pero con el detalle que no necesitamos colocarle si es **public**, porque estas propiedades ya se encuentran dentro de **DatosBasicos** y estas ya se van a aplicar a **Producto**, por ende no es necesario que los coloque como públicos, porque cuando haga eso se van a agregar también como propiedades a la clase de **Producto**

Así es que en este caso nos vamos a saltar la palabra reservada de **public** y vamos a colocar las propiedades con su tipo:

seccion_4_POO/src/herencia.ts

```
17        public sku: number,
18        name: string,
19        desc: string,
20        created_at: Date,
21        created_by: number
22    ) {
```

Ahora, aquí nos estará mostrando unos **warning**:

```
13
14   clas  'name' is declared but its value is never read. ts(6133)
15     co  (parameter) name: string
16
17        View Problem (Alt+F8)    Quick Fix... (Ctrl+.)
18       name: string,      'name' is declared but its value is never
19       desc: string,      'desc' is declared but its value is never
20       created_at: Date,      'created_at' is declared but its valu
21       updated_by: number    'updated_by' is declared but its val
22     ) {
23       super();    Expected 4 arguments, but got 0.
24     }
25   }
```

Warning porque no están siendo usados los parámetros.

 Y estas son porque estos valores, si bien están declarados como parámetros, no están siendo leídos, así que vamos a solucionar pasándoselos a nuestro llamado de **super**:

seccion_4_POO/src/herencia.ts

```
22   ) {
23       super(name, desc, created_at, created_by);
24   }
25 }
```

Con este cambio debieron desaparecer todos los errores y advertencias.

Ahora podemos crear una nueva instancia de un **Producto**, que se llamará **producto1**:

seccion_4_POO/src/herencia.ts

```
27 let producto1 = new Producto(
28     100,
29     1,
30     'iPhone',
31     "Este es un smartphone",
32     new Date(),
33     1
34 )
```

Y este es una nueva instancia de **Producto**, y tendrá los siguientes valores:

- **stock** que comienza con **100**.
- Su **sku** será **1**.
- El **name** va a ser "**iPhone**".
- Su **desc** es "**Este es un smartphone**".
- Para **created_at** es una fecha, así que llamaremos a **New Date**.
- Y, **created_by** va a ser **1**.

Vamos a dejar esto separado por líneas para que sea más fácil de leer. Preocúpate siempre de dejar el código separado por líneas para que este sea más sencillo de leer, no lo dejes todo en solamente una línea.

Ahora si llamamos a **producto1** y presionamos un punto para que nos sugiera las propiedades:

Sugerencia de nuestra instancia de producto.

Nos vamos a dar cuenta de que tenemos estas diferentes propiedades, pero notaremos que tenemos a **fullYear** que aunque no la hayamos definido dentro de la clase **Producto**, la definimos dentro de nuestra clase de **DatosBasicos**, que es aquí es donde tenemos a **fullYear**.

Ahora vamos a aprovechar de utilizar la herencia también, pero no solamente con **Producto**, sino que lo vamos a hacer ahora con la clase de **Categoria**.

Vamos a crear una clase de **Categoria**.

Afortunadamente, se crea bastante similar a la clase de **Producto**, así que podemos copiar esta clase y la pegamos haciendo estas modificaciones:

seccion_4_POO/src/herencia.ts

```
27  class Categoria extends DatosBasicos {
28      constructor(
29          name: string,
30          desc: string,
31          created_at: Date,
32          created_by: number
33      ) {
34          super(name, desc, created_at, created_by)
35      }
36  }
37  . . .
```

La clase se llama **Categoria** también extiende de **DatosBasicos**, pero este no necesita **sku** ni tampoco **stock**.

Ahora haremos que nuestra clase de **Categoria** sea distinta a nuestra clase de **Producto** y lo que vamos a hacer es agregarle una propiedad que contenga productos:

seccion_4_POO/src/herencia.ts

```
27  class Categoria extends DatosBasicos {
28      public productos: Producto[] = []
29      constructor(
30  . . .
```

Esta propiedad se llama **productos** y es un **array de la clase de Producto** y su valor inicial va a ser un **array** vacío.

Ahora, lo que haremos también será agregar un método, el cual se va a llamar **agregarProducto**:

seccion_4_POO/src/herencia.ts

```
38      agregarProducto(producto: Producto) {
39          this.productos.push(producto);
40      }
41  }
42  . . .
```

Este va a recibir como parámetro un **producto** que va a ser una instancia de la clase **Producto** y utilizando el método **push** vamos a agregarlo a la propiedad de **productos** que recordemos que es un **array**.

Ahora crearemos una nueva instancia de la clase de **Categoria**:

seccion_4_POO/src/herencia.ts

```
52  let categoria = new Categoria(
53      'Celulares',
54      '',
55      new Date(),
56      1
57  )
```

Esta categoría se llamará "**Celulares**", su descripción la vamos a dejar como un **string** vacío, su fecha de creación va a ser un **new Date** y va a ser creada por el usuario **1**.

Ahora podemos llamar al método **agregarProducto** de esta instancia de **categoria**, y le vamos a pasar a **producto1**:

seccion_4_POO/src/herencia.ts

```
59  categoria.agregarProducto(producto1)
```

En este caso, **producto1** es una instancia de la clase **Producto**, y por ende está cumpliendo con el tipado que tiene nuestro método de **agregarProducto**.

Vamos a imprimir estas 2 instancias en la terminal:

seccion_4_POO/src/herencia.ts

```
60  console.log(producto1, categoria)
```

Así que ahora lo que vamos a hacer es que vamos a compilar nuestro código y vamos a llamar a nuestro archivo de compilado de "**herencia.js**":

Terminal de commandos

```
1  tsc
2  node dist/herencia.js
```

Salida de ejecutar: node dist/index.js

```
1   Producto {
2       name: 'iPhone',
3       desc: 'Este es un smartphone',
4       created_at: 2024-06-04T16:38:54.686Z,
5       created_by: 1,
6       stock: 100,
7       sku: 1
8   } Categoria {
9       name: 'Celulares',
10      desc: '',
11      created_at: 2024-06-04T16:38:54.686Z,
12      created_by: 1,
13      productos: [
14          Producto {
15          name: 'iPhone',
16          desc: 'Este es un smartphone',
17          created_at: 2024-06-04T16:38:54.686Z,
18          created_by: 1,
19          stock: 100,
20          sku: 1
21          }
22      ]
23  }
```

Y acá primero podemos ver que el objeto que tenemos acá es una instancia de la clase de **Producto** que contiene todos estos datos. Y luego más abajo tenemos un objeto que es una instancia de la clase de **Categoria** que podemos ver que contiene el nombre, la descripción, la fecha de creación, quien lo creó, y también que tiene un producto, dentro de su **array de productos**.

Y de esta manera podemos utilizar la herencia para poder ahorrarnos un poco de código que nosotros tengamos que escribir.

Código de la lección.

Para terminar, te dejaré el código del archivo: "**seccion_4_POO/src/herencia.ts**":

seccion_4_POO/src/herencia.ts

```typescript
1   class DatosBasicos {
2       constructor(
3           public name: string,
4           public desc: string,
5           public created_at: Date,
6           public created_by: number
7       ) { }
8
9       get fullYear() {
10          return this.created_at.getFullYear()
11          }
12  }
13
14  class Producto extends DatosBasicos {
15      constructor(
16          public stock: number,
17          public sku: number,
18          name: string,
19          desc: string,
20          created_at: Date,
21          created_by: number
22      ) {
23          super(name, desc, created_at, created_by)
24      }
25  }
26
27  class Categoria extends DatosBasicos {
28      public productos: Producto[] = []
29      constructor(
30          name: string,
31          desc: string,
32          created_at: Date,
33          created_by: number
34      ) {
35          super(name, desc, created_at, created_by)
36      }
37
38      agregarProducto(producto: Producto) {
39              this.productos.push(producto);
40      }
41  }
42
43  let producto1 = new Producto(
44      100,
45      1,
46      'iPhone',
47      "Este es un smartphone",
```

```
48        new Date(),
49        1
50    )
51
52    let categoria = new Categoria(
53        'Celulares',
54        '',
55        new Date(),
56        1
57    )
58
59    categoria.agregarProducto(producto1)
60    console.log(producto1, categoria)
```

Method override.

En esta lección vamos a hablar un poco sobre **method override**.

En nuestra clase base, tenemos a **DatosBasicos** y dentro de las propiedades que tenemos son: **name**, **desc**, **created_at** y **created_by**.

Lo que vamos a hacer es crear un nuevo método, el cual nos devuelve a **name** y **desc** juntos. Esto lo haremos a través de un **getter** que llamaremos **fullDesc**:

seccion_4_POO/src/herencia.ts

```
13    get fullDesc() {
14        return `${this.name} ${this.desc}`;
15    }
16  . . .
```

En este método retornamos la concatenación de ambas propiedades, esto va a aplicar ya sea un producto o sea una categoría.

Ahora supongamos que dentro de nuestras dos clases **Producto** y **Categoria**, el comportamiento que deberíamos obtener es que cuando llame a la propiedad de **fullDesc**, este nos devuelva por supuesto el nombre con su descripción, pero que además nos indique antes de devolvernos este **string**, si es que este es un **Producto** o una **Categoria**.

Para eso, lo que podemos hacer es uso de los **method override**.

Entonces, comenzando con la clase de **Producto**, y vamos a escribir **override**, un espacio y el nombre del metodo **fullDesc**. Al escribir esto, primero lo que hará VsCode será rellenar automáticamente con todo lo que falta:

seccion_4_POO/src/herencia.ts

```
30    override get fullDesc(): string {
31
32    }
33  . . .
```

Aunque contamos con esta ayuda, tendremos que seguir modificando el método:

seccion_4_POO/src/herencia.ts

```
30    override get fullDesc() {
31
32    }
33  . . .
```

El tipo de **string** no es necesario, ya que **TypeScript** lo puede inferir, así que lo podemos eliminar, lo que sí nos aseguramos de devolver un dato, ya que aquí estamos viendo que el tipo **void** no sería asignarle el tipo de **string**:

```
25   A 'get' accessor must return a value. ts(2378)
26
27   Property 'fullDesc' in type 'Producto' is not assignable
28   to the same property in base type 'DatosBasicos'.
29     Type 'void' is not assignable to type
30   'string'. ts(2416)
31
32   (getter) Producto.fullDesc: void
33   View Problem (Alt+F8)   Quick Fix... (Ctrl+.)
34     override get fullDesc() {    A 'get' accessor must r
35
```

Error en el retorno porque void no es asignable al tipo string.

Esto es porque nuestra clase base retorna un **string** cuando estamos accediendo la propiedad de **fullDesc**.

Así que lo que vamos a hacer acá es retornar.

seccion_4_POO/src/herencia.ts

```
30       override get fullDesc() {
31           return "Producto: " +
32       }
33   . . .
```

Aquí vamos a colocar el string de **"Producto:"**, un espacio y aquí lo concatenamos con **name** y **desc**. Sin embargo, la lógica para poder obtener estos datos ya lo tenemos en la clase padre, es decir, en **DatosBasicos**, así es que lo que podemos hacer es llamar a la clase padre utilizando la palabra reservada de **super** y llamamos a **fullDesc**.

seccion_4_POO/src/herencia.ts

```
30       override get fullDesc() {
31           return "Producto: " + super.fullDesc;
32       }
33   . . .
```

Ahora vamos a llamar a esta propiedad para ver qué nos muestra:

seccion_4_POO/src/herencia.ts

```
67   categoria.agregarProducto(producto1)
68   console.log(producto1.fullDesc)
```

Y en nuestra terminal vamos a compilar nuevamente nuestra aplicación y vamos a ejecutar nuestro archivo de herencia.

```
1  tsc
2  node dist/herencia.js
```

Salida de ejecutar: node dist/index.js

```
1  Producto: iPhone Este es un smartphone
```

Y aquí tenemos un **string** que nos dice **"Producto: iPhone"** y **"este es un smartphone"**.

Method override para la clase Categoria.

Vamos a hacer el method override también dentro de nuestra clase de **Categoria** y va a ser bastante similar al **override** que hicimos dentro de nuestra clase de **Producto**.

Así que vamos a copiar y vamos a pegar este método:

seccion_4_POO/src/herencia.ts

```
50    override get fullDesc() {
51        return "Categoría: " + super.fullDesc;
52    }
53  . . .
```

Y en lugar de decir producto, vamos a decir **"Categoría:"**

Vamos a cambiar un poco la implementación de **fullDesc** para que este se vea mejor, vamos a colocarle un guion entre medio:

seccion_4_POO/src/herencia.ts

```
13    get fullDesc() {
14        return `${this.name} - ${this.desc}`
15    }
16  . . .
```

Puntos a tomar en cuenta.

Ahora, si olvidáramos colocar la palabra reservada de **override** justamente al comienzo de la definición de nuestros métodos, vamos a proceder a eliminar entonces esta palabra:

seccion_4_POO/src/herencia.ts

```
30    get fullDesc() {
31        return "Categoría: " + super.fullDesc;
32    }
```

En este caso no nos va a indicar absolutamente ningún error, pero esto podría hacer que nuestro código se empiece a comportar de maneras extrañas.

Así que lo que podemos hacer es habilitar una opción dentro de nuestro archivo de nuestro **"tsconfig.json"** para que este nos recuerde siempre, de manera necesaria que agreguemos la palabra reservada de **override**. Y la opción que estamos buscando es **"noImplicitOverride"**:

seccion_4_POO/src/tsconfig.json

```
// "noUncheckedIndexedAccess": true,              /* Include 'undefined' in index sign\
ature results */
// "noImplicitOverride": true,                    /* Ensure overriding members in deri\
ved classes are marked with an 'override' modifier. */
// "noPropertyAccessFromIndexSignature": true,
```

Así que lo que vamos a hacer es descomentarla:

seccion_4_POO/src/tsconfig.json

```
// "noUncheckedIndexedAccess": true,              /* Include 'undefined' in index sign\
ature results */
"noImplicitOverride": true,                       /* Ensure overriding members in derived\
 classes are marked with an 'override' modifier. */
// "noPropertyAccessFromIndexSignature": true,
```

Guardamos y ahora cuando nos devolvemos a nuestro archivo de **"herencia.ts"** nos va a indicar un error:

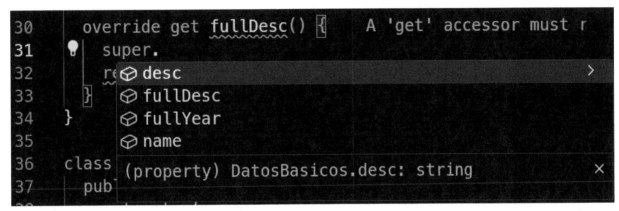

Error porque no hemos colocado la palabra reservada override.

Y nos indica, este miembro tiene que tener un override porque está reemplazando un método de la clase **DatosBasicos**.

Así que aquí es donde colocamos **override**:

seccion_4_POO/src/herencia.ts

```
30      override get fullDesc() {
31          return "Categoría: " + super.fullDesc;
32      }
```

Y con esto nos dejará de mostrar ese error.

<> **Código de la lección.**

Para terminar, te dejaré el código del archivo: **"seccion_4_POO/src/herencia.ts"**:

seccion_4_POO/src/herencia.ts

```typescript
1  class DatosBasicos {
2      constructor(
3          public name: string,
4          public desc: string,
5          public created_at: Date,
6          public created_by: number
7      ) { }
8
9      get fullYear() {
10         return this.created_at.getFullYear();
11     }
12
13     get fullDesc() {
14         return `${this.name} - ${this.desc}`;
15     }
16 }
17
18 class Producto extends DatosBasicos {
19     constructor(
20         public stock: number,
21         public sku: number,
22         name: string,
23         desc: string,
24         created_at: Date,
25         created_by: number
26     ) {
27         super(name, desc, created_at, created_by);
28     }
29
30     override get fullDesc() {
31         return "Producto: " + super.fullDesc;
32     }
33 }
34
35 class Categoria extends DatosBasicos {
36     public productos: Producto[] = []
37     constructor(
38         name: string,
39         desc: string,
40         created_at: Date,
41         created_by: number
42     ) {
43         super(name, desc, created_at, created_by);
44     }
45
46     agregarProducto(producto: Producto) {
47         this.productos.push(producto);
```

```
48          }
49
50      override get fullDesc() {
51          return "Categoría : " + super.fullDesc;
52      }
53  }
54
55  let producto1 = new Producto(
56      100,
57      1,
58      'iPhone',
59      "Este es un smartphone",
60      new Date(),
61      1
62  )
63
64  let categoria = new Categoria(
65      'Celulares',
66      '',
67      new Date(),
68      1
69  )
70
71  categoria.agregarProducto(producto1)
72  console.log(producto1.fullDesc)
```

Propiedades protegidas o protected.

Vamos a hablar ahora un poco sobre las propiedades privadas y también las propiedades protegidas.

En nuestra clase **DatosBasicos** tenemos las propiedades de **created_at** y **created_by**, estas propiedades no necesariamente vamos a querer modificarlas, así que lo que haremos es dejarlas como **private**:

seccion_4_POO/src/herencia.ts

```
1        public desc: string,
2        private created_at: Date,
3        private created_by: number
4    ) { }
```

Si necesitáramos acceder a esto, ya sea para poder leerlo o para poder hacer algo más, pero no en **DatosBasicos**, sino que en las clases donde están heredando de **DatosBasicos** como son **Producto** o **Categoria**.

Para ejemplificar esto, vamos a hacerlo en el método **fullDesc** de la clase **Productos**:

```
30    override get fullDesc() {      A 'get' accessor must r
31    🔆  super.
32    r ⬡ desc                                              >
33    }   ⬡ fullDesc
34 }      ⬡ fullYear
35         ⬡ name
36 class  (property) DatosBasicos.desc: string          ✕
37    pub
```

Tratando de acceder a las propiedades.

Y vemos que no nos aparece absolutamente ninguna de las 2 propiedades, ni **created_at** ni **created_by**, por lo que no podríamos obtener esos datos desde acá.

A veces vamos a necesitar este comportamiento en que una propiedad no sea vista en absolutamente ningún lado. Y otras veces vamos a querer ver que todas las clases que están heredando de otra clase, como en este caso de **DatosBasicos**, que estás, sí pudiesen acceder a esa propiedad.

En este caso, lo que tenemos que hacer es cambiar a estas propiedades, que en lugar de colocarlas con **private**, tenemos que colocarla como **protected**:

seccion_4_POO/src/herencia.ts

```
1        public desc: string,
2        protected created_at: Date,
3        protected created_by: number
4    ) { }
```

Esto lo que hará será que estas propiedades no puedan ser accedidas desde fuera, solamente van a poder ser accedido desde la clase de **DatosBasicos**, pero también van a poder ser accedidas por otras clases que también hereden de esta. Sin embargo, no se van a poder acceder desde afuera.

Haremos viendo nuevamente las propiedades desde las que podemos acceder desde **super**:

```
29
30    override get fullDesc() {     A 'get' accessor must r
31  💡  super.
32      r ⬡ created_at    (property) DatosBasicos.created_at: Da…
33    }   ⬡ created_by
34  }       ⬡ desc
35          ⬡ fullDesc
36  class ⬡ fullYear
37    pub ⬡ name
```

Ahora aparecen todas las propiedades en la clase super.

Y ahora vuelven a aparecer estas dos propiedades de **created_at** y **created_by**

Por otro lado, si nos salimos de las clases y vamos abajo a donde se encuentran nuestras instancias, como por ejemplo donde tenemos a **producto1**:

```
69  }
70  ⬡         agregarProducto(producto: Producto): void
71  categoria.agregarProducto(producto1.)     Identifier ex
72  conso ⬡ desc         (property) DatosBasicos.desc: string
73        ⬡ fullDesc
74        ⬡ fullYear
75        ⬡ name
76        ⬡ sku
77        ⬡ stock
```

Propiedades disponibles fuera de la clase.

Aquí vemos que no aparecen nuevamente estas propiedades.

Código de la lección.

Para terminar, te dejaré el código que agregamos al archivo "**seccion_4_POO/src/herencia.ts**":

seccion_4_POO/src/herencia.ts

```
1  class DatosBasicos {
2    constructor(
3      public name: string,
4      public desc: string,
5      protected created_at: Date,
6      protected created_by: number
7    ) { }
8  ...
```

Clases y métodos abstractos.

Clases abstractas.

Hablemos un poco sobre las **clases y métodos abstractos.**

Hasta ahora, en nuestro archivo de "**herencia.ts**", tenemos una clase de **DatosBasicos** que está siendo extendida por otras dos clases que son **Producto** y **Categoria**.

La clase de **DatosBasicos** sabemos que no la vamos a utilizar nunca, ya que solamente la estamos utilizando como un concepto para poder heredar a otras clases.

Pero esta tiene un problema, ya que no deberíamos poder crear una nueva instancia de esta clase, pero en este momento podemos escribir una nueva variable que se llame **datos**:

seccion_4_POO/src/herencia.ts

```
74    let datos = new DatosBasicos()
```

Y esto vendría siendo igual a una nueva instancia de datos básicos, a la que le podemos pasar absolutamente todos los datos que este nos solicita:

seccion_4_POO/src/herencia.ts

```
74    let datos = new DatosBasicos("dato 1", "desc", new Date(), 1)
```

Este es código **JavaScript** y **TypeScript** completamente válido.

Para este tipo de casos, **TypeScript** nos entrega una funcionalidad donde nos permite bloquear para realizar esta acción y que, por ende, que no podamos crear instancias de la clase **DatosBasicos**.

Esto es más que nada para hacer nuestro código más robusto y que en el fondo no nos permita hacer cosas que no tienen sentido que hagamos, para eso vamos a hacer uso de las **clases abstractas**.

Una clase abstracta se utiliza cuando no queremos utilizarla para finalmente crear algo. Y para poder hacer uso de la clase abstracta, antes de la palabra reservada de **class**, vamos a usar la palabra reservada de **abstract**:

seccion_4_POO/src/herencia.ts

```
1    abstract class DatosBasicos {
2        constructor(
3    . . .
```

Con eso ya estamos listos, y no deberíamos poder crear una nueva instancia de la clase de **DatosBasicos**. Es más, si bajamos al final deberíamos ver estar que nos va a arrojar un error donde habíamos creado una nueva instancia llamada **datos**:

```
72
73    Cannot create an instance of an abstract class. ts(2511)
74    View Problem (Alt+F8)   Quick Fix... (Ctrl+.)

      Date(), 1)      Cannot create an instance of an abstract
75
```

Error al tratar de crear la clase.

Y aquí nos está indicando que no podemos crear una instancia de una clase abstracta.

Así que esto ahora lo podemos borrar:

seccion_4_POO/src/herencia.ts

```
74   let datos = new DatosBasicos("dato 1", "desc", new Date(), 1)
```

Y ya no tenemos ese error conceptual.

Metodos abstractos.

Podríamos tener un caso más para esa clase abstracta, y es si necesitáramos que nuestras clases hijas tuviesen un método que tengan que implementar, pero que no tengamos idea de cómo se tiene que implementar, porque va a variar dependiendo de cada una de estas clases, para nuestro ejemplo **Categoria** podría tener una forma de implementarlo, mientras que **Producto** podría tener otra forma de implementarlo.

Como, por ejemplo, guardar esto en una base de datos:

- Podría ser que **Categoria** se encuentre dentro de una base de datos, y
- **Producto** se encuentre en otra base de datos.

O

- que **Categoria** nos la esté entregando una API, y
- que **Producto** venga de un archivo.

Entonces, si queremos guardar o queremos leer estos datos, vamos a tener implementaciones distintas. Afortunadamente, existe algo que podemos hacer dentro de las clases abstractas podemos crear un **método abstracto**y este le va a indicar al compilador que todas las clases que estén heredando de esta clase abstracta van a tener que necesariamente implementar ese método, si no estas van a arrojar un error.

Por ejemplo, podría ser un método de **guardar**. Así que lo que vamos a hacer justamente aquí en nuestra clase de **DatosBasicos**, vamos a ir al final justamente después de nuestro getter **fullDesc** y vamos a escribir lo siguiente:

seccion_4_POO/src/herencia.ts

```
74       abstract guardar(): void
75   }
76   . . .
```

A este método tenemos que indicarle cuál es el tipo de dato que vamos a retornar, pero esto, para simplificar el ejemplo, sencillamente lo dejaremos a dejar como **void**.

Esto inmediatamente me va a empezar a arrojar problemas en el código:

```
28
29   Non-abstract class 'Categoria' does not implement all
30   abstract members of 'DatosBasicos' ts(18052)
31   herencia.ts(17, 12): Non-abstract class 'Categoria' does
32   not implement inherited abstract member 'guardar' from
33   class 'DatosBasicos'.
34
     class Categoria
35
36   View Problem (Alt+F8)    Quick Fix... (Ctrl+.)
37   class Categoria extends DatosBasicos {    Non-abstract
```

Error porque falta implementación del método abstracto.

 Ya que el método **guardar** debe ser implementado en **Categoria** y en **Producto**.

Así que lo que vamos a hacer es que vamos a implementar estos métodos, para la clase **Producto**

seccion_4_POO/src/herencia.ts

```
36   guardar(): void {
37       console.log("Guardando producto...");
38   }
39   }
40   . . .
```

Y para la clase **Categoria**:

seccion_4_POO/src/herencia.ts

```
60   guardar(): void {
61       console.log("Guardando categoria...");
62   }
63   }
64   . . .
```

Aquí hemos agregado el método guardar en ambas clases, con un simple **console.log** que nos dice que está "Guardando producto..." y en el otro está "Guardando categoria...", que en esta parte iría implementada la lógica de cada uno de los métodos.

De esta manera, podemos forzar que en nuestro código implementemos un método en particular que sea necesario.

 ## Código de la lección.

Para terminar, te dejaré el código del archivo "**seccion_4_POO/src/herencia.ts**":

seccion_4_POO/src/herencia.ts

```ts
abstract class DatosBasicos {
    constructor(
        public name: string,
        public desc: string,
        protected created_at: Date,
        protected created_by: number
    ) { }

    get fullYear() {
        return this.created_at.getFullYear()
    }

    get fullDesc() {
        return `${this.name} - ${this.desc}`
    }

    abstract guardar(): void
}

class Producto extends DatosBasicos {
    constructor(
        public stock: number,
        public sku: number,
        name: string,
        desc: string,
        created_at: Date,
        created_by: number
    ) {
        super(name, desc, created_at, created_by);
    }

    override get fullDesc() {
        return "Producto: " + super.fullDesc;
    }

    guardar(): void {
        console.log("Guardando producto...");
    }
}

class Categoria extends DatosBasicos {
    public productos: Producto[] = []
    constructor(
        name: string,
        desc: string,
        created_at: Date,
        created_by: number
```

```typescript
48        ) {
49            super(name, desc, created_at, created_by);
50        }
51
52        agregarProducto(producto: Producto) {
53            this.productos.push(producto);
54        }
55
56        override get fullDesc() {
57            return "Categoría : " + super.fullDesc;
58        }
59
60        guardar(): void {
61            console.log("Guardando categoria...");
62        }
63    }
64
65    let producto1 = new Producto(
66        100,
67        1,
68        'iPhone',
69        "Este es un smartphone",
70        new Date(),
71        1
72    )
73
74    let categoria = new Categoria(
75        'Celulares',
76        '',
77        new Date(),
78        1
79    )
80
81    categoria.agregarProducto(producto1)
82    console.log(producto1.fullDesc)
```

Interfaces.

En esta lección veremos qué son las interfaces.

Preparación.

Para eso lo que vamos a hacer es que es nuestra carpeta "**seccion_4_POO/src**" y vamos a crear un nuevo archivo, el cual se va a llamar "**interfaces.ts**", y trabajaremos directamente en este nuevo archivo:

Vamos a suponer que queremos crear dos animales: un caballo y un chanchito.

Sabemos que los animales pueden caminar y que también estos pueden emitir sonidos. Entonces lo podríamos hacer, es que crear una clase abstracta que se llame **Animal**:

seccion_4_POO/src/interfaces.ts

```
1  abstract class Animal {
2      abstract name: string
3      abstract caminar(): void
4      abstract onomatopeya(): string
5  }
```

Entonces, esta clase tendrá la propiedad **name** y será un **string**. Y también dos métodos: **caminar** que va a retornar **void**, vamos a hacer lo mismo con la **onomatopeya** que va a retornar un **string**. Y tanto a la propiedad como a los métodos le hemos agregado **abstract**.

Si vamos a implementar esto para comenzar a crear nuestras clases, tendríamos que crear una clase de **Caballo** que extendiera de **Animal**:

seccion_4_POO/src/interfaces.ts

```
7   class Caballo extends Animal {
8       name: string = "rocinante"
9       caminar(){
10          console.log("Caminando")
11      }
12      onomatopeya(): string {
13          return "hin"
14      }
15  }
```

Entonces para esta clase hemos implementado la propiedad abstracta **name** con un valor por defecto, y a los métodos **caminar** y **onomatopeya**

Ahora tendríamos que hacer lo mismo con la clase de **Cerdo**:

seccion_4_POO/src/interfaces.ts

```
17  class Cerdo extends Animal {
18      name: string = "Chanchito feliz"
19      caminar(){
20          console.log("Caminando")
21      }
22      onomatopeya(): string {
23          return "oinc"
24      }
25  }
```

En este caso tenemos una clase abstracta que nos indica que tenemos que implementar la propiedad de **name**, los métodos de **caminar** y **onomatopeya**, pero algo importante a revisar en este caso es que **no estamos compartiendo lógica en ninguna de las clases que extienden de Animal**.

Para este caso en particular, cuando no vamos a compartir lógica, pero sí necesitamos implementar los métodos y las propiedades de esta clase, es que podemos utilizar las interfaces y para implementarlas es bastante sencillo. Vamos a hacer los siguientes cambios a la clase de **Animal**:

seccion_4_POO/src/interfaces.ts

```
1  interface Animal {
2      name: string
3      caminar(): void
4      onomatopeya(): string
5  }
```

Hemos cambiado las palabras reservadas **abstrac class** por **interface** y con esto podemos eliminar todas las veces que aparece la palabra de **abstract**.

De esta manera, le vamos a indicar cuál va a ser la forma que tiene que tener la clase que vayamos a implementar sin necesidad de redactar la lógica dentro de la **interface**. Esto es bastante similar a un **type**, pero que se utiliza más que nada para las clases.

Y lo siguiente es que en lugar de utilizar la palabra reservada de **extends** dentro de las clases, ahora tenemos que utilizar a **implements** tanto para **Caballo**:

seccion_4_POO/src/interfaces.ts

```
7  class Caballo implements Animal {
8      name: string = "rocinante"
9  . . .
```

Como para **Cerdo**:

seccion_4_POO/src/interfaces.ts

```
17  class Cerdo implements Animal {
18      name: string = "Chanchito feliz"
19  . . .
```

Ahora supongamos que queremos implementarlo en otro animal, este va a ser un **Perro**:

seccion_4_POO/src/interfaces.ts

```
27  class Perro implements Animal {
28  }
```

Al igual que las anteriores, implementa la **interface** de **Animal** y vamos a abrir y cerrar paréntesis de llaves.

Al no tener nada implementado de lo que nos requiere la **interface** de **Animal**, vamos a ver un error, pero presionando en el siguiente botón o con el atajo **control/command** + **punto**:

Errores por falta de implementación de propiedades y métodos.

Vamos a ver qué nos da la opción de autocompletar:

Opción para implementar la interfaz.

Nos dará como resultado la **interface** implementada de esta manera:

seccion_4_POO/src/interfaces.ts

```
27  class Perro implements Animal {
28      override name: string;
29      override caminar(): void {
30          throw new Error("Method not implemented.");
31      }
32      override onomatopeya(): string {
33          throw new Error("Method not implemented.");
34      }
35  }
```

Así que desde aquí podemos cambiar estos valores, por lo que necesitamos para las propiedades y los métodos:

seccion_4_POO/src/interfaces.ts

```
27  class Perro implements Animal {
28      name: string = "fido";
29      caminar(): void {
30          console.log("Perro caminando");
31      }
32      onomatopeya(): string {
33          return "Guau";
34      }
35  }
```

Y así es como podemos utilizar las **interface**.

Ahora, las **interface** son muy similares a los **type**, de hecho, lo que podríamos hacer es tomar esto mismo y, en lugar de crear una **interface** que se llame **Animal**, lo que podemos hacer es crear un **type** y aquí le colocamos un símbolo de igual para asignar a Animal:

seccion_4_POO/src/interfaces.ts

```
1  type Animal = {
2      name: string
3  . . .
```

Y de todas maneras igual podemos seguir utilizando nuestro tipo de **Animal** con la palabra reservada de **implements** y extender así todas estas clases: la de **Caballo**, **Cerdo** y **Perro**. Podemos utilizar **type** o también podemos utilizar las **interface**, pero lo que sí sucede es que existe una convención que si vamos a implementar una clase es que utilicemos en este caso derechamente una **interface** en lugar de un **type**.

Sin embargo, ustedes pueden utilizar indistintamente los dos. Así es que de nuevo, si es que vas a **implementar una interfaz en una clase, utiliza interface**, si es que no le vas a indicar la forma de este objeto o esta clase a una clase y lo vas a hacer con algún objeto u otra cosa, utiliza **type**.

Las interfaces para las clases y para todo lo demás

 ## Código de la lección.

Para terminar, te dejaré el código del archivo: "**seccion_4_POO/src/interfaces.ts**":

seccion_4_POO/src/interfaces.ts

```
1   abstract class Animal {
2       abstract name: string;
3       abstract caminar(): void;
4       abstract onomatopeya(): string;
5   }
6
7   class Caballo implements Animal {
8       name: string = "rocinante";
9       caminar(){
10          console.log("caminando");
11      }
12      onomatopeya(): string {
13          return "Hin";
14      }
15  }
16
17  class Cerdo implements Animal {
18      name: string = "Chanchito feliz";
19      caminar(){
20          console.log("Caminando");
21      }
22      onomatopeya(): string {
23          return "Oink";
24      }
25  }
26
27  class Perro implements Animal {
28      name: string = "firulais";
29      caminar(): void {
30          console.log("Caminando");
31      }
32      onomatopeya(): string {
33          return "Guau";
34      }
35  }
```

Index signature.

En esta lección vamos a aprender sobre los **Index Signature**.

Para eso vamos a explicar un pequeño concepto. Muchas veces puede ser que cuando estemos trabajando, ya sea con algún **array** o con algún objeto, este va a tener **elementos indexados**, como podría ser en este caso que un objeto que tenga una de las llaves vendría siendo el **id** de un objeto acompañado también de un objeto.

Ejemplo de objeto

```
1  {
2  "id1": {}
3  "id2": {}
4  }
```

Ahora la pregunta: ¿Cómo podríamos asignarle un tipo a esto? Porque no vamos a poder crear una propiedad que se llame "id1", "id2", etc. Porque imagínate si esto de repente llega hasta un "id9999", en ese caso, esto vendría siendo contraproducente. Así es que para eso existen los **Index Signature**.

Para ver cómo se implementan, vamos a crear una clase, la cual se va a llamar **DiccionarioUsuarios** a modo de ejemplo.

seccion_4_POO/src/interfaces.ts

```
37  class DiccionarioUsuarios {
38      [id: string]: string;
39  }
```

Entonces, en lugar de estar escribiendo cada "id" uno por uno, que además, no tenemos idea de cuantos **id** nos van a llegar, sencillamente, podemos utilizar el paréntesis de corchete, y aquí escribimos **id** y le asignamos un tipo que en este caso vendría siendo un **string**, ya que podemos asignarle el tipo que en este caso podría ser el tipo de usuario, pero por ahora, solamente para simpleza del ejercicio, lo voy a dejar como un **string**.

Entonces, ahora podemos crear una nueva instancia de esto con:

seccion_4_POO/src/interfaces.ts

```
41  let diccionarioUsuarios = new DiccionarioUsuarios()
```

Y aquí, lo que puedo hacer es empezar a agregarle elementos a este diccionario.

Entonces lo podríamos hacer, por ejemplo, siempre y cuando el identificador empiece con una letra. Lo podríamos hacer como, por ejemplo, con:

seccion_4_POO/src/interfaces.ts

```
42  diccionarioUsuarios.a1 = "usuario1"
```

Pero muchas veces esto no es posible. Porque a veces el **id** podría comenzar con un número. En ese caso, tenemos que utilizar la convención de poder crearle propiedades con el paréntesis de corchete y pasarle el "id" entre comillas:

seccion_4_POO/src/interfaces.ts

```
43  diccionarioUsuarios["1a"] = "usuario2"
```

Y aquí le podemos pasar **"1a"** y este va a ser nuestro **"usuario2"**.

Y, por supuesto, si es que imprimimos a este diccionario con:

seccion_4_POO/src/interfaces.ts

```
45  console.log(diccionarioUsuarios);
```

Vamos a compilar nuestro código:

Terminal de commandos

```
1  tsc
2  node dist/interfaces.js
```

Salida de ejecutar: node dist/interfaces.js

```
1  DiccionarioUsuarios { a1: 'usuario1', '1a': 'usuario2' }
```

Y aquí ya podemos ver las propiedades de nuestro objeto. Tenemos **a1** y también tenemos a **1a**.

Entonces, en el caso de que tengamos un objeto que este contenga propiedades dinámicas, podemos asignarle el tipo utilizando los **index signature**.

Código de la lección.

Para terminar, te dejaré el código que agregamos al archivo "**seccion_4_POO/src/interfaces.ts**":

seccion_4_POO/src/interfaces.ts

```
37  class DiccionarioUsuarios {
38      [id: string]: string;
39  }
40
41  let diccionarioUsuarios = new DiccionarioUsuarios();
42  diccionarioUsuarios.a1 = "usuario1"
43  diccionarioUsuarios["1a"] = "usuario2"
44
45  console.log(diccionarioUsuarios);
```

Capítulo 5: genéricos.

Contenido de la sección.

Hola mundo, en esta veremos a los genéricos:

- en funciones,
- en clases,
- en interfaces,
- restricciones en genéricos,
- genéricos y herencia,
- operador keyof,
- y utility types.

Y ahora vamos con esta sección.

Genéricos en funciones.

Vamos a hablar un poco de los genéricos y el problema que estos resuelven.

 ## Preparación.

Para esta sección, puedes ocupar la misma carpeta con la que hemos estado trabajando.

O puedes crear una nueva carpeta, que en este caso le llamaré "**seccion_5_genericos**", en esta usaremos nuestro comando **tsc init** y puedes copiar todas las configuraciones de nuestro anterior archivo **tsconfig.json**, en esta carpeta igualmente tendremos una carpeta **src** y un archivo **genericos.ts**

Esto con objetivo de ser más ordenados:

Estructura de carpetas y archivos en la carpeta: seccion_5_genericos

```
1  seccion_5_genericos/
2      |-- src/
3          |-- genericos.ts
4      |-- tsconfig.ts
```

Lo primero que vamos a hacer eso es crear un ejemplo que sea sumamente sencillo. La verdad es que no nos vamos a complicar mucho para poder tratar de explicar cuál es el problema, y luego de esto vamos a ver un ejemplo de la vida real.

Entonces crearemos una función, la cual se va a llamar **log** y, en este caso, lo que va a hacer es recibir dos parámetros **a** y **b** los cuales van a ser de tipo **string**. Y lo que vamos a hacer dentro de esta función es llamar un **console.log** imprimiendo a estos parámetros:

seccion_5_genericos/src/genericos.ts

```
1  function log(a: string, b: string) {
2      console.log(a, b)
3  }
```

Ahora, en este caso, si quisiéramos llamar a esta función de **log**, sencillamente tenemos que pasarle, por ejemplo, que vamos a imprimir lo siguiente:

seccion_5_genericos/src/genericos.ts

```
5  log("dato", "Chanchito feliz")
```

Con estos datos no vamos a tener absolutamente ningún problema, pero esta función de **log** es bastante sencilla. En nuestro código vamos a querer que esta tenga cosas un poco más complejas, una implementación quizás un poco más robusta que nos sirva para más casos de uso.

Así es que lo siguiente que haremos es crear otra función, la cual se va a llamar **logN**, que sería por "log números", y en lugar de pasarle un **string** como nuestro parámetro **b**, le vamos a pasar un **number**:

seccion_5_genericos/src/genericos.ts

```
5  function logN(a: string, b: number) {
6      console.log(a, b)
7  }
8  . . .
```

Esto lo podemos hacer así sucesivamente con todos los tipos de datos que podríamos llegar a necesitar. Sin embargo, esto que tenemos acá es sumamente repetitivo y no es algo que deberíamos hacer.

Afortunadamente, existen los **genéricos** y estos nos van a venir a salvar la vida cuando se trate de este mismo problema.

Así es que lo primero que vamos a hacer es eliminar la implementación de **logN**:

seccion_5_genericos/src/genericos.ts

```
5  function logN(a: string, b: number) {
6      console.log(a, b)
7  }
8  . . .
```

Lo que tenemos que hacer ahora es colocar dentro de los paréntesis de menor y mayor que (<>) una **T**:

seccion_5_genericos/src/genericos.ts

```
1  function log<T>(a: string, b:string) {
2      console.log(a, b)
3  . . .
```

En este caso vamos a indicar que **T es un valor genérico que puede tomar el valor de lo que sea**, antes de que pasemos a eso, vamos a cambiar nuestro tipo de parámetro **b** por T para no tener ningún error.

Lo que nos permite hacer esto es que cuando estemos llamando a la función de **log**, podremos indicarle el tipo que queremos utilizar dentro de esta función, como por ejemplo:

seccion_5_genericos/src/genericos.ts

```
5  log<number>("dato", "Chanchito feliz")
```

Entonces, al igual que en la definición, le vamos a indicar dentro de los paréntesis de menor y mayor que (<>) el tipo de dato que le vamos a pasar a la función como argumento.

En este caso, le estamos indicando que será un **number** y ahora nos estará mostrando un error:

Error en el tipo del argumento que le estamos pasando.

Nos indica que el **string** "Chanchito feliz" no es asignarle el tipo de **number**.

Así es que ahora vamos a cambiar esto por el valor **42**:

seccion_5_genericos/src/genericos.ts

```
5  log<number>("dato", 42)
```

Entonces, ahora esta función de **log** nos sirve para que podamos imprimir, en este caso **strings** y **numbers**.

Vamos a colocar otro ejemplo de llamado de la función, pero pasándole ahora sí el **string** de "**Chanchito feliz**":

seccion_5_genericos/src/genericos.ts

```
6  log<string>("dato", "Chanchito feliz");
```

Entonces, en este mismo momento, estamos utilizando la función de **log** para poder imprimir en la consola el número de **42** y también el **string** de "**Chanchito feliz**".

Esto también nos va a servir si queremos imprimir, por ejemplo alguna clase o algún objeto dentro de la consola, sencillamente en lugar de pasarle un tipo de dato **number** o un tipo de dato **string**, perfectamente le podemos pasar un tipo que corresponda a una clase, un objeto o un **boolean**, eso la verdad es que da lo mismo, pero lo importante de esto que estamos viendo ahora es cómo utilizando los genéricos, podemos tomar funciones y pasarles más tipos a medida que los vayamos necesitando.

Retornando valores tipo genérico.

Ahora vamos a extender esto un poco más. Supongamos que luego de haber imprimido en consola el **string** de **a** y nuestro genérico **b**, lo que vamos a querer hacer es retornarlo.

Entonces lo que vamos a hacer es que el valor de retorno también va a ser de tipo **T**:

seccion_5_genericos/src/genericos.ts

```
1  function log<T>(a: string, b:string): T{
2      console.log(a, b)
3  . . .
```

Ahora, lo que tenemos que hacer, por supuesto, es agregar el **return** dentro de la función:

seccion_5_genericos/src/genericos.ts

```
1  function log<T>(a: string, b:T): T {
2      console.log(a, b)
3
4      return b
5  }
6  . . .
```

Aquí le agregamos un **return** de **b**. Esta función va a retornar el tipo de dato **b** que le pasemos como el tipo del segundo argumento.

- Si le pasamos que **b** será de tipo **number**, nos va a devolver un **number**.
- Pero si le pasamos un **string**, este nos va a devolver un **string**.

Usar más de un genérico en la función.

Ahora vamos a indicarle que, en lugar de imprimir en consola un **string** de **a** y un genérico de **b**:

seccion_5_genericos/src/genericos.ts

```
1  function log<T, V>(a: T, b:V) {
2      console.log(a, b)
3  . . .
```

El orden en el que vamos a colocar los genéricos es primero a **T** y luego a **V**, y le vamos a indicar que el valor de retorno va a ser **V**:

seccion_5_genericos/src/genericos.ts

```
1  function log<T, V>(a: T, b: V): V {
2
3      console.log(a, b)
4  . . .
```

Ahora nos está indicando que, cuando estamos llamando a nuestra función de **log**, tenemos un error:

```
4
5  }                  Expected 2 type arguments, but got 1. ts(2558)
6                     View Problem (Alt+F8)    Quick Fix... (Ctrl+.)
7  log<number>("dato", 42);        Expected 2 type arguments,
8  log<string>("dato", "Chanchito feliz")      Expected 2 t
```

Error en que se esperan 2 tipos de los argumentos y solo pasamos 1.

 Y este es porque también tenemos que pasarle el segundo tipo, entonces debemos pasar los tipos de datos correspondientes a nuestros llamados:

seccion_5_genericos/src/genericos.ts

```
7   log<string, number>("dato", 42);
8   log<string, string>("dato", "Chanchito feliz")
```

Al primer llamado le pasamos el tipo de dato de **string** y **number**, mientras que para y en el segundo llamado pasamos ambos como **string**.

Esta es la forma correcta en la cual podemos hacer uso de los genéricos.

Genéricos inferidos.

Ahora, **TypeScript** también puede inferir los tipos sin necesidad que le indiquemos los tipos cuando estamos llamando a la función.

Eso lo podemos hacer derechamente llamando la función de **log**:

seccion_5_genericos/src/genericos.ts

```
10   log()
```

Y si vemos los tipos:

Tipos de datos que infiere la función.

Aquí nos está indicando que tenemos 2 parámetros que son de tipo **unknown** al igual que su retorno. Pero a medida que le pasemos los argumentos a esta función, esto se va a ir solucionando.

Así que vamos a escribir:

seccion_5_genericos/src/genericos.ts

```
10   log(1,2)
```

Vamos a ver de nuevo los tipos:

Tipos inferidos al pasarle los argumentos.

Y ahora ya sabemos que de nuestra función el primer parámetro es de tipo **number** y el segundo tipo es **2**, lo último que nos señala es que el valor de retorno también es **2**

Vamos a hacer otro llamado, pero ahora le pasaremos:

```
11  log("saludo", "Hola mundo")
```

Donde estamos pasando 2 **strings**, el primero de **saludo** y el segundo de **Hola mundo**

Y ahora, si colocamos el cursor encima:

Tipos del segundo llamado.

Nos va a indicar que tenemos un **string** como primer argumento y el segundo es derechamente
"Hola mundo".

En estos 2 ejemplos hemos visto algo curioso. El primer argumento lo manda como un tipo como
los que vimos, **string** o **number**, pero el segundo es un **literal Type**, y esto pasa porque tenemos
un valor en duro que estamos retornando, que es el parámetro **b**.

En este segundo ejemplo, si estamos retornando un **string**, pero el **string** en específico que vamos
a estar retornando es el de **"Hola mundo"**. Y vendría siendo lo mismo para los primeros llamados
que tenemos en las líneas 7 y 8:

```
7  log<string, number>("dato", 42);
8  log<string, string>("dato", "Chanchito feliz")
9  . . .
```

Cuyos retornos son **42** y **"Chanchito feliz"**, sin embargo, en estos le estamos indicando que es de
tipo **number** y en el segundo, que es de tipo **string**.

En los siguientes llamados:

```
10  log(1,2)
11  log("saludo", "Hola mundo")
```

No le estamos indicando absolutamente nada, entonces el compilador está infiriendo los tipos
y en este caso nos lo muestra como **2** y **"Hola mundo"**, si te acuerdas de los **tipos literales** o
Literal Type, en este caso el compilador está haciendo uso del tipo literal y de esta manera es
cómo podemos utilizar los genéricos para poder reutilizar el mismo código que ya hemos escrito
antes múltiples veces.

A continuación, vamos a ver ahora un ejemplo de la vida real.

Ejemplo de la vida real.

Vamos a comentar todo este código:

seccion_5_genericos/src/genericos.ts

```
1    // function log<T, V>(a: T, b: V): V {
2    //   console.log(a, b);
3
4    //   return b;
5    // }
6
7    // log<string, number>("dato", 42);
8    // log<string, string>("dato", "Chanchito feliz")
9
10   // log(1,2)
11   // log("saludo", "Hola mundo")
```

Y más abajo vamos a crear una función asíncrona que se va a llamar **fetchData**.

seccion_5_genericos/src/genericos.ts

```
13   async function fetchData<T>(recurso: string): Promise<T> {
```

Acá nuestro primer parámetro es el de **recurso**, este va a ser un **string**. Y el valor que nos va a devolver va a ser el de una **Promise** o **promesa** (que las promesas también tienen un tipo propio) y dentro de esta promesa le estamos pasando el genérico. Ahora podemos hacer la implementación de nuestra función:

seccion_5_genericos/src/genericos.ts

```
14       const response = await fetch(recurso);
15       const data = await response.json();
16       return data;
17   }
```

Vamos a indicar que esta va a guardar una respuesta de un llamado a una API. Utilizaremos **await** para llamar a **fetch** y aquí pasamos como argumento indicar a nuestro **recurso**. Y luego lo que hacemos es retornar esta "respuesta", pero la transformamos a un JSON.

Ahora vamos a construir un tipo de **Usuario**:

seccion_5_genericos/src/genericos.ts

```
18   type User = {
19       id: string;
20       name: string;
21   }
```

Lo que hicimos es construir un **type** que se va a llamar **User**. Este va a contener un **id** de tipo **string**, y va a contener un **name** que también va a ser un **string**. Y vamos a dejar la implementación solamente hasta acá.

Ahora podemos llamar a esta función:

seccion_5_genericos/src/genericos.ts

```
24  async function main() {
25      const user = await fetchData<User>('/usuarios')
26  }
```

Entonces, dentro de una función asíncrona, estamos asignando la respuesta a una constante que se va a llamar **user**, llamando a **fetchData** y pasándole nuestro **type** de **User**, le pasamos como argumento el recurso que vendría siendo "/usuarios" que podría ser la URL o endpoint al que nos estamos conectando.

Y ahora, cuando coloquemos el cursor sobre **user**:

```
21  'user' is declared but its value is never read. ts(6133)
22  const user: User
23
24  Quick Fix... (Ctrl+.)
25  💡 const user = await fetchData<User>('/usuarios');
```

Tipo de la variable user.

Nos va a indicar que esta es de tipo **User**. Y por supuesto, ahora podríamos utilizar el compilador y también la herramienta de intellisense o de autocompletado para poder acceder a las propiedades de la variable **user**:

```
24  async function main() {
25  💡 const user = await fetchData<User>('/usuarios');
26      user.id
27  }           📦 id                    (property) id: string
28              📦 name
```

Propiedades que contiene la variable user.

Aquí tenemos a **id** y también tenemos **name**.

Y de esta manera es cómo podemos utilizar los genéricos para nuestra ventaja y así poder reutilizar código, ya sea para los tipos y también en este caso para poder ir a buscar datos de un usuario.

 # Código de la lección.

Para terminar, te dejaré el código del archivo "**seccion_5_genericos/src/index.ts**":

seccion_5_genericos/src/genericos.ts

```ts
1   // function log<T, V>(a: T, b: V): V {
2   //   console.log(a, b)
3
4   //   return b
5   // }
6
7   // log<string, number>("dato", 42);
8   // log<string, string>("dato", "Chanchito feliz")
9
10  // log(1,2)
11  // log("saludo", "Hola mundo")
12
13  async function fetchData<T>(recurso: string): Promise<T> {
14      const response = await fetch(recurso)
15      const data = await response.json()
16      return data
17  }
18
19  type User = {
20      id: string
21      name: string
22  }
23
24  async function main() {
25      const user = await fetchData<User>('/usuarios')
26      // user.
27  }
```

Genéricos en clases.

Vamos a hablar ahora un poco sobre los genéricos y cómo los podemos utilizar en las clases en **TypeScript**.

Vamos a comenzar por crear una clase que se va a llamar **Programador**:

seccion_5_genericos/src/genericos.ts

```
38   class Programador<T> {
39       computador: T
40       constructor(t: T) {
41           this.computador = t
42       }
43   }
```

Cada instancia de la clase **Programador** va a tener un **computador** que tendrá un tipo genérico **T** y vamos a crear un constructor, el cual va a recibir un parámetro **t** minúscula, el cual su tipo va a ser el de **T** mayúscula, y esto se lo vamos a asignar a su propiedad **computador**. Y después del nombre de la clase, es donde le vamos a pasar el tipo genérico **T**.

 ## ¿Cómo nombrar a los genéricos?

Que utilicemos **T** vendría siendo una preferencia más que nada. Existen muchas convenciones, donde hay quien prefiere partir con **T**, hay otros que prefieren utilizar **A**, **B**, y otros que prefieren utilizar **R1**, **R2**. Y así sucesivamente.

La verdad es que da lo mismo que utilices, y ponernos a discutir de cuál vendría siendo el mejor nombre para esto, no tiene absolutamente ningún sentido. Así que utiliza el que tú quieras.

A mí me gusta partir por **T** y luego continuar con **U**, **V**, **W** y así sucesivamente.

En fin, ahora que tenemos nuestra clase de **Programador**, vamos a aprovechar de crear un tipo de **Computador**, vamos a escribir:

seccion_5_genericos/src/genericos.ts

```
38   type Computador = {
39       encender: () => void
40       apagar: () => void
41   }
42   . . .
```

Lo definimos con **type** y esto va a ser igual a algo que va a tener un método para **encender** y otro para **apagar**. Por ahora, lo vamos a dejar como unas funciones sumamente sencillas que no van a retornar absolutamente nada para hacer el ejemplo más sencillo y más fácil de entender.

Ahora, lo que podemos hacer es bajar un poco más y vamos a crear una nueva instancia de programador:

seccion_5_genericos/src/genericos.ts

```
50  const programador = new Programador<Computador>({ encender: () => { }, apagar: () =>\
51  { } })
```

Aquí le vamos a indicar que vamos a recibir un tipo de dato de **Computador** y vamos a pasarle un objeto literal, el cual va a tener los métodos de **encender** y **apagar**.

Ahora de esta instancia, **programador**, si intentamos acceder a su propiedad de **computador** escribiendo:

seccion_5_genericos/src/genericos.ts

```
52  programador.
```

Nos va a indicar aquí mismo que el tipo de este es de **computador**:

Tipo de la propiedad computador.

Así que terminamos de completar el nombre de esta propiedad y volvemos a presionar un punto:

seccion_5_genericos/src/genericos.ts

```
52  programador.computador.
```

Propiedades de la propiedad computador.

Podemos acceder a los métodos de **apagar** y de **encender**.

Ahora, si creáramos otra instancia de programador, vamos a indicar que se llamará **programador1**. Pero dentro de los tipos le indicamos que le vamos a pasar un **string**:

seccion_5_genericos/src/genericos.ts

```
50  const programador = new Programador<Computador>({ encender: () => { }, apagar: () =>\
51  { } })
52  const programador1 = new Programador<string>()
53  . . .
```

Luego, cuando presionamos, abre y cierra paréntesis:

Tipo de dato que está esperando el constructor.

Vamos a ver ahora qué el tipo de dato que está esperando esta creación de la nueva instancia, cuando estamos llamando a instanciar un objeto con la clase de programador, nos va a indicar qué está esperando, en este caso un **string**. Aquí que le indicaremos el valor de "Hola mundo":

seccion_5_genericos/src/genericos.ts

```
50  const programador = new Programador<Computador>({ encender: () => { }, apagar: () =>\
51  { } })
52  const programador1 = new Programador<string>("Hola mundo");
53  . . .
```

Y ahora, si es que escribimos **programador1** y un punto:

seccion_5_genericos/src/genericos.ts

```
53  // programador.computador.
54  programador1.computador.
```

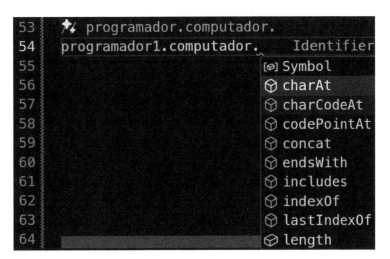

Métodos que se esperan de un string.

Aquí, **computador** nos va a mostrar todos los métodos que se esperan de un **string**.

 # Código de la lección.

Para terminar, te dejaré el código que agregamos al archivo "**seccion_5_genericos/src/index.ts**":

seccion_5_genericos/src/genericos.ts

```
38  type Computador = {
39      encender: () => void
40      apagar: () => void
41  }
42
43  class Programador<T> {
44      computador: T
45      constructor(t: T) {
46          this.computador = t
47      }
48  }
```

```
49
50  const programador = new Programador<Computador>({ encender: () => { }, apagar: () =>\
51    { } });
52  const programador1 = new Programador<string>("Hola mundo");
53
54  // programador.computador.
55  // programador1.computador.
```

Genéricos en interfaces.

Vamos a continuar viendo los genéricos para las **interface** y para los **type**.

Así que vamos a crear una nueva **interface** que se llamará **KeyValue**:

seccion_5_genericos/src/genericos.ts

```
56  interface KeyValue<T, V> {
57      key: T
58      value: V
59  }
```

En esta le vamos a pasar dos genéricos **T** y **V**, y va a tener dos propiedades: **key** que va a ser de tipo **T**, y **value** que va a ser de tipo **V**.

Ahora vamos a definir dos funciones: la primera va a ser **fetchProduct**, que va a retornar un valor de **KeyValue** y le vamos a indicar que queremos retornar el primero, el que va a ser un **string** y el valor va a ser otra **interface** que se va a llamar **Product**:

seccion_5_genericos/src/genericos.ts

```
60  function fetchProduct(): KeyValue<string, Product> {
```

Ahora vamos a definir a **Product**:

seccion_5_genericos/src/genericos.ts

```
60  interface Product {
61      id: string
62  }
63  . . .
```

Y por ahora, para hacer el ejemplo más sencillo, solamente le vamos a colocar un **id** que va a contener un **string**.

Ahora, lo que hacemos es que, en nuestra función de **fetchProduct**, vamos a retornar un objeto literal que va a contener una **key** que tiene que ser un **string**, como lo estamos indicando en la línea 60. Y el **value** que ser el mismo producto lo colocaremos como un objeto que contiene un **id** que tiene que ser un **string**:

seccion_5_genericos/src/genericos.ts

```
64  function fetchProduct(): KeyValue<string, Product> {
65      return { key: 'id del producto', value: { id: 'id del producto' } }
66  }
```

Ahora vamos a crear otra función que va a ser algo similar a esto, pero le vamos a cambiar este tipo de **Product**.

Vamos a crear una función que se va a llamar **fetchStack**:

seccion_5_genericos/src/genericos.ts

```
68  function fetchStock(): KeyValue<string, number> {
```

También nos va a devolver un **KeyValue** que contiene un **string** y un **number**. De este vamos a retornar un objeto literal que contiene un **key** y un **value**:

seccion_5_genericos/src/genericos.ts

```
68      return { key: 'id del producto', value: 20 }
69  }
```

Y de esta manera es cómo podemos utilizar los genéricos en las interfaces para poder indicarle distintos valores.

Y algo también que debes recordar es que podemos utilizar de manera indistinta las **interface** o los **type** y nuestro código debiese seguir funcionando sin ningún problema.

 ## Código de la lección.

Para terminar, te dejaré el código que agregamos al archivo "**seccion_5_genericos/src/index.ts**":

seccion_5_genericos/src/genericos.ts

```
55  interface KeyValue<T, V> {
56      key: T;
57      value: V;
58  }
59
60  interface Product {
61      id: string
62  }
63
64  function fetchProduct(): KeyValue<string, Product> {
65      return { key: 'id del producto', value: { id: 'id del producto' } }
66  }
67
68  function fetchStock(): KeyValue<string, number> {
69      return { key: 'id del producto', value: 20 }
70  }
```

Restricciones en genéricos.

Vamos a hablar ahora un poco sobre las **constraints**, que quiere decir **restricciones** y con restricciones. Y en este caso nos queremos referir al tipo de genérico que podemos entregarle a una clase, a una función o a otra **interface**.

Lo primero que vamos a hacer es crear una función que se va a llamar **print**.

seccion_5_genericos/src/genericos.ts
```
72  function print<T>(t: T): T {
73      console.log(t)
74      return t
75  }
```

En este caso, vamos a indicarle que este va a recibir un genérico que va a ser va a ser **T**, un parámetro, el cual también va a ser **t**, y su valor de retorno también va a ser de tipo **T**. Lo que hacemos en la función es imprimir y retornar este parámetro.

Así es que cuando llamamos a esta función de **print** le podemos pasar absolutamente cualquier valor, como por ejemplo, con el valor de **true**:

seccion_5_genericos/src/genericos.ts
```
77  print(true)
```

Y colocamos el cursor sobre este llamado para ver el tipado:

```
79   function print<true>(t: true): true (+1 overload)
80
81   MDN Reference
82   print(true)
```

Tipado del llamado de print.

Y vemos que el valor que nos está devolviendo en este caso va a ser **true**. Lo mismo va a pasar si es que le pasamos **false** o también, si es que le pasamos un **number**, como en este caso es **42**:

seccion_5_genericos/src/genericos.ts
```
77  print(42)
```

```
79   function print<42>(t: 42): 42 (+1 overload)
80
81   MDN Reference
82   print(42)
```

Tipado del retorno al cambiar el valor del argumento a 42.

Aquí nos está indicando que está devolviendo el tipo literal de **42**.

Ahora lo que podemos hacer es acotar el tipo de dato que le podemos entregar a esta función, esto se hace utilizando la palabra reservada **extends**, y delante le podemos indicar luego el tipo de dato del cual queremos limitar. Vamos a indicar que este tiene que ser solamente de tipo **boolean**:

seccion_5_genericos/src/genericos.ts

```
72  function print<T extends boolean>(t: T): T {
73      console.log(t)
74  . . .
```

De esta manera, solamente vamos a poder pasarle tipos que sean de tipo **boolean** y, por lo tanto, nos va a retornar un **boolean**:

Y esto, por supuesto, nos va a arrojar un error en nuestro llamado, como en este caso es **42**, y si colocamos cursor encima de este error,

```
78   cons    Argument of type 'number' is not assignable to parameter
79   retu    of type 'boolean'. ts(2345)
80   }
81           View Problem (Alt+F8)    Quick Fix... (Ctrl+.)
82   print(42)        Argument of type 'number' is not assignable to parame
```

Error en la asignación del tipo del argumento en el llamado.

 Nos indica que el tipo number no es asignable al parámetro tipo boolean.

Esto, por supuesto, que no nos va a servir, porque sencillamente podríamos indicar el tipado para que sea boolean. Así que vamos a ver ahora una implementación de cómo esto sí sería más útil.

Extender con interface.

Vamos a crear antes una **interface** que se va a llamar **Usuario** y le vamos a indicar que solamente contiene un **id** y este va a ser de tipo **string**:

seccion_5_genericos/src/genericos.ts

```
72  interface Usuario {
73      id: string
74  }
75  . . .
```

Y le vamos a indicar que el tipo de dato genérico que le vamos a pasar a nuestra función extiende de **Usuario**:

seccion_5_genericos/src/genericos.ts

```
76  function print<T extends Usuario>(t: T): T {
77      console.log(t)
78  . . .
```

Esto quiere decir que el objeto que le vamos a pasar tiene que tener la forma de **Usuario**, que en este caso, es que contenga la propiedad de **id**.

También podría tener funciones como propiedades, o también podría tener otros datos como propiedades. Podemos modificar esta **interface** en la que podríamos agregarla a **name**:

seccion_5_genericos/src/genericos.ts

```
72  interface Usuario {
73      id: string
74      name: string
75  }
76  . . .
```

Y en este caso, el objeto que pasemos en el llamado tiene que contener ambas propiedades:

seccion_5_genericos/src/genericos.ts

```
82  print({ id: 'user_id', name: 'Felipe' })
```

Y ahora podemos ver que esta función no nos está arrojando absolutamente ningún error.

Con esto ya sabemos que, dentro de esta función de **print**, que el genérico que le estamos pasando, por lo menos va a tener la forma de un usuario. Sí, escribimos:

seccion_5_genericos/src/genericos.ts

```
77  function print<T extends Usuario>(t: T): T {
78      t.
79      console.log(t)
80  . . .
```

En las sugerencias que nos muestra el editor:

Propiedades disponibles en nuestro parámetro.

Están las propiedades de **id** y **name**.

Extender con clases.

Sin embargo, esta no es la única forma en la cual podemos extender los genéricos; también lo podemos hacer haciendo uso de las clases.

Así que vamos a comentar esta parte del código:

seccion_5_genericos/src/genericos.ts

```
72   // interface Usuario {
73      //    id: string
74      //    name: string
75   // }
76   . . .
```

Y ahora vamos a crear una clase que se va a llamar **Usuario**:

seccion_5_genericos/src/genericos.ts

```
74   class Usuario {
75       constructor(public id: string) { }
76   }
```

En el constructor colocaremos que va a tener la propiedad pública de **id** y este va a ser un **string**.

La función de **print** solamente va a poder recibir genéricos que tengan por lo menos la forma del objeto de **Usuario**, o sea que por lo menos tengan la propiedad de **id**.

Y con esto podemos agregar todas las propiedades y todos los métodos que queramos para poder ayudar a regular aún más el tipo de objeto que le vamos a pasar a esta función de **print**.

 ## Código de la lección.

Para terminar, te dejaré el código que agregamos al archivo: "**seccion_5_genericos/src/index.ts**":

seccion_5_genericos/src/genericos.ts

```
72   // interface Usuario {
73      //    id: string
74      //    name: string
75   // }
76
77   class Usuario {
78       constructor(public id: string) { }
79   }
80
81   function print<T extends Usuario>(t: T): T {
82       console.log(t)
83       return t
84   }
85
86   print({ id: 'user_id', name: 'Felipe' })
```

Genéricos y herencia.

Vamos a hablar ahora un poco sobre cómo podemos utilizar los genéricos cuando estamos aplicando herencia en **TypeScript**.

Para eso vamos a crear una clase, la cual se va a llamar **Estado**, y con estado me refiero a que este va a estar manipulando las variables de una aplicación:

seccion_5_genericos/src/genericos.ts

```
88   class Estado<T> {
89       private data: T[] = []
```

En este caso necesitamos que tenga un genérico llamado T, y tendrá una propiedad privada en la cual va a almacenar los datos de la aplicación. La colocaremos como **private** y se llamará **Data** y esta va a tener un tipo genérico de **T**, que estos son los datos que le vamos a pasar. Y esta propiedad va a ser igual a un arreglo completamente vacío, porque la verdad no tiene sentido que "inicialicemos" una nueva instancia de la clase **Estado** pasándole un arreglo vacío para que después vaya colocando los datos, así que lo vamos a inicializar inmediatamente con este arreglo vacío.

Lo que vamos a necesitar es que esta clase de **Estado** tenga un método que se llame **agregar** para poder agregar elementos a nuestro estado:

seccion_5_genericos/src/genericos.ts

```
91       agregar(t: T): void {
92           this.data.push(t);
93       }
```

En este caso va a recibir una variable **t**, la cual va a ser de tipo genérico **T** y esta función no va a retornar absolutamente nada, ya que vamos a llamar a **this.data** para agregar estos elementos a nuestro estado.

Y por supuesto que esto no sería un manejador de estados, si es que no pudiésemos obtener el estado de alguna manera, así que vamos a agregar también un método que se va a llamar **getEstado**:

seccion_5_genericos/src/genericos.ts

```
95       getEstado(): T[] {
96           return this.data;
97       }
98   }
```

Y en este caso, vamos a retornar **this.data** y el tipo de dato que va a retornar este, por supuesto que va a ser un arreglo del genérico **T**.

Ahora, con esta clase podríamos crear una nueva instancia, por ejemplo, de un manejador de datos de usuarios. Entonces, aquí vamos a llamarle **estadosUsuarios**:

seccion_5_genericos/src/genericos.ts

```
100  const estadoUsuario = new Estado<Usuario>()
```

Nos referimos a la **Usuario** al que tenemos creado más arriba en el código de lecciones anteriores. Y de esta manera podemos ver que hemos creado una nueva constante de **estadoUsuarios** que es una instancia de la clase **Estado**, la cual contiene usuarios.

Así es que después, con esta instancia, podemos llamar a **getEstado**:

seccion_5_genericos/src/genericos.ts

```
101  estadoUsuario.getEstado().
```

Y aquí vamos a tener acceso a todos los métodos que tienen los **array**:

Métodos de los array.

Vamos a eliminar estas líneas:

seccion_5_genericos/src/genericos.ts

```
100  const estadoUsuario = new Estado<Usuario>()
101  estadoUsuario.getEstado().
```

Ahora, supongamos que ya tenemos definida nuestra clase de **Estado** que nos permite agregar y también obtener nuestro estado, pero este en esta queremos que sea solamente de agregar elementos y también poder sacar elementos, pero para poder leerlos y vamos a crear una nueva clase que nos va a permitir a poder eliminar los elementos.

Así que vamos a escribir la siguiente clase:

seccion_5_genericos/src/genericos.ts

```
100  class EstadoEliminar{
101      eliminar(id: string): void {
102      //
103      }
104  }
```

Esta clase va a tener el método de **eliminar**, que en este caso tiene que recibir un **id** que va a ser de tipo **string** y por ahora vamos a dejar esta implementación así vacía.

Pero vamos a extender ahora esta clase con **Estado** y le tenemos que pasar el genérico de **T**.

seccion_5_genericos/src/genericos.ts

```
100  class EstadoEliminar extends Estado<T>{
101      eliminar(id: string): void {
102  . . .
```

Sin embargo, acá nos va a indicar que tenemos un error. Si colocamos el cursor encima:

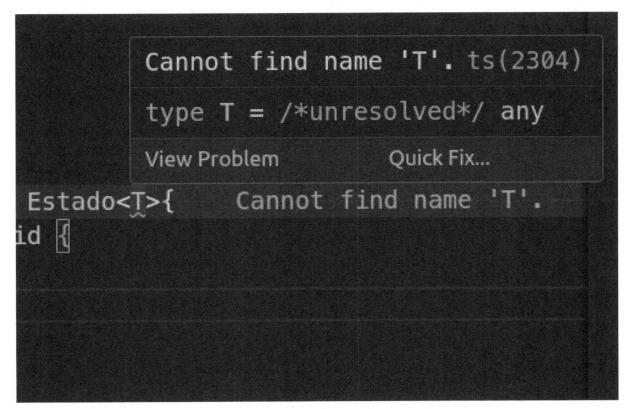

Error porque no puede asignar a T.

Nos va a indicar que no puede encontrar el nombre de **T** del genérico. Y para poder solucionar este problema, tenemos que colocarlo dentro de un mayor y menor que (<>), justamente al lado del nombre de la clase:

seccion_5_genericos/src/genericos.ts

```
100  class EstadoEliminar<T> extends Estado<T>{
101      eliminar(id: string): void {
102  . . .
```

Y de esta manera es como podemos pasar este genérico de la clase de **estadoEliminar** a la clase de **Estado**.

Ahora, podemos crear una nueva constante de **estadoEliminar** y esto va a ser igual a:

seccion_5_genericos/src/genericos.ts

```
106  const estadoEliminar = new EstadoEliminar<Usuario>()
```

Aquí le pasamos al tipo **Usuario** cuando creamos la instancia de la clase.

Y ahora si llamamos a esta nueva constante de **estadoEliminar**:

seccion_5_genericos/src/genericos.ts

```
106  estadoEliminar.
```

Y al ver las sugerencias:

Métodos de la clase estadoEliminar.

Esta instancia tiene acceso a los métodos **agregar**, **eliminar** y también **getEstado**. Vamos a comentar esta línea para dejarla solo como referencia:

seccion_5_genericos/src/genericos.ts

```
106  // estadoEliminar.
```

Y a esto que vimos en la línea 100:

seccion_5_genericos/src/genericos.ts

```
100  class EstadoEliminar<T> extends Estado<T>{
101  . . .
```

Se le conoce como pasar genérico o pasar el genérico. De manera que cuando creamos una instancia en la clase de **estadoEliminar** y le pasemos una interface o le pasemos un tipo, este va a llegar finalmente a la clase que creamos más arriba, que es la de **Estado**.

Entonces creamos una instancia de **estadoEliminar**, a esta le pasamos el tipo y este genérico finalmente llega hasta el **Estado**. A esto se conoce como **pasar el genérico**.

Ahora vamos a ver el siguiente ejemplo: en el método de **eliminar**, lo que vamos a querer hacer es eliminar elementos del **array**, pero si tratamos de acceder a **this.data**, no nos va a dejar acceder a **data** porque en este caso la propiedad la tenemos como **private**, así es que vamos a cambiarlo a **protected**:

Pasar genérico con restricciones.

seccion_5_genericos/src/genericos.ts

```
88  class Estado<T> {
89      protected data: T[] = []
90  . . .
```

Ahora ya podemos acceder a la propiedad de **data**, de la cual usaremos el método **filter**:

seccion_5_genericos/src/genericos.ts

```
88      this.data = this.data.filter(x => x.id !== id)
```

Para este caso, filtraremos por el **id** Entonces, si es que el **id** es distinto al que le estamos pasando por el parámetro al método. En ese caso, vamos a eliminar el elemento y, por supuesto, esto se lo tenemos que asignar nuevamente a **this.data**, y de esta manera, sí, reemplazamos el valor que se encontraba antes, pero con un **array** nuevo que ya no contiene el elemento a eliminar.

Sin embargo, este nos está mostrando un problema:

```
}                       Property 'id' does not exist on type 'T'. ts(2339)

                        any
class EstadoEliminar<
                        View Problem (Alt+F8)    Quick Fix... (Ctrl+.)
    eliminar(id: stri
        this.data = this.data.filter(x => x.id !== id)    Property 'i
    }
}
```

Propiedad id no existe en el tipo T.

 Que nos está indicando que la propiedad de **id** no existe en el tipo de T, así que lo que tenemos que hacer ahora es aplicar las restricciones o los "constraints" para poder solucionar esto, y eso lo hacemos directamente en nuestra clase de **estadoEliminar**:

Así es que acá donde le pasamos nuestro genérico **T**, escribiremos **extends** y aquí le podemos pasar derechamente un objeto literal, el cual contiene la propiedad de **id** y este va a ser un **string**:

seccion_5_genericos/src/genericos.ts

```
100  class EstadoEliminar<T extends {id: string}> extends Estado<T>{
101      eliminar(id: string): void {
102  . . .
```

Ahora, esto también lo podemos hacer con un **type** o también con una **interface**, así que vamos a crear acá un tipo que se va a llamar **ObjectId** y este va a tener la propiedad **id**, la cual va a ser un **string**:

seccion_5_genericos/src/genericos.ts

```
100  type ObjectId = {
101      id: string
102  }
103  . . .
```

Y ahora podemos cambiar el tipado de nuestra clase:

seccion_5_genericos/src/genericos.ts

```
104  class EstadoEliminar<T extends ObjectId> extends Estado<T>{
105  . . .
```

Y de esta manera ya solucionamos el problema y ahora ya no nos marca la propiedad de **id** como un error.

Esta forma de pasar los genéricos se conoce como **genérico con restricciones**.

Pasar el genérico fijo.

Y ya que vimos cómo pasar el genérico con restricciones, ahora tenemos que ver la siguiente forma de poder pasar los genéricos. Vamos a crear una nueva clase, que en este caso va a ser una clase que solamente se va a encargar de manipular a los usuarios.

Entonces vamos a agregar un método que se encargue de resetear la contraseña de todos los usuarios en el caso de que se haya filtrado la base de datos.

Lo que vamos a hacer, si es que nos enteramos de que se filtró la base de datos con los usuarios y las contraseñas. Lo que vamos a hacer es inmediatamente llamar un método que se va a encargar de resetear absolutamente a todos los usuarios, cosa que ellos ya no puedan iniciar sesión a menos de que ellos cambien su contraseña.

Así que vamos a implementar esta misma clase y que, por supuesto, no tiene absolutamente ningún sentido que este mismo método después se lo pasemos a una clase, por ejemplo, de producto para manipular el estado de los productos.

Así que vamos a crear la clase **estadoUsuarios**:

seccion_5_genericos/src/genericos.ts

```
110  class EstadoUsuario<T> extends Estado<T>{
111      reiniciarContrasenas(): {
112          //
113      }
114  }
115  . . .
```

Y en este caso vamos a extender desde la clase **Estado** y le vamos a pasar nuestro genérico de **T**, y a la clase también le pasamos este genérico de **T**. Y hemos agregado un método que se llama **reiniciarContrasenas** y en este colocaríamos toda la lógica necesaria.

En este caso no tiene absolutamente ningún sentido que le pasemos el genérico cuando creemos una nueva instancia de esta clase, por lo que si creamos, por ejemplo, una constante que se va a llamar **estadoUsuarios** de esta manera:

seccion_5_genericos/src/genericos.ts

```
116  const estadoUsuarios = new EstadoUsuario<Usuario>()
117  const estadoEliminar = new EstadoEliminar<Usuario>()
118  estadoEliminar.
```

En este caso, no tendría que ser necesario el pasarle siempre un tipo de **Usuario**, porque es que es un poco extraño tener que pasarle el tipo de **Usuario** cuando este manejador de estado está enfocado solamente en usuarios.

Así es que lo que vamos a hacer para poder solucionar esto mismo es vamos a eliminar el tipo genérico de **T** y acá donde estamos extendiendo de la clase de **Estado** le vamos a pasar directamente la clase **Usuario**:

seccion_5_genericos/src/genericos.ts

```
110  class EstadoUsuario extends Estado<Usuario>{
111      reiniciarContraseñas(): {
112  . . .
```

Y de esta manera ya no es necesario que lo pasemos cuando estemos generando una nueva instancia del **estadoUsuario**:

seccion_5_genericos/src/genericos.ts

```
116  const estadoUsuarios = new EstadoUsuario()
117  const estadoEliminar = new EstadoEliminar<Usuario>()
118  estadoEliminar.
```

Y esto de acá se conoce como **pasar el genérico fijo.**

Entonces vamos a volver a revisar las tres formas:

1. Lo primera es pasar genérico.
2. Tenemos la segunda que es con restricciones
3. Y la tercera que es fijo.

Y estas son las tres formas en las cuales podemos aplicar los genéricos cuando estamos utilizando la herencia.

 ## Código de la lección.

Para terminar, te dejaré el código que agregamos al archivo "**seccion_5_genericos/src/index.ts**":

seccion_5_genericos/src/genericos.ts

```
88   class Estado<T> {
89       protected data: T[] = []
90
91       agregar(t: T): void {
92           this.data.push(t);
93       }
94
95       getEstado(): T[] {
96           return this.data;
97       }
98   }
99
100  type ObjectId = {
101      id: string;
102  }
103
104  class EstadoEliminar<T extends {id: string}> extends Estado<T>{
105      eliminar(id: string): void {
106          this.data = this.data.filter(x => x.id !== id)
107      }
108  }
109
110  class EstadoUsuario extends Estado<Usuario>{
111      reiniciarContraseñas(): {
112          //
113      }
114  }
115
116  const estadoUsuarios = new EstadoUsuario();
117  const estadoEliminar = new EstadoEliminar<Usuario>()
118  // estadoEliminar.
```

Operador keyof.

Vamos a continuar ahora viendo el operador **keyof** para eso lo primero que tenemos que hacer es crear un tipo de calendario que le llamaremos **Calendar**:

seccion_5_genericos/src/genericos.ts

```
120  type Calendar = {
121      id: number,
122      fuente: string,
123      dueno: string,
124  }
```

En este caso vamos a presumir un calendario bastante simple. Tiene:

- Un **id** que va a ser un número.
- Una fuente que vendría siendo de dónde viene el calendario, porque podemos tener múltiples calendarios, como pueden ser de Google, podemos de Apple, Microsoft, y así sucesivamente.
- Y después le vamos a indicar al dueño quién es el dueño de este calendario, porque tú podrías estar compartiendo este calendario y lo vamos a dejar como que este es un tipo de dato **string**.

Y luego lo que haremos será definir una constante que va a contener un calendario de ejemplo:

seccion_5_genericos/src/genericos.ts

```
126  const calendar: Calendar = { id: 1, fuente: "Google", dueno: "yo" }
```

Este va a tener **id** de **1**, una fuente de "**Google**" y el **dueno** será: "**yo**". El tipo que le indicamos es de tipo **Calendar**, ahora lo que vamos a hacer es crear una función para poder obtener las propiedades de este elemento.

Así es que vamos a crear una función que se va a llamar **getProp**:

seccion_5_genericos/src/genericos.ts

```
128  function getProp<T>(objeto: T, property: string): unknown {
129      return objeto[property]
130  }
```

Está lo que hará será recibir un genérico **T** que vendría siendo un objeto al cual, mediante la propiedad que le indiquemos, le vamos a sacar el valor. Aquí colocamos que el objeto que va a ser genérico y le indicamos el valor de la propiedad, que este debe ser un **string**. Además, el valor del retorno vendría siendo un dato que no conocemos, porque podría ser un **string**, o podría ser cualquier cosa, por lo que le colocamos el tipo **unknown**. Entonces, dentro de esta función, lo que vamos a hacer es retornar el objeto accediendo a su propiedad.

Este, por supuesto, nos va a indicar un error:

```
122   Element implicitly has an 'any' type because expression
123   of type 'string' can't be used to index type 'unknown'.
124     No index signature with a parameter of type 'string'
125   was found on type 'unknown'. ts(7053)
126
127   (parameter) objeto: T
128   View Problem (Alt+F8)    Quick Fix... (Ctrl+.)
129   │  return objeto[property];      Element implicitly has a
130   │}
```

Error en firma para los índices del objeto.

 Y este es porque nos está indicando que no tenemos una firma para los índices del objeto. Esto mismo lo vimos en nuestra lección de **Index Signature** y en ese caso lo que queríamos hacer era indicarle a este objeto que iba a tener unas propiedades, las cuales podían ser variables y que estas fuesen también un **string**.

Sin embargo, en este caso no vamos a tener un objeto que tenga propiedades creadas de manera dinámica. En este caso tenemos objetos que, si conocemos sus propiedades, no van a ser **ids** o **strings** aleatorios. Entonces, en un futuro, deberíamos poder llamar a esta función de **getProp** pasándole el tipo de **Calendar**.

Y como primer argumento podríamos pasarle un calendario y, seguido de eso, pasarle la propiedad a la cual queremos acceder, por ejemplo, acceder al **id** y a la **fuente**, pero no debería poder acceder a una propiedad que no existe:

seccion_5_genericos/src/genericos.ts

```
132   getProp<Calendar>(calendar, 'id')
133   getProp<Calendar>(calendar, 'fuente')
134   getProp<Calendar>(calendar, 'propiedadQueNoExiste')
```

En este caso, el compilador no nos está indicando un error para este último caso y debería hacerlo, pero tampoco me debería estar mostrando un error en la definición de la función, porque sí conocemos las propiedades de este objeto, y para eso podemos hacer uso de la propiedad de **keyof**. Que, en lugar de asignarle el valor de **string** a **property** o en lugar de pasarle un **any** en los tipos del **objeto**, lo que podemos hacer es cambiar el tipo de **string**:

seccion_5_genericos/src/genericos.ts

```
128   function getProp<T>(objeto: T, property: keyof T): unknown {
129       return objeto[property]
130   . . .
```

Entonces colocamos **keyof** de **T**, y en este caso lo que va a hacer es validar que las propiedades que tenga el objeto estas existan.

Y así es como podemos llamar a **getProp** cuando le pasamos el tipo de **Calendar** Lo podemos hacer con **id**, lo podemos hacer con fuente, pero no lo podemos hacer con propiedades que no existen:

```
129   Argument of type '"propiedadQueNoExiste"' is not
130   assignable to parameter of type 'keyof
131   Calendar'. ts(2345)
132
      View Problem (Alt+F8)   Quick Fix... (Ctrl+.)
133
134   getProp<Calendar>(calendar, 'propiedadQueNoExiste');
```

Error cuando la propiedad no existe usando keyof

Para no ver más este error, vamos a comentar esta línea:

seccion_5_genericos/src/genericos.ts

```
133   getProp<Calendar>(calendar, 'fuente')
134   // getProp<Calendar>(calendar, 'propiedadQueNoExiste')
```

Y para esto es que se utiliza el operador de **keyof**.

 # Código de la lección.

Para terminar, te dejaré el código que agregamos al archivo "**seccion_5_genericos/src/index.ts**":

seccion_5_genericos/src/genericos.ts

```
120   type Calendar = {
121       id: number,
122       fuente: string,
123       dueño: string,
124   }
125
126   const calendar: Calendar = { id: 1, fuente: "Google", dueño: 'yo' };
127
128   function getProp<T>(objeto: T, property: keyof T): unknown {
129       return objeto[property]
130   }
131
132   getProp<Calendar>(calendar, 'id')
133   getProp<Calendar>(calendar, 'fuente')
134   // getProp<Calendar>(calendar, 'propiedadQueNoExiste')
```

Utility types.

Como última lección acerca de los genéricos, vamos a ver los **Utility types** y estos vendrían siendo tipos que nos pueden ayudar a poder crear nuevos tipos con base en unos ya existentes.

Partial.

Lo primero que vamos a hacer, a modo de ejemplo, es que vamos a crear un tipo de **punto**:

seccion_5_genericos/src/genericos.ts

```
136  type Punto = {
137      x: number
138      y: number
139      desc?: string
140  }
```

Y esto va a ser igual a un tipo que tiene **x**, **y** que son **number**, y una descripción, que esta va a ser opcional y va a ser un **string**.

Ahora, podríamos querer crear otro tipo que sea exactamente igual al de **Punto**, pero que todas sus propiedades sean opcionales, como lo es en este caso el de la propiedad **desc**.

Si lo quisiéramos hacer de la forma manual, tendríamos que escribir sencillamente otro tipo que se llame **PuntoOpcional** y que esto fuese igual a todas estas propiedades de punto:

seccion_5_genericos/src/genericos.ts

```
142  type PuntoOpcional = {
143      x?: number
144      y?: number
145      desc?: string
146  }
```

Indicaríamos a cada una de estas un símbolo de interrogación, y podemos generar instancias de puntos que tengan todas sus propiedades opcionales.

Sin embargo, esto es mucha duplicidad de código y afortunadamente **TypeScript** nos entrega una herramienta con la cual podemos hacer exactamente esto mismo, pero con bastantes menos líneas de código.

Primero, vamos a eliminar toda la implementación del **PuntoOpcional**:

seccion_5_genericos/src/genericos.ts

```
142  type PuntoOpcional = {
143      x?: number
144      y?: number
145      desc?: string
146  }
```

Y vamos a escribir lo siguiente:

seccion_5_genericos/src/genericos.ts

```
142  type PuntoOpcional = Partial<Punto>
```

Usamos la palabra reservada de **Partial** y, dentro de los símbolos de mayor y menor que (<>) le vamos a indicar a nuestro **type**. Y si colocamos el cursor sobre este **type**:

```
136    type Punto = {
137       x:        type PuntoOpcional = {
138       y:            x?: number | undefined;
139       des           y?: number | undefined;
140    }                desc?: string | undefined;
141                 }
142    type PuntoOpcional = Partial<Punto>
```

Propiedades opcionales con partial.

Y esto lo que hace es que nos crea un **Punto** donde todas sus propiedades son opcionales, que es exactamente lo mismo que hicimos antes, pero con una sola línea.

TypeScript también nos ofrece todavía más **Utility types** para poder hacer este mismo tipo de operaciones.

Required.

La siguiente es cuando queremos que todas las propiedades del **Punto** sean requeridas, entonces vamos a escribir otro **type*** que se llamará ****PuntoRequerido**:

seccion_5_genericos/src/genericos.ts

```
143  type PuntoRequerido = Required<Punto>
```

Y esto va a ser igual a **Required** y le tenemos que pasar al genérico de **Punto**.

Y ahora, si ponemos el cursor de nuevo:

```
137       x:
138       y:        type PuntoRequerido = {
139       des           x: number;
140    }                y: number;
141                     desc: string;
142    type          }                        unto>
143    type PuntoRequerido = Required<Punto>
```

Utility type required para cuando necesitamos todas las propiedades de manera obligatoria.

Nos vamos a dar cuenta de que todas las propiedades, incluyendo a **desc**, son requeridas.

Record.

Vamos a aprovecharnos de ver otro utility **type**, el cual se llama **Record**.

Vamos a escribir acá una constante que se va a llamar **keyVal** y esta va a tener el tipo de **Record** de esta manera:

seccion_5_genericos/src/genericos.ts

```
145  const keyVal: Record<string, number> = {
146      "soy un string": 42
147  }
```

Delante de **Record** entre los símbolos de mayor y menor que le indicamos **string** y **number** estos dos genéricos, y le vamos a asignar que sus valores son "**soy un string**" y el valor de esta propiedad va a ser el de **42**.

En este caso, cuando estamos utilizando el tipo de **Record**, tenemos que entregar el primer genérico para indicarle cuál va a ser el nombre de la propiedad y el segundo va a ser para indicarle cuál va a ser el valor que se encuentra asignado a esa propiedad.

Y esto que está acá es exactamente lo mismo, como si fuera:

seccion_5_genericos/src/genericos.ts

```
149  type kv = {[key: string]: number}
```

Estos 2 tipos son exactamente lo mismo. Son dos formas distintas de escribirlos, pero **TypeScript** nos entrega el **Record**, que en el fondo es para que no tengamos que escribir esta última sintaxis manualmente.

Omit.

El siguiente **utility type** que vamos a ver es el de **Omit**.

Lo que vamos a hacer es crear una constante **p** que va a ser un punto y esto lo vamos a hacer con base en **Omit**:

seccion_5_genericos/src/genericos.ts

```
151  const p: Omit<Punto, "desc"> = {
152      x: 1,
153      y: 2
154  }
```

Y aquí no solo le tenemos que entregar el primer genérico que vendría siendo el **Punto** y luego le tenemos que indicar cuáles son las propiedades que queremos omitir. Para nuestro ejemplo fue la de **desc** y como valor colocamos a las propiedades **x** y **y**.

Si quisiéramos omitir más de una propiedad, acá lo que podemos hacer es utilizar el operador del pipe (|), y le pasamos nuevamente con un **string** cuál es la otra propiedad que queremos omitir:

seccion_5_genericos/src/genericos.ts

```
151  const p: Omit<Punto, "desc" | "y"> = {
152      x: 1,
153  . . .
```

Y ahora el compilador nos está mostrando un error:

No se reconoce la propiedad y al omitirla.

Nos está indicando que ya no podemos utilizar la propiedad de **y**, así es que ahora sí la vamos a comentar:

seccion_5_genericos/src/genericos.ts

```
152      x: 1,
153      // y: 2
154  }
```

Pick.

El siguiente **utility type** se llama **Pick** y esto se lo vamos a asignar a una constante que se llamará **p1**:

seccion_5_genericos/src/genericos.ts

```
156  const p1: Pick<Punto, "x" | "y"> = {
157      x: 1,
158      y: 2
159  }
```

Aquí escribimos **Pick**, le pasamos el primer genérico que es el **Punto** y después de la coma le tenemos que indicar cuáles son las propiedades que queremos elegir. En este ejemplo, le indicaremos qué necesitamos a **x** y a **y**. Y su valor va a ser un objeto que tiene las propiedades de **x** con el valor de **1** y la propiedad de **y** con el valor de **2**

Readonly.

Y la última **Utility type** que vamos a ver es la de **Readonly**.

Vamos a crear un punto que se va a llamar **readOnlyP** y este le vamos a asignar un tipo que va a comenzar con **Readonly** y le tenemos que pasar el genérico de **Punto**.

Y ahora ya podemos crear un objeto:

seccion_5_genericos/src/genericos.ts

```
161  const readOnlyP: Readonly<Punto> = {
162      x: 1,
163      y: 2,
164      desc: "soy una descripción"
165  }
```

Y ahora, si es que tratamos de cambiar algunas de las propiedades de este punto de **readonly**, por ejemplo, **x**, y lo tratamos de colocar, por ejemplo, **2**:

seccion_5_genericos/src/genericos.ts

```
167  readOnlyP.x = 2
```

El compilador nos va a mostrar un error en tiempo real.

```
161    const readOnlyP: Readonly<Punto>  {
162    Cannot assign to 'x' because it is a read-only
163    property. ts(2540)
164
165    (property) x: any
166    View Problem (Alt+F8)    Quick Fix... (Ctrl+.)
167    readOnlyP.x = 2           Cannot assign to 'x' because
168    |
```

Error al tratar de cambiar el valor de la propiedad readonly.

Código de la lección.

Para terminar, te dejaré el código que agregamos al archivo **"seccion_5_genericos/src/index.ts"**:

seccion_5_genericos/src/genericos.ts

```
120  type Punto = {
121      x: number
122      y: number
123      desc?: string
124  }
125
126  type PuntoOpcional = Partial<Punto>
127  type PuntoRequerido = Required<Punto>
128
129  const keyVal: Record<string, number> = {
130      "soy un string": 42
131  }
132
133  type kv = {[key: string]: number}
```

```
134
135  const p: Omit<Punto, "desc" | "y"> = {
136      x: 1,
137      // y: 2
138  }
139
140  const p1: Pick<Punto, "x" | "y"> = {
141      x: 1,
142      y: 2
143  }
144
145  const readOnlyP: Readonly<Punto> = {
146      x: 1,
147      y: 2,
148      desc: "soy una descripción"
149  }
150
151  readOnlyP.x = 2
```

Capítulo 6: módulos.

Contenido de la sección.

Hola mundo, en esta sección veremos:

- Que son los módulos.
- export nombrados y por defecto.
- wildcard import.
- Re-export.
- Y, **JavaScript** y **TypeScript** coexistiendo.

¿Qué son los módulos?

Ahora vamos a hablar un poco sobre los módulos.

¿Qué son los módulos?

Los módulos básicamente nos permiten a poder tomar todo el código que hayamos escrito y separarlo en distintos archivos.

Hasta ahora, en la mayoría de nuestras lecciones hemos estado escribiendo todo nuestro código en exactamente el mismo archivo, sencillamente presionando **enter** y pasando la línea siguiente; sin embargo, eso está mal.

Vamos a ver la forma de corregir esto:

Preparación.

Para esta sección, puedes ocupar la misma carpeta con la que hemos estado trabajando.

O puedes crear una nueva carpeta, que en este caso le llamaré "**seccion_6_modulos**", en esta usaremos nuestro comando **tsc init** y puedes copiar todas las configuraciones de nuestro anterior archivo "**tsconfig.json**", en esta carpeta igualmente tendremos una carpeta "**src**".

Dentro de la carpeta "**src**" vamos a crear otra carpeta llamada "**modulos**" y dentro de esta un archivo **index.ts**

Estructura de carpetas y archivos en la carpeta: seccion_6_modulos

```
1  seccion_6_modulos/
2      |-- src/
3          |-- modulos/
4              |-- index.ts
5      |-- tsconfig.json
```

Vamos a estar trabajando con este archivo "**src/modelos/index.ts**" de ahora en adelante. En caso de que uses la misma carpeta que las secciones pasadas, los archivos de genéricos sencillamente los vamos a dejar ahí y no los vamos a tocar más.

Ahora, para comenzar, vamos a definir 2 clases:

seccion_6_modulos/src/modulos/index.ts

```
1  class Point {
2      constructor(public x: number, public y: number) { }
3  }
4
5  class Group {
6      constructor(public readonly id: number, public name: string) { }
7  }
```

Tenemos una clase de **Punto** y una clase de **Grupo**. En este caso, si quisiéramos utilizar estas clases en otros archivos, no podríamos hacerlo, además de que tenemos estas clases dentro del archivo de **index.ts**

Por convención se utiliza la buena práctica de tener cada clase separada dentro de su propio archivo. Así que eso es lo que vamos a hacer ahora y luego las vamos a importar, acá en nuestro archivo de **"index.ts"**

Es así que lo que vamos a hacer ahora es crear un nuevo archivo en esta carpeta **"src/modulos"** que se llamará **"Point.ts"**:

Estructura de carpetas y archivos en la carpeta: seccion_6_modulos

```
seccion_6_modulos/
    |-- src/
        |-- modulos/
            |-- index.ts
            |-- Point.ts
    |-- tsconfig.json
```

Fíjate que este archivo tiene como nombre la **P** con mayúscula, ya que tiene que tener el mismo nombre que va a tener la clase y en este caso la clase tiene la **P** con mayúscula.

Aquí estamos haciendo uso de la convención de "Pascal Case" o también se le conoce "Upper Camel Case", independiente de cómo tú le prefieras decir, lo que importa es la primera letra mayúscula.

Ahora sí, recortaremos la clase **Point** del archivo **"index.ts"**

seccion_6_modulos/src/modulos/index.ts

```
class Point {
    constructor(public x: number, public y: number) { }
}
. . .
```

Y la pegaremos en este archivo **"Point.ts"**:

seccion_6_modulos/src/modulos/Point.ts

```
class Point {
    constructor(public x: number, public y: number) { }
}
```

Solamente por el hecho de tener la clase en otro archivo, no significa que podamos utilizarla. Y lo podemos intentar tratando de generar una nueva instancia de esta clase de **Punto** en nuestro archivo **"index.ts"**:

seccion_6_modulos/src/modulos/index.ts

```
const point = new Point()
```

Pero esto nos va a indicar un error:

```
5   const point = new Point();       Cannot find name 'Point'

    Cannot find name 'Point'. Did you mean 'point'? ts(2552)

    index.ts(5, 7): 'point' is declared here.

    any

    View Problem (Alt+F8)    Quick Fix... (Ctrl+.)
```

Error al no encontrar la definición de la clase.

Para solucionar esto tenemos que ir al archivo **"Point.ts"** y antes de la palabra reservada de **class**, vamos a hacer uso de otra palabra nueva que se llama **export**:

seccion_6_modulos/src/modulos/Point.ts

```
1   export class Point {
2       constructor(public x: number, public y: number) { }
3   }
```

Y esto nos va a permitir que podamos tomar esta clase de **Punto** y utilizarla en otro archivo. Vamos a ver cómo hacer eso:

Regresando al archivo **"index.ts"** y vamos a ir a la línea 1. Por convención, también siempre se importan los archivos en la primera línea, entonces vamos a escribir:

seccion_6_modulos/src/modulos/index.ts

```
1   import {  } from './'
2   . . .
```

Entonces usamos la palabra reservada **import** y colocando un objeto literal, luego de eso vamos a escribir **from** y entre comillas (que pueden ser simples o dobles), y entre estas le tenemos que indicar dónde se encuentra el archivo que queremos importar. Que en este caso queremos importar el archivo de **Point.ts"** y ese se encuentra exactamente en la misma carpeta que el archivo de **"index.ts"** la cual es la carpeta de **"modulos"**. Así es que lo que tenemos que hacer para poder acceder a la misma carpeta de donde se encuentra el archivo **"index.ts"** es con un punto (para indicar que se trata de la ruta actual) y un slash hacia adelante **(/)**:

```
src > modulos > TS index.ts > ...
    1   import {  } from './';
    2       TS Point                                              Point...>
    3   export class Group {
```

Opciones de archivos que podemos importar.

Una vez que hacemos eso, el intellisense nos va a mostrar las distintas alternativas que tenemos para poder importar archivos. En este caso, nos está recomendando a **"Point"**, así que podemos escribir **"Point"** o hacemos clic acá en esta opción que nos muestra el editor:

seccion_6_modulos/src/modulos/index.ts

```
1  import {  } from './Point'
2  . . .
```

Pero esto no es todo, ya que le estamos indicando que vamos a importar del archivo **"Point"**, pero todavía no le hemos dicho que es lo que vamos a importar. Así que para indicarlo tenemos que hacerlo justamente dentro del paréntesis de llaves.

Y aquí vamos a escribir **Point** o podemos, entre estas dos paréntesis de corchetes, podemos presionar el atajo **control/comando + espacio** para ver los elementos que podemos importar desde este archivo:

Opciones para importar desde Point.

seccion_6_modulos/src/modulos/index.ts

```
1  import { Point } from './Point'
2  . . .
```

Y ahora podríamos llamar a una nueva instancia de la clase de **Punto**. Sin embargo, ahora tenemos que colocar acá los dos argumentos que son **x** e **y**:

Error al no pasar los argumentos requeridos por la clase Point al crear la instancia.

Por ahora le pasaremos los valores de **1** y **2**:

seccion_6_modulos/src/modulos/index.ts

```
7  const point = new Point(1, 2)
```

Y ahora ya no tenemos absolutamente ningún problema.

Ahora vamos a hacer exactamente lo mismo con la clase de **Group**, pero vamos a hacerlo de la siguiente manera: colocaremos el cursor encima del nombre de la clase que vendría siendo **Group**

```
3   class Group {
4        co  'Group' is declared but never used. ts(6196)
5     }
6     .   class Group
7   const  Quick Fix... (Ctrl+.)
```

Group es declarado pero nunca usado.

Y en esta pantalla podemos hacer clic en donde dice **Quick Fix** o presionamos **control/comando** + . Y esto nos va a entregar dos opciones:

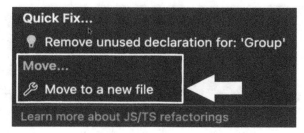

Opciones para el Quick Fix.

La primera opción que vemos es la de "Remove unused declaration for Group", esto quiere decir que eliminará la clase que acabamos de crear, pero no queremos eso. Mientras que la segunda opción, que es la de "Move to a New File". O sea, tomaría esta clase de **Group** y colocarla en un archivo nuevo; vamos a seleccionar esta última.

Y lo que ha ocurrido es que la clase ha desaparecido de este archivo:

seccion_6_modulos/src/modulos/index.ts

```
3   class Group {
4       constructor(public readonly id: number, public name: string) { }
5   }
6   . . .
```

Y en el explorador de archivos, vamos a ver que dentro de nuestra carpeta de "**modulos**" ahora se encuentra un nuevo archivo que se llama "**Group.ts**":

Estructura de carpetas y archivos en la carpeta: seccion_6_modulos

```
1   seccion_6_modulos/
2       |-- src/
3           |-- modulos/
4               |-- index.ts
5               |-- Point.ts
6               |-- Group.ts
7       |-- tsconfig.json
```

Y si vamos a ver el contenido de este archivo:

seccion_6_modulos/src/modulos/Group.ts

```
1  class Group {
2      constructor(public readonly id: number, public name: string) { }
3  }
```

Vamos a ver que ahora sí se encuentra la definición de nuestra clase y no tuvimos que hacer absolutamente nada, en este caso VsCode hizo todo el trabajo por nosotros para poder tomar esta clase y colocarla en un nuevo archivo.

Ahora lo que vamos a hacer es otra magia u otra brujería, vamos a crear una nueva instancia de la clase de **Group**. Para eso, en nuestro archivo "**index.ts**" vamos a crear una constante que se llamará **grupo**:

seccion_6_modulos/src/modulos/index.ts

```
5  const grupo = new Group(1, "chanchito feliz")
```

Y, como argumentos, le estamos pasando un **id** y también el **name**.

Lo siguiente que haremos será de compilar nuestro código. Vamos a abrir nuestra terminal y vamos a escribir:

Terminal de comandos

```
1  tsc
```

Y la compilación está pasando con éxito. Y vamos a descubrir qué lo que está pasando, y es que en nuestro archivo de "**Group.ts**" nos topamos con el primer problema que nos entrega esta herramienta:

seccion_6_modulos/src/modulos/Group.ts

```
1  class Group {
2      constructor(public readonly id: number, public name: string) { }
3  }
```

Cuando pasamos la clase de un archivo a otro, no está colocando la palabra de **export**, es decir, no está exportando este módulo. Así que sencillamente tenemos que agregarla:

seccion_6_modulos/src/modulos/Group.ts

```
1  export class Group {
2      constructor(public readonly id: number, public name: string) { }
3  }
```

Y ahora, cuando nos devolvemos a nuestro archivo de "**index.ts**":

```
5  const grupo = new Group(1, "chanchito feliz")     Canno
   Cannot find name 'Group'. Did you mean 'grupo'? ts(2552)
   index.ts(5, 7): 'grupo' is declared here.
   any
   View Problem (Alt+F8)   Quick Fix... (Ctrl+.)
```

Error al no encontrar la definición de Group.

Con este cambio, ahora sí nos va a indicar ahora que no puede encontrar la definición de **Group**. Esto ocurre porque cuando no colocamos la palabra reservada de **export** en algún archivo que hayamos construido con **TypeScript**, **todo lo que declaremos dentro de ese archivo va a quedar de acceso global y eso es una pésima práctica**.

Todo archivo de **TypeScript** que creemos tiene que tener la palabra reservada de **export** para que esto se transforme en un módulo y así no tengamos estos nombres de clases y variables a lo largo de todo nuestro proyecto. Vamos a querer ser sumamente explícitos al momento de utilizar una clase variable, función o lo que sea.

Así es que siempre tenemos que preocuparnos de importar lo que vamos a utilizar y no dejar que esto aparezca por arte de magia dentro de nuestros archivos. Esto es muy importante, así que **siempre hay que utilizar export**.

Aquí nos entrega la opción para poder ver el problema o nuevamente podemos acceder a la herramienta de "Quick Fix", vamos a seleccionar esta herramienta:

Opciones que tenemos con Quick Fix.

Y aquí nos indica que podemos importar la clase de **Group** desde el archivo de **Group**. Esto lo haría de manera automática y no sería necesario ir a la primera línea a escribir el **import**, así que haremos clic en esta opción:

seccion_6_modulos/src/modulos/index.ts

```
1  import { Group } from './Group'
2  import { Point } from './Point'
3  . . .
```

Nuestra clase de **Group** fue importada del archivo de **Group** y esto lo que hizo fue sencillamente corregir nuestro error que teníamos cuando estábamos creando la nueva instancia de la clase de **Group**.

Y ahora, si compilamos nuestro código:

Terminal de comandos

```
1  tsc
```

Veremos que no tendremos absolutamente ningún problema. De esta manera, podemos utilizar los módulos. Y así podemos desacoplar nuestro código y podemos utilizar VsCode para que nos ayude con esto.

Ahora, lo que vamos a hacer es lo siguiente vamos a agregar una nueva clase dentro de **Point**. Que a esto es una mala práctica que estemos agregando más cosas dentro de un archivo que contiene una clase, pero por ahora vamos a obviar eso solamente para poder explicar este punto.

Además de exportar la clase de **Point**, vamos a exportar ahora una constante que se va a llamar **PUNTITO** y este va a ser un objeto de una propiedad **x**, que va a ser **23** y una propiedad **y** que va a ser **42**, y le colocaremos la palabra reservada de **export**:

seccion_6_modulos/src/modulos/Point.ts

```
5   export const PUNTITO = { x: 23, y: 24 };
```

Con esto vemos que no solamente podemos exportar clases, sino que también podemos exportar constantes, variables y también funciones. Sencillamente, colocamos **export** antes de la definición de cualquiera de estas.

Ahora, regresaremos al archivo **"index.ts"** y vamos a agregar a nuestra línea 2, dentro del paréntesis de corchete, una coma, un espacio:

seccion_6_modulos/src/modulos/index.ts

```
1   import { Group } from './Group'
2   import { Point, } from './Point'
3   . . .
```

Y vamos a presionar **control** + **espacio** para que el intellisense nos sugiera nuevas cosas que también podemos importar:

```
2   import { Point, } from './Point';
3         [∅] PUNTITO        const PUNTITO: { x: number; y: numbe…>
4   const ⊟ type
5         □ #endregion                              Region End
6   const □ #region                                Region Start
```

Sugerencias de importación del archivo Point.ts

Y aquí nos aparece la constante **PUNTITO**, así que vamos a agregarlo:

seccion_6_modulos/src/modulos/index.ts

```
1   import { Group } from './Group'
2   import { Point, PUNTITO } from './Point'
3   . . .
```

Y por supuesto que lo podemos utilizar en nuestro archivo, más adelante vamos a agregar un **console.log** de **PUNTITO**:

seccion_6_modulos/src/modulos/index.ts

```
7   console.log(PUNTITO)
```

Y así es como podemos importar no solamente una clase, sino que podemos importar múltiples cosas que se encuentran dentro del mismo archivo.

 # Código de la lección.

Para terminar, te dejaré el código de los archivos: **"seccion_6_modulos/src/modulos/index.ts"**, **"seccion_6_modulos/src/modulos/Group.ts"** y **"seccion_6_modulos/src/modulos/Point.ts"**:

seccion_6_modulos/src/modulos/index.ts

```ts
import { Group } from './Group'
import { Point, PUNTITO } from './Point'

const point = new Point(1, 2)

const grupo = new Group(1, "chanchito feliz")
console.log(PUNTITO)
```

seccion_6_modulos/src/modulos/Group.ts

```ts
export class Group {
    constructor(public readonly id: number, public name: string) { }
}
```

seccion_6_modulos/src/modulos/Point.ts

```ts
export class Point {
    constructor(public x: number, public y: number) { }
}

export const PUNTITO = { x: 23, y: 24 };
```

Export nombrados y por defecto.

De regreso en nuestro módulo de **"Group.ts"**, supongamos ahora que, además de la implementación de la clase de grupo, tendríamos más cosas dentro de este mismo archivo.

Podríamos tener, por ejemplo, una función que se llamara **manejaUsuarios**:

seccion_6_modulos/src/modulos/Group.ts

```
5   const manejaUsuarios = () => {
6
7   }
```

Y esta función hace cualquier cosa, la verdad es que el detalle de esto no nos importa tanto, pero que solamente va a necesitar esta clase de **Group** y no vamos a necesitar exportar esta función, ya que **manejaUsuario** podría ser perfectamente utilizada por la clase de grupo, pero esta no la vamos a necesitar afuera. Y a estas funciones se les conoce como un detalle de implementación.

 ## ¿Qué es un detalle de implementación?

Podría ser, a modo de ejemplo, como una consola de videojuegos. Cuando tenemos la consola, lo único que nos interesa saber es cómo tú puedes ejecutar un juego, por ejemplo, en una PlayStation, y para poder utilizar la consola lo que tienes que hacer es tomar un disco, lo metes dentro de la consola y esta se enciende.

Pero el funcionamiento interno de todos los componentes de hardware que este tiene son detalles de implementación y la verdad es que te debería dar exactamente lo mismo como está implementado por dentro. Lo único que te importa nos es cómo tú puedes interactuar con esta consola.

Lo mismo vendría haciendo en este caso. Cuando queremos interactuar con **Group**, pero no queremos interactuar para nada con **manejaUsuarios** desde fuera de este archivo, sino que este solamente sería utilizado dentro del archivo de **"Group.ts"**.

En ese caso, lo que podemos hacer es utilizar los **export** por defecto, así es que vamos a la definición de **Group** y vamos a agregar lo siguiente:

seccion_6_modulos/src/modulos/Group.ts

```
1   export default class Group {
2       constructor(public readonly id: number, public name: string) { }
3   }
4   . . .
```

Entonces, después de la palabra **export**, agregamos justamente después a la palabra reservada **default**.

Con este cambio tenemos que ir al archivo de **index.ts** y corregir la línea de **import**, en este caso a la número 1, donde estamos importando a **Group**.

Entonces, para poder importar cosas que estén siendo exportadas por defecto, sencillamente las colocamos sin estos paréntesis de llaves:

seccion_6_modulos/src/modulos/index.ts

```
1  import Group   from './Group'
2  import { Point, PUNTITO } from './Point'
3  . . .
```

Sin embargo, de todas maneras podríamos utilizar también los **named exports** que vendrían, siendo los que aparecen entremedio de los paréntesis de llaves.

En el fondo, el **export default** vendría siendo la cosa principal que tú quieres importar de un módulo que, en este caso, vendría siendo la clase **Group**.

Pero si tú quieres importar otras cosas que podrían ser necesarias, pero que no es lo más relevante de este módulo, eso también se puede hacer.

Vamos a regresar al archivo "**Group.ts**" y vamos a suponer acá que vamos a definir una constante, la cual se va a llamar **defaultGroups** y esta va a ser igual a un objeto:

seccion_6_modulos/src/modulos/Group.ts

```
5  const defaultGroups = {
6      users: "users",
7      admin: "admin",
8  }
9  . . .
```

Este objeto contiene 2 propiedades y ahora, justamente antes de nuestra palabra de **const**, lo que tenemos que hacer es agregar a **export**:

seccion_6_modulos/src/modulos/Group.ts

```
5  export const defaultGroups = {
6      users: "users",
7  . . .
```

Aquí no agregamos a **default**, solamente agregamos a **export**, nos devolvemos a nuestro archivo de **index.ts** y justamente después de importar a **Group**, que vendría siendo lo que se exporta por defecto, tenemos que colocar una coma, un espacio, abrimos paréntesis de llaves y aquí adentro podemos colocar qué es lo que queremos importar que no sea lo que se está exportando por defecto:

seccion_6_modulos/src/modulos/index.ts

```
1  import Group, {   }  from './Group'
2  import { Point, PUNTITO } from './Point'
3  . . .
```

Para utilizar el intellisense aquí presionamos nuevamente **control** + **espacio** y aquí nos va a indicar cuáles son las opciones que podemos importar:

```
1  import Group, { | } from './Group';
2  impor[⊗] defaultGrou…    const defaultGroups: { users: strin…>
3         [≣] type
4  const  [ ] #endregion                                Region End
```

Sugerencias de importación desde Group.ts.

En este caso tenemos **defaultGroup**, que es lo que queremos:

seccion_6_modulos/src/modulos/index.ts

```
1  import Group, { defaultGroups }  from './Group'
2  import { Point, PUNTITO } from './Point'
3  . . .
```

Y esto por supuesto que también podemos hacer un **console.log** de esto más adelante para asegurarnos de que ya estamos utilizando:

seccion_6_modulos/src/modulos/index.ts

```
8  console.log(defaultGroups.admin)
```

Y de esta podremos obtener las propiedades que definimos tanto la de **admin** como la de **users**.

Y de esta manera podemos utilizar el **export por defecto**, acompañado también de los **named export**.

En nuestro ejemplo **export por defecto es Group** y los named export son los que se encuentran dentro de los paréntesis de llaves.

 # Código de la lección.

Para terminar, te dejaré el código de los archivos: "**seccion_6_modulos/src/modulos/index.ts**" y de "**seccion_6_modulos/src/modulos/Group.ts**":

seccion_6_modulos/src/modulos/index.ts

```
1  import Group, { defaultGroups }  from './Group'
2  import { Point, PUNTITO } from './Point'
3
4  const point = new Point(1, 2)
5
6  const grupo = new Group(1, "chanchito feliz")
7  console.log(PUNTITO)
8  console.log(defaultGroups.admin)
```

seccion_6_modulos/src/modulos/Group.ts

```
1  export default class Group {
2      constructor(public readonly id: number, public name: string) { }
3  }
4
5  export const defaultGroups = {
6      users: "users",
7      admin: "admin",
8  }
9
10 const manejaUsuarios = () => {
11
12 }
```

Wildcard import y re export.

Vamos a continuar viendo los **wildcard import**, que vendrían siendo algo así como importar con comodín. Y después de eso, vamos a ver cómo podemos hacer los **re export** que vendría siendo cuando tenemos que exportar algo que ya importamos.

Wildcard import.

En el archivo **"index.ts"** en la primera línea, donde estamos importando a **Group** y a **default-Groups**, vamos a suponer el caso, que tenemos múltiples importaciones a la derecha, ya que podemos seguir importando elementos como **lala**, **lili**, **lolo**, y **maria**, por decir ejemplos.

Si es que tuviésemos todas esas cosas que importar, obviamente nuestra línea que tiene los **import** quedaría demasiado larga. Para esto existe una alternativa en la cual podemos importar absolutamente todo y que este quede contenido como solamente una variable.

A mí en lo personal no me gusta hacer eso. Lo que yo prefiero es que todos los **import** indiquen qué es lo que vamos a utilizar, pero si es que tú prefieres esto, puedes hacerlo, estás en completa libertad.

Lo primero que tenemos que hacer para usar los WildCards es eliminar las importaciones de **Group** y **defaultGroups** junto con los paréntesis de llaves y vamos a reemplazarlo por un asterisco:

seccion_6_modulos/src/modulos/index.ts

```
1  import * from './Group'
2  import { Point, PUNTITO } from './Point'
3  . . .
```

Lo siguiente que tenemos que agregar es la palabra reservada **as** y el nombre que le queramos dar; en este caso, le vamos a indicar el nombre de **G**:

seccion_6_modulos/src/modulos/index.ts

```
1  import * as G from './Group'
2  import { Point, PUNTITO } from './Point'
3  . . .
```

Pero no es raro ver también que le demos el nombre del archivo. Sin embargo, como ya estamos utilizando el nombre de la clase de más abajo, lo vamos a dejar sencillamente como **G** para poder diferenciarlo de esa.

Usando la importación.

Ahora, para acceder a lo que se está exportando por defecto, en ese caso tenemos que utilizar a **G**, que vendría siendo el nombre que le dimos al módulo en la línea 1.

Y **default** en este ejemplo vendría siendo lo que se está exportando por defecto, en este caso la clase **Group**. Ahora, lo que tendría que hacer es cambiar la línea 6 donde estamos instanciando a **New Group** por:

seccion_6_modulos/src/modulos/index.ts

```
6   const grupo = new G.default(1, "chanchito feliz")
7   console.log(PUNTITO)
8   console.log(defaultGroups.admin)
```

Y donde llamamos **defaultGroups**, lo del comienzo tendría que cambiarlo por:

seccion_6_modulos/src/modulos/index.ts

```
7   console.log(G.defaultGroups.admin)
```

Con estos cambios, el código debe seguir funcionando correctamente.

Este tipo de importación se conoce como **wildcard import** o, en su traducción, vendría siendo comodín o el importar como comodín.

En fin, vendría siendo común importar absolutamente todo y después le asignas un nombre completamente arbitrario a todo lo que estás importando, que en este caso es **G**, pero podría ser perfectamente **lala**, va a ser como tú quieras.

Re export.

Ahora lo que vamos a hacer es que en la carpeta de módulos vamos a crear un archivo que se va a llamar **Animales.ts**

Estructura de carpetas y archivos en la carpeta: seccion_6_modulos

```
1   seccion_6_modulos/
2       |-- src/
3           |-- modulos/
4               |-- index.ts
5               |-- Point.ts
6               |-- Group.ts
7               |-- Animales.ts
8       |-- tsconfig.json
```

Y dentro de este archivo lo que vamos a hacer es crear múltiples clases:

seccion_6_modulos/src/modulos/Animales.ts

```
1   export class Animales {}
2
3   export class Chanchitos {}
4
5   export class Caballos {}
```

Entonces aquí estamos creando y exportando las clases **Animales**, **Chanchitos** y **Caballos** y así sucesivamente.

Entonces vamos a suponer ahora que los vamos a utilizar aquí en nuestro archivo de **"index.ts"**, así es que vamos a usar escribir un **import**:

seccion_6_modulos/src/modulos/index.ts

```
2   import { Point, PUNTITO } from './Point'
3   import { Animales, Chanchitos, Caballos } from './Animales'
4   . . .
```

Y aquí hemos importado cada una de las clases que definimos en el archivo "**Animales.ts**".

Lo siguiente es que vamos a agregar un **console.log** para imprimir todas estas clases:

seccion_6_modulos/src/modulos/index.ts

```
5   console.log(Animales, Chanchitos, Caballos)
6   . . .
```

Ahora lo que vamos a hacer es si es que tuviésemos muchas más clases, además de estas tres, lo que tenemos que hacer para seguir las buenas prácticas que te había mencionado antes, es que crearemos una carpeta que se llame "**Animales**" y dentro de esta carpeta de lo que haremos es mover nuestro archivo de "**Animales**".**ts**, si haces este cambio desde VsCode, puede ser que te pregunte si quieres que VsCode actualice los **import**:

Función para actualizar los imports en VsCode.

En esta ocasión no ocuparemos esta opción, ya que lo haremos manualmente. Lo siguiente que tenemos que hacer es que le cambiaremos el nombre a "**index.ts**":

Estructura de carpetas y archivos en la carpeta: seccion_6_modulos

```
1   seccion_6_modulos/
2       |-- src/
3           |-- modulos/
4               |-- index.ts
5               |-- Point.ts
6               |-- Group.ts
7               |-- Animales/
8                   |-- index.ts
9       |-- tsconfig.json
```

Ahora tenemos 2 archivos que se llaman "**index.ts**", y sus rutas son:

- src/modulos/index.ts

- src/modulos/Animales/index.ts

Ahora vamos a ir a nuestro **"index.ts"** que hemos estado trabajando, el que está en la carpeta de **"modulos"**, el que se encuentra en la carpeta que se encuentra a un nivel más arriba o más atrás, como lo prefieras ver.

Y ahora tenemos un error:

```
3 )s, Caballos } from './Animales';     Cannot find module
4 Cannot find module './Animales' or its corresponding type
5 declarations. ts(2307)
6
7 View Problem (Alt+F8)   Quick Fix... (Ctrl+.)
```

Error al no encontrar el archivo para importar.

Aquí nos está indicando que no puede encontrar el módulo de **Animales**, y esto ha pasado porque hemos movido el archivo de carpeta y le hemos cambiado el nombre por **"index.ts"**. Entonces vamos a hacer este cambio:

seccion_6_modulos/src/modulos/index.ts

```
5 import { Point, PUNTITO } from './Point';
6 import { Animales, Chanchitos, Caballos } from './Animales/index'
```

Le agregamos el slash hacia adelante **(/)** para indicar que esto se encuentra dentro de una carpeta y ahí agregamos al index.

Sin embargo, esto podemos cambiarlo para que sea bastante más fácil y amigable de poder trabajar. Para eso nos tenemos que ir a nuestro archivo de **"tsconfig.json"** en la sección **"modules"** a la opción de **"moduleResolution"**:

seccion_6_modulos/tsconfig.json

```
"rootDir": "./src",                     /* Specify the root folder with\
in your source files. */
// "moduleResolution": "node10",        /* Specify how TypeScript looks\
 up a file from a given module specifier. */
// "baseUrl": "
. . .
```

Lo que tenemos que hacer acá es descomentar esta línea:

seccion_6_modulos/tsconfig.json

```
"rootDir": "./src",                     /* Specify the root folder with\
in your source files. */
"moduleResolution": "node10",           /* Specify how TypeScript looks up\
 a file from a given module specifier. */
// "baseUrl": "
. . .
```

Vamos a guardar y ahora nos podemos devolver a nuestro archivo de **index.ts** que se encuentra dentro de módulos y ahora podemos eliminar el nombre del archivo de **index** del **import**:

seccion_6_modulos/src/modulos/index.ts

```
5  import { Animales, Chanchitos, Caballos } from './Animales';
```

En fin, lo que estamos haciendo con esto es que la forma de poder resolver los módulos por defecto, si es que se tratara de una carpeta, vaya siempre al archivo de index.

Entonces, si es que tenemos esta carpeta que se llama "**Animales**" con un archivo de "**index.ts**" basta con que coloquemos solamente el nombre de la carpeta, no va a ser necesario que además le agreguemos el archivo de "**index.ts**"

Ahora de nuestro archivo de "**Animales/index.ts**" vamos a crear un archivo por cada una de estas clases. Así que lo que vamos a hacer es que nos vamos a colocar encima y vamos a presionar "**control/comando**" + "**.**"; otra opción para ver esta funcionalidad de VsCode es con **control + shift** + **r**, y seleccionaremos la opción "Move to a New File":

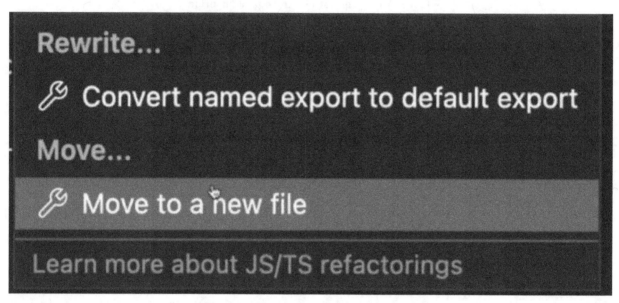

Crear nuevo archivo para cada clase con VsCode.

Esto la haremos para cada clase:

Estructura de carpetas y archivos en la carpeta: seccion_6_modulos

```
1   seccion_6_modulos/
2       |-- src/
3           |-- modulos/
4               |-- index.ts
5               |-- Point.ts
6               |-- Group.ts
7               |-- Animales/
8                   |-- Animales.ts
9                   |-- Caballos.ts
10                  |-- Chanchitos.ts
11                  |-- index.ts
12          |-- tsconfig.json
```

Quedando cada uno de estos archivos de la siguiente manera:

seccion_6_modulos/src/modulos/Animales/Animales.ts

```
1   export class Animales { }
```

seccion_6_modulos/src/modulos/Animales/Caballos.ts

```
1   export class Caballos { }
```

seccion_6_modulos/src/modulos/Animales/Chanchitos.ts

```
1   export class Chanchitos { }
```

Ahora lo que tenemos que hacer es importar cada uno de estos en nuestro archivo **"Animales/index.ts"**:

seccion_6_modulos/src/modulos/Animales/index.ts

```
1   import { Animales } from "./Animales"
2   import { Chanchitos } from "./Chanchitos"
3   import { Caballos } from "./Caballos"
```

Aquí hemos importado cada constante que es cada objeto de su respectivo archivo.

Ahora, lo que haremos será exportar cada una de estas importaciones, así que escribiremos **export** con un objeto literal que contendrá:

seccion_6_modulos/src/modulos/Animales/index.ts

```
5   export {
6       Animales,
7       Chanchitos,
8       Caballos
9   }
```

Y como propiedades tiene a **Animales**, **Caballos** y **Chanchitos**.

Con esto, nuestro código debe seguir funcionando sin ningún problema. Sobre este tema, existe una forma bastante más corta de poder escribir exactamente esto mismo, y esto es sencillamente eliminando toda esta parte que dice **export**:

seccion_6_modulos/src/modulos/Animales/index.ts

```
5   export {
6       Animales,
7       Chanchitos,
8       Caballos
9   }
```

Y vamos a cambiar la palabra reservada de **import** por **export**.

seccion_6_modulos/src/modulos/Animales/index.ts

```
1  export { Animales } from "./Animales"
2  export { Chanchitos } from "./Chanchitos"
3  export { Caballos } from "./Caballos"
```

Y de esta manera nuestro código debiese seguir funcionando.

A esto último que estamos haciendo acá se conoce como **re-exporting**, que vendría siendo cuando importamos algo y lo exportamos inmediatamente para poder modular y usar nuestro código de una manera más sencilla.

Entonces:

1. Creamos una carpeta que se llama "**Animales**".
2. Dentro de esta carpeta de "**Animales**" colocamos un "**index.ts**" de ese que lo que hace es que exporta inmediatamente cada una de estas clases y lo está haciendo por el nombre que estos tienen.
3. Y definimos también un archivo para cada una de las clases, para la clase de **Animales**, **Caballos** y también **Chanchito**.

Y si nos devolvemos a nuestro archivo de "**index.ts**" que se encuentra dentro de nuestra carpeta de "**modulos**". Vamos a revisar que podemos seguir importando a las clases **Animales**, **Chanchitos**, y **Caballos** y podemos seguir haciendo uso de estas clases sin ningún problema.

Y si compilamos nuestro código:

Terminal de comandos

```
1  tsc
```

Vamos a ver que sigue funcionando perfectamente.

Y así es como podemos utilizar los **wildcards** y el **re-exporting**

A todo esto, como otro tip, puedes moverte entre los archivos:

Puedes mantener presionada la tecla de **comando/control** en su caso y luego hacer clic sobre el nombre del archivo, como lo sería en el siguiente ejemplo: "./Animales":

seccion_6_modulos/src/modulos/Animales/index.ts

```
1  export { Animales } from "./Animales"
2  . . .
```

Y esto lo que hará será llevarte inmediatamente al archivo, en el cual hiciste clic.

Código de la lección.

Para terminar, te dejaré el código de los archivos:

- "seccion_6_modulos/src/modulos/index.ts",
- "seccion_6_modulos/src/modulos/Animales.ts",
- "seccion_6_modulos/src/modulos/Caballos.ts",
- "seccion_6_modulos/src/modulos/Chanchitos.ts",
- y "seccion_6_modulos/src/modulos/index.ts"

seccion_6_modulos/src/modulos/index.ts

```ts
1  import * as G from './Group';
2  import { Point, PUNTITO } from './Point';
3  import { Caballos } from "./Animales/Caballos";
4  import { Chanchitos } from "./Animales/Chanchitos";
5  import { Animales } from "./Animales/Animales";
6
7  console.log(Animales, Chanchitos, Caballos)
8
9  const point = new Point(1, 2)
10
11 const grupo = new G.default(1, "chanchito feliz")
12 console.log(PUNTITO)
13 console.log(G.defaultGroups.admin)
```

seccion_6_modulos/src/modulos/Animales/Animales.ts

```ts
1  export class Animales { }
```

seccion_6_modulos/src/modulos/Animales/Caballos.ts

```ts
1  export class Caballos { }
```

seccion_6_modulos/src/modulos/Animales/Chanchitos.ts

```ts
1  export class Chanchitos { }
```

seccion_6_modulos/src/modulos/Animales/index.ts

```ts
1  export { Animales } from "./Animales"
2  export { Chanchitos } from "./Chanchitos"
3  export { Caballos } from "./Caballos"
```

JS y TS coexistiendo.

Ahora vamos a hacer algo sumamente necesario, que es utilizar **JavaScript** dentro de nuestros proyectos escritos con **TypeScript**.

Porque si lo que pretendes hacer es una migración, pero pretendes escribir absolutamente todo el código en **TypeScript**. Cuando estás migrando **TypeScript** antes de que tu aplicación empiece a funcionar, te cuento que eso va a ser una tarea de nunca detenerse. La mejor alternativa es que sí que estás utilizando **JavaScript**, pero quieres empezar a utilizar **TypeScript** en un proyecto que ya existe, es que empiezas de manera paulatina a ir agregándole los tipos a tu código que ya existe en **JavaScript**.

Ahora vamos a ver cómo podemos utilizar **JavaScript** dentro de un proyecto con **TypeScript**.

 ## Preparación.

Para dejar esto más ordenado, en nuestra carpeta de "**src**" vamos a crear una nueva carpeta que se va a llamar "**con-js**" y en esta, vamos a crear un archivo el cual se va a llamar "**saludos.js**":

Estructura de carpetas y archivos en la carpeta: seccion_6_modulos

```
1  seccion_6_modulos/
2      |-- src/
3          |-- con-js/
4              |-- saludos.js
5          |-- modulos/
6              . . .
7      |-- tsconfig.json
```

Y en el archivo de "**saludos.js**" vamos a escribir lo siguiente:

seccion_6_modulos/src/con-js/saludos.js

```
1  export function holamundo(mensaje){
2      console.log(`Hola mundo! ${mensaje}`)
3  }
```

Como puedes ver, esto es **JavaScript** completamente puro, hecho y derecho.

Aquí no podemos agregarle el tipo, por ejemplo, de **string**, ya que esto nos va a arrojar un error:

```
1  export function holamundo(mensaje: string){
2  Type annotations can only be used in TypeScript
3  files. ts(8010)

   View Problem (Alt+F8)    Quick Fix... (Ctrl+.)
```

Error al tratar de tipar en JS.

Este se origina porque esto es una funcionalidad de **TypeScript**, no de **JavaScript**. Así que lo que podemos hacer es que dentro de nuestra carpeta "**con-js**" vamos a crear un nuevo archivo que se va a llamar **index.ts**:

Estructura de carpetas y archivos en la carpeta: seccion_6_modulos

```
1  seccion_6_modulos/
2      |-- src/
3          |-- con-js/
4              |-- index.ts
5              |-- saludos.js
6          |-- modulos/
7              . . .
8      |-- tsconfig.json
```

Y dentro de "**index.ts**" vamos a importar a la función **holamundo** del archivo "**saludos.ts**":

seccion_6_modulos/src/con-js/index.ts.js

```
1  import { holamundo } from './saludos.js'
```

En este momento nos está entregando un error.

```
1  import { holamundo } from './saludos.js';    Could not

   'holamundo' is declared but its value is never
   read. ts(6133)

   Could not find a declaration file for module './saludos.js
```

Error al no encontrar el módulo.

 Porque no se ha podido encontrar la declaración de este archivo y eso lo podemos solucionar yendo nuestro archivo de **tsconfig.json** y vamos a buscar la parte de "JavaScript Support":

seccion_6_modulos/tsconfig.json

```
. . .
/* JavaScript Support */
// "allowJs": true,                              /* Allow JavaScript files to be\
 a part of your program. Use the 'checkJS' option to get errors from these files. */
// "checkJs": true,                              /* Enable error reporting in ty\
pe-checked JavaScript files. */
// "maxNodeModuleJsDepth": 1,
. . .
```

Y las que habilitaremos son las de **allowJs** y **checkJs**:

seccion_6_modulos/tsconfig.json

```
. . .
/* JavaScript Support */
"allowJs": true,                                  /* Allow JavaScript files to be a \
part of your program. Use the 'checkJS' option to get errors from these files. */
"checkJs": true,                                  /* Enable error reporting in type-\
checked JavaScript files. */
// "maxNodeModuleJsDepth": 1,
```

Ahora sí nos podemos devolver a nuestro archivo de "**index.ts**" y ahora ya no tendríamos el error de compilación. Incluso podemos usar esta función:

seccion_6_modulos/src/con-js/index.ts.

```
3   holamundo("Chanchito feliz")
```

En este caso, nuestro proyecto está funcionando con éxito.

Sin embargo, ahora nuestro archivo de "**saludos.js**" nos está entregando un error:

```
1   export function holamundo(mensaje){        Parame
2   Parameter 'mensaje' implicitly has an 'any'
3   type. ts(7006)

    (parameter) mensaje: any

    View Problem (Alt+F8)    Quick Fix... (Ctrl+.)
```

Error en el tipado del parámetro por any implícito.

Nos está indicando que el mensaje no tiene un tipo y que tiene de manera implícita el tipo **any**. Y esto está ocurriendo porque dentro de nuestro archivo de **tsconfig** habilitamos la opción de **checkJS** que lo que hace es que nos permite a poder utilizar el compilador para poder verificar el tipo de dato que se encuentran dentro de nuestro código en JavaScript, esto es bastante arcaico, no esperes las mismas funcionalidades que en **TypeScript**, pero es mejor que nada.

Así que en nuestro archivo de **JavaScript**, lo que podemos hacer para poder habilitar los tipos dentro del código JavaScript es hacerlo con "JS docs" y para utilizarlo tenemos que colocar un slash hacia adelante y luego dos asteriscos: (/**)

```
1   /** */
2  💡  abc /** */                                         JSDoc comment
```

VsCode interpretando que se trata de jsDocs.

Esto vendría siendo para poder crear un comentario multilínea, pero VsCode nos indica inmediatamente que sabe que esto es un comentario de "JS Docs", así que hacemos clic en esta opción para que nos autocomplete lo siguiente:

seccion_6_modulos/src/con-js/saludos.js

```
1  /**
2   *
3   * @param {*} mensaje
4   */
5  export function holamundo(mensaje){
```

Y aquí nos está indicando lo siguiente, que el **parámetro** de **mensaje**, es un asterisco y esto quiere decir que no tiene idea qué es lo que es.

Así es que aquí le vamos a colocar que es de tipo **string**:

seccion_6_modulos/src/con-js/saludos.js

```
1  /**
2   *
3   * @param {string} mensaje
4   */
5  export function holamundo(mensaje){
```

Ahora, si quisiéramos agregar también algún valor de retorno, como por ejemplo acá, podemos agregar que va a retornar exactamente el mismo valor que es el de **mensaje**:

seccion_6_modulos/src/con-js/saludos.js

```
9      return mensaje
10  }
```

El tipado del retorno también se lo podemos agregar a nuestra función:

seccion_6_modulos/src/con-js/saludos.js

```
1  /**
2   *
3   * @param {string} mensaje
4   * @returns {string}
5   */
6  export function holamundo(mensaje){
```

Así es que justamente después de **@param**, en la siguiente línea agregamos **@return**, y aquí escribimos el tipo al igual que con **@param** y le diremos que será de tipo **string**, y ahora ya sabemos el tipo de retorno.

Podemos colocar aquí el cursor sobre la función desde **holamundo**:

Tipado de la función desde JavaScript.

Y ahora podemos ver que el parámetro que recibe es un **string** y el valor de retorno también es un **string**.

Y si quisiéramos además agregar otro argumento, por ejemplo, podría ser **mensaje2**:

seccion_6_modulos/src/con-js/saludos.js

```
1  export function holamundo(mensaje, mensaje2){
2      console.log(`Hola mundo! ${mensaje} ${mensaje2}`)
3  . . .
```

Para agregarle el tipado a este segundo parámetro, tenemos que colocar igual a cómo colocamos el primer parámetro:

seccion_6_modulos/src/con-js/saludos.js

```
1  /**
2  *
3  * @param {string} mensaje
4  * @param {string} mensaje2
5  * @returns {string}
6  */
7  . . .
```

Le hemos colocado entonces que para el parámetro llamado **mensaje2** su tipo va a ser un **string**.

Y de esta manera podemos agregarle el tipado a las funciones que escribimos con **JavaScript** utilizando el compilador de **TypeScript**.

¡Magia!

Ahora, por supuesto, que vamos a tener un error en nuestro archivo de "**index.ts**" y es porque nos falta pasarle el segundo argumento:

seccion_6_modulos/src/con-js/index.ts.

```
3  holamundo("Chanchito feliz", "Hola mundo")
```

Y con esto hemos logrado corregir los errores y también estamos utilizando código **JavaScript** dentro de nuestros archivos escritos con **TypeScript**.

Ahora vamos a suponer que no vamos a colocar el tipado de esta función en este mismo archivo, porque encontramos que se ve sucio nuestro código. Así que lo que podemos hacer es que eliminamos todo esto y, dentro de nuestra carpeta de **con-js**, aquí lo que podemos hacer es crear un nuevo archivo que se va a llamar "**saludos.d.ts**":

Estructura de carpetas y archivos en la carpeta: seccion_6_modulos

```
1  seccion_6_modulos/
2      |-- src/
3          |-- con-js/
4              |-- index.ts
5              |-- saludos.d.ts
6              |-- saludos.js
7          |-- modulos/
8              . . .
9      |-- tsconfig.json
```

Donde la **d** en el nombre de este nuevo archivo vendría siendo para la definición de los tipos.

Y aquí lo que tenemos que hacer es agregar el tipo de nuestra función de **saludos**, para esto tendremos que hacer uso de la palabra reservada, **declare**:

seccion_6_modulos/src/con-js/saludos.d.ts

```
1   export declare function holamundo(mensaje: string, mensaje2: string): string
```

Y aquí le colocamos los tipos a cada uno de estos argumentos y de su retorno, como lo haríamos en una función declarada con **TypeScript**.

Ahora en el archivo **"saludos.js"** vamos a eliminar el tipado de **JsDocs**:

seccion_6_modulos/src/con-js/saludos.js

```
1   /**
2   *
3   * @param {string} mensaje
4   * @param {string} mensaje2
5   * @returns {string}
6   */
```

Ahora, por supuesto, dentro de la definición de **JavaScript** de nuestra función **holamundo**, vamos a ver que los tipos tienen un error.

Pero si nos vamos a nuestro archivo de **"index.ts"**, vamos a ver que ya no tenemos error de tipado. Y no solamente eso, sino que también nos va a indicar cuáles son los tipos correctos que esta función debería tener, como por ejemplo, si hacemos este cambio:

seccion_6_modulos/src/con-js/index.ts.

```
3   holamundo("Chanchito feliz", )
```

```
1   import { holamundo } from '.   holamundo(mensaje: string, mensaje2: string):
2   💡                              string
3   holamundo("Chanchito feliz", "Soy un chanchito feliz")   Expected 2 argum
```

La función sigue teniendo el tipado.

Y así podemos tipear código **JavaScript** haciendo uso de **TypeScript**.

Vamos a dejar la función como estaba.:

seccion_6_modulos/src/con-js/index.ts.

```
3   holamundo("Chanchito feliz", "Hola mundo")
```

Y con eso ya estamos listos.

Código de la lección.

Para terminar, te dejaré el código de los archivos:

- "seccion_6_modulos/con-js/index.ts",
- "seccion_6_modulos/con-js/saludos.d.ts",
- y "seccion_6_modulos/con-js/saludos.js",

seccion_6_modulos/src/con-js/index.ts.

```ts
1  import { holamundo } from './saludos'
2
3  holamundo("Chanchito feliz", "Hola mundo")
```

seccion_6_modulos/src/con-js/saludos.d.ts

```ts
1  export declare function holamundo(mensaje: string, mensaje2: string): string
```

seccion_6_modulos/src/con-js/saludos.js

```js
1  export function holamundo(mensaje, mensaje2){
2      console.log(`Hola mundo! ${mensaje} ${mensaje2}`)
3
4      return mensaje
5  }
```

Capítulo 7: Integración con Node Js.

Contenido de la sección.

Hola mundo, en esta sección aprenderemos a integrar **TypeScript** con **Node JS**.

Esta sección asume que tienes conocimientos de **Node JS**, por lo que nos vamos a preocupar únicamente de ver la integración entre ambas herramientas construyendo una API REST.

Integración con node y express parte 1.

En esta sección vamos a ver cómo podemos integrar **TypeScript**con **Node** y así poder construir nuestras propias API's con **express**.

Para eso vamos a partir completamente desde cero un nuevo proyecto.

 # Preparación.

Para esta sección, crearemos una nueva carpeta. Esta la puedes llamar como quieras, puede ser por ejemplo **"seccion_7_integracion_node"** o **"api-ts"**, el nombre que tú elijas, solo asegúrate de abrir esta carpeta en tu editor. Y dentro de esta carpeta vamos a crear un archivo **index.ts**

Estructura de carpetas y archivos en la carpeta: api-ts

```
1  api-ts/
2      |-- index.ts
```

Y ya que nos encontramos adentro de esta carpeta con nuestro editor, y en este archivo vamos a crear una constante:

api-ts/index.ts

```
1  const holamundo: string = 'Hola Mundo'
```

Esta va a ser un **string** y su valor será **"Hola mundo"**.

En este caso, no es necesario que definamos el tipo de la constante de **holamundo**, ya que **TypeScript** es lo suficientemente inteligente de poder inferir el tipado ya solamente con la inicialización de la variable. Sin embargo, lo vamos a dejar escrito igual de todas maneras, para poder mostrarte cómo podemos ejecutar código **TypeScript** en **Node**.

Lo siguiente que haremos es escribir un **console.log** de esto:

api-ts/index.ts

```
3  console.log(holamundo)
```

Vamos a abrir nuestra terminal, que en mi caso será la integrada de VsCode y vamos a escribir el siguiente comando:

Terminal de comandos

```
1  node index.ts
```

Si presionamos **enter** para ejecutar:

Salida de ejecutar:

```
1   □ node index.ts
2
3   /home/user/workspace/api-ts/index.ts:11
4   const holamundo: string = 'Hola Mundo'
5        ^^^^^^^^^^
6
7   SyntaxError: Missing initializer in const declaration
8   . . .
```

En este caso, nos está indicando que falta el inicializador y esto es más que nada porque no podemos escribir código **TypeScript** en **Node JS**, para eso vamos a necesitar necesariamente transpilar antes a código **JavaScript**.

Pero lo que podemos hacer es un pequeño "hack" para que no tengamos que estar haciendo esto de manera constante cada vez que queremos ejecutar nuestro código. Para eso podemos utilizar el paquete de **TS Node**.

Así es que nuevamente en nuestra terminal y vamos a escribir:

Terminal de comandos

```
1   npm i -D ts-node
```

Lo que estamos haciendo con la opción **-D** es instalar **ts-node** como dependencia de desarrollo. Con esto escrito, ahora podemos presionar **enter**. Notarás que se han generado 2 nuevos archivos en nuestro proyecto, los cuales son: **"package.json"** y **"package-lock.json"**, y una carpeta llamada **"node_modules"**:

Estructura de carpetas y archivos en la carpeta: api-ts

```
1   api-ts/
2       |-- node_modules/
3       |-- index.ts
4       |-- package.json
5       |-- package-lock.json
```

Ahora sí, vemos el contenido del archivo **"package.json"**:

api-ts/package.json

```
1   {
2       "devDependencies": {
3           "ts-node": "^10.9.1"
4       }
5   }
```

Y en este vamos a crear una nueva propiedad dentro de scripts que se llamará:

api-ts/package.json

```
5    "scripts": {
6        "start": "ts-node index.ts"
7    }
8  }
```

Entonces, cuando queramos ejecutar nuestra aplicación, sencillamente debemos escribir **npm start**:

Terminal de comandos

```
1  npm start
```

Presionamos **enter**:

Salida de ejecutar: npm start

```
1  Hola Mundo
```

Y ahora podemos ver cómo nuestro archivo de **"index.ts"** se está ejecutando de manera correcta.

Y además, acá puedes ver que no nos ha generado el archivo de **"index.js"**. En este caso no va a ser necesario que generemos los archivos de **JavaScript**, porque ya tenemos una herramienta que nos permite correr los archivos con la extensión de **".ts"**, además esto no va a ir a un explorador web, esto se va a quedar en nuestros servidores.

Una alternativa es que instales **ts-node** de manera global en sus máquinas, pero si llegas a hacer eso y compartes el código con otros desarrolladores. Puede que lleguen a tener el problema: ellos podrían no tener la misma versión de **ts-node**, o podrían incluso no tenerle instalado. Entonces, cuando lo incluimos como una dependencia de desarrollo, nos vamos a asegurar que todos los desarrolladores que se encuentran dentro de nuestro proyecto estén trabajando siempre con la misma versión de **ts-node**.

Ahora lo que haremos será empezar a settear nuestro ambiente para poder construir nuestra **API REST**. Así que nuevamente en nuestra terminal, vamos a escribir:

Terminal de comandos

```
1  npm i -S express
```

Y presionamos **enter**, comenzará a instalarlo, y deberíamos ver esta dependencia en nuestro archivo **"package.json"**:

api-ts/package

```
5  {
6      "devDependencies":{
7          "ts-node":"^10.9.2"
8          },
9      "scripts":{
10         "start":"ts-node index.ts"
11         },
12     "dependencies":{
13         "express":"^4.19.2"
14         }
15 }
```

Si todo funcionó bien, deberíamos poder ver cómo se agregó esta nueva propiedad que indica "dependencies" y en estas llaves aparece **express**, seguido de la versión que instalamos.

express no viene con sus definiciones de tipo guando realizamos la instalación, vamos a tener que ir a buscar la definición de los tipos de esta dependencia.

Recuerdas que en algunas lecciones anteriores empezamos a declarar los tipos de nuestros archivos de **JavaScript**, pero en un archivo separado, el cual contiene como extensión **d.ts**, existe un repositorio en GitHub donde la comunidad se encarga de poder generar los tipos de librerías que sean muy populares, como por ejemplo para **express**.

Vamos a ir a verla, entonces en el navegador web vamos a buscar **definitely typed**.

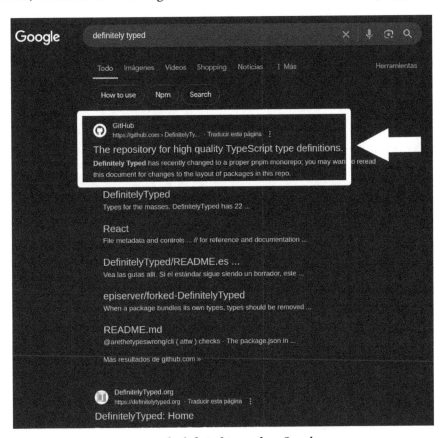

Buscando definitely typed en Google.

Y en el primer resultado, es el repositorio que estamos buscando que se llama definiciones de tipos de alta calidad para **TypeScript**.

En esta página vamos a poder ver la documentación que contiene este repositorio en general. Lo que esto quiere decir es que contiene la definición de múltiples librerías que son sumamente populares, como por ejemplo **express**, **lodash**, **react**, entre otras cosas.

Y vamos a hacer uso de los tipos que nos entregan aquí en **Definitely typed** para poder trabajar en nuestro proyecto con **express**.

Ahora vamos a instalar los tipos de **express** como dependencia de desarrollo, ya que no es necesario que instalemos esto dentro de nuestras dependencias de producción, entonces vamos a ejecutar:

Terminal de comandos

```
1  npm i -D @types/express @types/node typescript
```

Entonces, como dependencia de desarrollo, estamos instalando los tipos de **node**, los de **express** y aprovechar también de instalar a **TypeScript**. Y aunque ya le tengamos instalado en nuestra máquina lo instalamos como dependencia de desarrollo, porque posiblemente otro desarrollador podría no tener instalado **TypeScript**, y si lo agregamos como dependencia de desarrollo, nos vamos a asegurar que este proyecto en particular que estamos creando va a tener su versión de **TypeScript**, así todos los otros desarrolladores que deseen colaborar o que estén trabajando en este proyecto van a poder acceder a exactamente la misma versión de **TypeScript**.

Presionamos **enter** para ejecutar.

Ahora vamos a inicializar nuestra configuración de **TypeScript** en este proyecto con el comando:

Terminal de comandos

```
1  tsc --init
```

En el archivo **"tsconfig.json"** no deberíamos hacer nada. Así que vamos a dejarlo así tal cual como se encuentra. Ahora podemos cerrar nuestra terminal.

Y vamos a volver a nuestro archivo de **"index.ts"**, eliminaremos el código que escribimos hace un momento:

api-ts/index.ts

```
1  const holamundo: string = 'Hola Mundo'
2
3  console.log(holamundo)
```

Y vamos a importar a **express**:

api-ts/index.ts

```
1  import express from 'express'
```

Y como instalamos los tipos de **express** con el repositorio de **Definitely typed**, podemos acceder a todas las herramientas que nos entrega el intellisense. Cuando, por ejemplo, escribimos:

api-ts/index.ts

```
3  express.
```

Opciones disponibles para express.

Vemos aquí que podemos acceder al **Router**, y absolutamente todas las herramientas que nos entrega **express**. En este caso vendrían siendo todas las propiedades y métodos que nos entrega este objeto. Borraremos esto:

api-ts/index.ts

```
3  express.
```

Ahora, lo que tenemos que hacer es crear una aplicación. Para eso, lo llamamos como una función y lo asignamos a una constante de **app**:

api-ts/index.ts

```
3  const app = express()
4  app.
```

Y ahora aquí, con esta variable **app**, si presionamos un punto, podremos ver absolutamente a todo lo que podemos acceder, por ejemplo, el método de **get**:

Opciones disponibles para la variable app.

Este método es el que vamos a utilizar para probar nuestra aplicación:

api-ts/index.ts

```
3   const app = express()
4   app.get('/', (req, res) => {
5       res.send('Hello World!')
6   })
```

Aquí le pasamos una fat arrow function, que va a recibir dos argumentos que son **request** y **response**. Posteriormente, llamamos a **res.send**, enviando el texto de "**Hello World!**".

Ahora este no es un libro de **express**. Esto solamente para poder mostrarte la integración de **TypeScript** con Express.

Vamos a usar por último el método **listen**:

api-ts/index.ts

```
8   app.listen(3000, () => console.log("Escuchando"))
```

Indicamos que usará el puerto 3000 y vamos a colocar una función que lo que hará será indicar con un **console.log** con el texto de "**Escuchando**" para indicarnos que nuestra aplicación está corriendo con éxito.

Ahora lo que vamos es escribir **npm start** dentro de nuestra terminal:

Terminal de comandos

```
1   npm start
```

Salida de ejecutar: npm start

```
1   Escuchando
```

Aquí vemos cómo nuestra aplicación está escuchando.

Entonces, en nuestro navegador vamos a escribir la ruta: **localhost:3000**:

Hello World!

App de node funcionando correctamente.

Presionamos **enter** y aquí podemos ver cómo nos está devolviendo este **string** de "**Hello World!**".

En nuestra siguiente lección lo que haremos es ver cómo podemos ir mejorando nuestra aplicación.

 ## Código de la lección.

Para terminar, te dejaré el código del archivo: "**api-ts/index.ts**":

api-ts/index.ts

```ts
import express from 'express'

const app = express()
app.get('/', (req, res) => {
    res.send('Hello World!')
})

app.listen(3000, () => console.log("Escuchando"))
```

Integración con node y express parte 2.

En nuestra aplicación, cada vez que queramos realizar algún cambio, cuando estemos desarro-llando, necesariamente vamos a tener que cancelar el servidor y luego vamos a tener que ejecutar nuevamente **npm start**.

Afortunadamente, existe una herramienta que nos va a permitir a detectar los cambios que estemos realizando a medida que estemos cambiando los archivos.

Para eso, vamos a tener que instalar como dependencia de desarrollo a **nodemon**:

Terminal de comandos

```
1  npm i -D nodemon
```

Que nodemon, en sus últimas versiones, se encuentra soportando **TypeScript**, de hecho utiliza **ts-node** por debajo.

Así que ahora lo que vamos a hacer es devolvernos ahora nuestro archivo de **"package.json"** y vamos a editar el script **npm start**:

api-ts/package.json

```
8      "scripts":{
9          "start":"nodemon index.ts"
10     },
11  . . .
```

Hemos cambiado a **ts-node** por **nodemon**, y cuando volvamos a ejecutar nuestro script de **npm start**:

Terminal de comandos

```
1  npm start
```

Salida de ejecutar: npm start

```
1  > start
2  > nodemon index.ts
3
4  [nodemon] 3.1.3
5  [nodemon] to restart at any time, enter `rs`
6  [nodemon] watching path(s): *.*
7  [nodemon] watching extensions: ts,json
8  [nodemon] starting `ts-node index.ts`
9  Escuchando
```

Y ahora podemos ver que se encuentra escuchando por completo los cambios que estamos reali-zando en nuestros archivos. Y si tuviésemos que reiniciar este servidor porque se colgó y no está detectando los cambios, podemos escribir el comando **rs**:

```
8   [nodemon] starting `ts-node index.ts`
9   Escuchando
10  rs
```

Presionamos **enter**. Y esto es lo que va a hacer, es que va a reiniciar el comando de ese nuevo index.

Salida de ejecutar: rs

```
1   [nodemon] starting `ts-node index.ts`
2   Escuchando
```

Ahora sí podemos cerrar nuestra terminal y nos vamos a devolver a nuestro archivo de "**index.ts**".

Vamos a estar manejando peticiones en **post** junto con **express**, por defecto no es capaz de entender las peticiones que están llegando por **post**. Afortunadamente, este viene con un **middleware** que permite poder interceptar todas las peticiones que vengan desde algún explorador web o desde alguna aplicación móvil, detectar es que esta petición es **post** y así poder incluirla dentro de nuestro objeto de **request**.

Así que nos vamos a venir justamente después de la línea 3 y vamos a escribir:

api-ts/index.ts

```
3   const app = express()
4   app.use(express.json())
5   app.get('/', (req, res) => {
```

Entonces estamos utilizando el método **json** de **express** para pasárselo al método **use** de **app**. Y solamente agregando esta pequeña línea ya deberíamos poder interpretar las peticiones que nos llegan a través de **Post**.

Ahora lo que vamos a hacer es agregar otro endpoint de **post**:

api-ts/index.ts

```
9    app.post('/', (req, res) => {
10       const { name } = req.body
11   })
12   . . .
```

Vamos a indicar que también va a ir a la raíz, también recibe a **request** y **response** y lo que vamos a hacer es un destructuring de nuestra petición de **req.body** para obtener el **name**

Ahora, si nos venimos justamente aquí a nuestro objeto de **body** y colocamos el cursor encima:

```
7    ))
8    (property) Request<{}, any, any, QueryString.ParsedQs,
9    Record<string, any>>.body: any
10      const { name } = req.body
11   })
```

Tipado del objeto body de la petición.

Esto nos indica que este tiene por defecto el tipo de **any**. Así que lo que podemos hacer es definir cómo nos van a llegar las peticiones a través de Internet, sencillamente colocándole una interfaz, haciendo el asignado de tipos:

api-ts/index.ts

```
3  type Usuario = {
4      id: number
5      name: string
6  }
7  . . .
```

Indicamos que este va a ser un tipo de **Usuario**. Este va a tener un **id** que va a ser un **string** y un **name** que va a tener un **string**.

Y ahora podemos asignarle este tipo de usuario a nuestro **body** de la petición, aprovecharemos de imprimir a este usuario en la consola y de enviar con **send** el texto de "**ok**":

api-ts/index.ts

```
14  app.post('/', (req, res) => {
15      const { name } = req.body as Usuario
16      console.log(name)
17
18      res.send('ok')
19
20  })
```

Ahora vamos a probar este endpoint. Podemos utilizar algún gestor de peticiones como **postman** o también lo puedes hacer a través de la terminal. En nuestro ejemplo, lo voy a hacer a través de la terminal.

Así es que acá vamos a escribir:

Terminal de comandos

```
1  curl --header "Content-Type: application/json" --request POST --data '{"name": "Hola\
2  mundo"}' http://localhost:3000/
```

Y presionamos **enter**:

Salida de ejecutar: Peticion con curl

```
1  ok%
```

Ahora esto nos regresa el estado de **ok** y en nuestra terminal que está corriendo el servidor, vamos a ver cómo nos imprimió el "**Hola Mundo**" que enviamos anteriormente en la petición como el valer de **name**.

Ahora sí, podemos cambiar un poco la estructura de nuestra aplicación, porque en este momento estamos colocando absolutamente todo esto en el archivo de "**index**" y eso es una mala práctica.

Así que lo que íbamos a hacer es recortar las líneas que tienen nuestros métodos **get** y **post**:

api-ts/index.ts

```
10   app.get('/', (req, res) => {
11   res.send('Hello World!')
12   })
13
14   app.post('/', (req, res) => {
15   const { name } = req.body as Usuario
16   console.log(name)
17
18   res.send('ok')
19   })
20   . . .
```

Crearemos una carpeta que se va a llamar **"users"** y vamos a crear un archivo de **"index.ts"** en esta carpeta:

Estructura de carpetas y archivos en la carpeta: api-ts

```
1   api-ts/
2       |-- node_modules/
3       |-- users/
4           |-- index.ts
5       |-- index.ts
6       |-- package.json
7       |-- package-lock.json
```

Y en este nuevo archivo pegaremos el contenido que cortamos hace un momento, pero vamos a sustituir a **app** por **router**:

api-ts/users/index.ts

```
1    router.get('/', (req, res) => {
2        res.send('Hello World!')
3    })
4
5    router.post('/', (req, res) => {
6        const { name } = req.body as Usuario
7        console.log(name)
8
9        res.send('ok')
10   })
```

Ahora vamos a definir a **router**, primero importando a **Router** desde **express**:

api-ts/users/index.ts

```
1  import { Router } from 'express'
2
3  const router = Router()
4  . . .
```

Llamamos a esta función, y vamos a exportar por defecto esta constante de **router**:

api-ts/users/index.ts

```
16  export default router
```

Y también tenemos que traer el tipo de **Usuario** que se encuentra dentro de nuestro archivo de "**index.ts**", entonces lo cortamos:

api-ts/index.ts

```
3  type Usuario = {
4      id: number
5      name: string
6  }
7  . . .
```

Y nos vamos a venir aquí nuevamente a nuestro al archivo de "**index.ts**" que está dentro de la carpeta **users**:

api-ts/users/index.ts

```
5  type Usuario = {
6      id: number
7      name: string
8  }
9  . . .
```

Ahora podemos volver a nuestro archivo inicial de "**index.ts**" y aquí vamos a importar nuestras rutas:

api-ts/users/index.ts

```
2  import express from 'express'
3  import usersRouter from './users'
4  . . .
```

Y ahora esto se lo podemos pasar a **express**:

api-ts/users/index.ts

```
5  app.use(express.json())
6  app.use('/', usersRouter)
```

Entonces, en la ruta de la raíz, le vamos a pasar a **usersRoute** en el método de **use** de **app**.

Vemos que nuestra aplicación está escuchando nuevamente con éxito y vamos a volver a realizar una petición **post** a través de la terminal:

Terminal de comandos

```
1  curl --header "Content-Type: application/json" --request POST --data '{"name": "Hola\
2  mundo"}' http://localhost:3000/
```

Y presionamos **enter**:

Salida de ejecutar: Peticion con curl

```
1  ok%
```

Vemos cómo esta sigue devolviendo Ok. Y, en nuestra terminal integrada donde está ejecutándose el servidor, vemos el texto de "Hola Mundo". Lo que quiere decir que nuestra aplicación está funcionando de manera correcta.

Cosas importantes que tenemos que notar: en nuestro archivo de "**users.ts**" donde tenemos las rutas, perfectamente podemos escribir acá dentro de este llamado de **get**:

api-ts/users/index.ts

```
10  router.get('/', (req, res) => {
11      res.
12      res.send('Hello World!')
```

Opciones disponibles para res.

Y esto nos va a mostrar todos los métodos que contiene el objeto de **res**.

Exactamente lo mismo el objeto de **request**

api-ts/users/index.ts

```
10  router.get('/', (req, res) => {
11      req.
12      res.send('Hello World!')
```

```
10      router.get('/', (req, res) => {
11  ⚡   req.|        'req.res' is possibly 'undefined'.
12      re     ◇ acceptsCharsets
13  })         ◇ acceptsEncodings
14             ◇ acceptsLanguages
15  route      ◇ addListener
16      c(     ◇ app
17      c(     ◇ asIndexedPairs
18             ◇ baseUrl
19      r(     ◇ body
20  })         ◇ closed
21             ◇ complete
22  export     ◇ compose
               ◇ cookies
```

Opciones disponibles para req.

Esto nos muestra absolutamente todas las propiedades y los métodos que este puede llegar a tener
req.

Eso es la gracia de estar utilizando **TypeScript** y los tipos que instalamos con **Definitely typed**.

De hecho, acá podemos ver cómo aparece la propiedad de **body** que utilizamos después en el
endpoint de **post**.

Y de esta manera es como podemos integrar **TypeScript** con **Node JS** y también con **Express JS**.

 ## Código de la lección.

Para terminar, te dejaré el código de los archivos "**api-ts/index.ts**" y "**api-ts/users/in-dex.ts**":

api-ts/index.ts

```
1  import express from 'express'
2  import usersRouter from './users'
3
4  const app = express()
5  app.use(express.json())
6  app.use('/', usersRouter)
7
8  app.listen(3000, () => console.log("Escuchando"))
```

api-ts/users/index.ts

```
1   import { Router } from 'express'
2
3   const router = Router()
4
5   type Usuario = {
6       id: number
7       name: string
8   }
9
10  router.get('/', (req, res) => {
11      // req.
12      res.send('Hello World!')
13  })
14
15  router.post('/', (req, res) => {
16      const { name } = req.body as Usuario
17      console.log(name)
18
19      res.send('ok')
20  })
21
22  export default router
```

Capítulo 8: Integración con React JS.

Contenido de la sección.

Hola mundo, esta es la sección de integración React, en esta sección veremos:

- Cómo crear una aplicación de React con **TypeScript**.
- Integrar **React JS** con un framework de **CSS**.
- Obtener los tipos correctos sin necesidad de conocerlos.
- Tipos de formularios.
- useState.
- Enviar y limpiar formularios.
- useEffect.
- Y agregar elementos a nuestra aplicación.

Todo lo anterior lo integraremos de manera estricta con **TypeScript**.

Integración con React - Creación e integración con Bulma CSS.

En esta lección vamos a instalar React con **TypeScript**, veremos cómo los podemos integrar, cómo vendría siendo la mejor forma de trabajar y además, vamos a incluir un framework de CSS para que nuestra aplicación se empiece a ver bien ya desde un comienzo y sea más fácil después agregarle los estilos.

Para crear nuestro proyecto vamos a hacer uso de nuestra terminal y aquí lo que haremos será ingresar a la carpeta de **workspace** que yo uso para guardar todos los proyectos, y nuevamente puedes crear tu proyecto en la carpeta que quieras, ya que tengas ubicada tu terminal en la carpeta donde quieras crear tu proyecto vamos a escribir el siguiente comando:

Terminal de comandos

```
1   npm create vite@5.2.3
```

Aquí estaremos usando a **vite** como herramienta para crear nuestro proyecto de React con **TypeScript**. Independientemente de la herramienta que utilices como empaquetador de tu proyecto, esto no cambiará en el cómo se utiliza **React** con **TypeScript**. En este caso, estamos usando **vite** en su versión **5.2.3**. Si quieres tener la misma experiencia con el empaquetador **vite** que yo al escribir este libro, puedes usar exactamente esta versión con este comando.

Entonces, al presionar **enter**:

Terminal de comandos al ejecutar: npm create vite@5.2.3

```
1   Need to install the following packages:
2   create-vite@5.2.3
3   Ok to proceed? (y)
```

Aquí nos preguntará si queremos que instale el paquete **create-vite@5.2.3** así que si no tenemos problema con esto, vamos a presionar **enter** de nuevo y esto comenzará a instalarlo. A continuación, nos preguntará el nombre del proyecto:

Terminal de comandos al ejecutar: npm create vite@5.2.3

```
4   ? Project name: › vite-project
```

Aquí podremos escribir el nombre del proyecto, el cual será "**hola-react**":

Terminal de comandos al ejecutar: npm create vite@5.2.3

```
4   ? Project name: › hola-react
```

Una vez que tengamos el nombre de nuestro proyecto, presionaremos **enter** de nuevo:

Terminal de comandos al ejecutar: npm create vite@5.2.3

```
5   ? Select a framework: › - Use arrow-keys. Return to submit.
6       Vanilla
7       Vue
8    □  React
9       Preact
10      Lit
11      Svelte
12      Solid
13      Qwik
14      Others
```

Aquí tendremos que seleccionar la opción de **React** y presionamos **enter**

Terminal de comandos al ejecutar: npm create vite@5.2.3

```
6   ? Select a variant: › - Use arrow-keys. Return to submit.
7    □  TypeScript
8       TypeScript + SWC
9       JavaScript
10      JavaScript + SWC
11      Remix □
```

Entre estas opciones elegiremos a **TypeScript**, de nuevo presionamos **enter**:

Terminal de comandos al ejecutar: npm create vite@5.2.3

```
8   Scaffolding project in /home/user/workspace/hola-react...
9
10  Done. Now run:
11
12  cd hola-react
13  npm install
14  npm run dev
```

Y ahora tenemos que se ha terminado con éxito la instalación, con lo que podremos ejecutar estos comandos que nos indican **vite**:

Terminal de comandos

```
1   cd hola-react
2   npm install
3   npm run dev
```

Al ejecutar el último comando:

Salida de ejecutar: npm run dev

```
1   VITE v5.3.0  ready in 188 ms
2
3   ▢  Local:    http://localhost:5173/
4   ▢  Network: use --host to expose
5   ▢  press h + enter to show help
```

Ejecutará nuestro servidor de desarrollo, entonces podremos entrar esta URL:
http://localhost:5173/

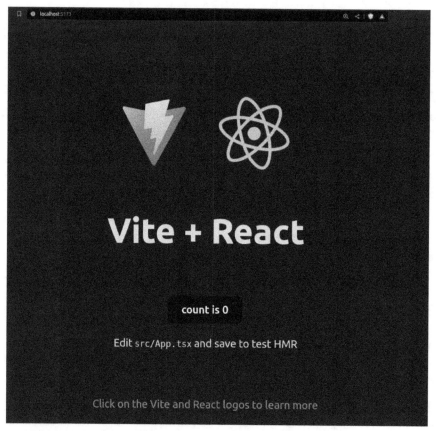

Servidor de desarrollo funcionando.

Y podemos desde la terminal terminar la ejecución de este servidor, presionando **control + c**.
Y ahora, al ejecutar el comando:

Terminal de comandos

```
1   ls
```

Salida de ejecutar: ls

```
1   index.html      package.json       public     src            tsconfig.node.json
2   node_modules    package-lock.json  README.md  tsconfig.json  vite.config.ts
```

Veremos todos los archivos y carpetas de nuestro proyecto.

Lo siguiente es que vamos a abrir nuestro proyecto con nuestro editor de texto. Ahora vamos a hacer lo siguiente: vamos a ir a la carpeta **"src"** y vamos a hacerle un par de modificaciones a este proyecto para que podamos empezar a trabajar con él.

Entonces, en el archivo **App.css** vamos a eliminar todo, excepto el **id** de "**#root**" que modificaremos para dejarle solamente una propiedad:

hola-react/src/App.css

```
1  #root {
2      margin: 20px;
3  }
4
5  .logo {
6      height: 6em;
7      padding: 1.5em;
8      will-change: filter;
9      transition: filter 300ms;
10 }
11 .logo:hover {
12     filter: drop-shadow(0 0 2em #646cffaa);
13 }
14 .logo.react:hover {
15     filter: drop-shadow(0 0 2em #61dafbaa);
16 }
17
18 @keyframes logo-spin {
19     from {
20         transform: rotate(0deg);
21     }
22     to {
23         transform: rotate(360deg);
24     }
25 }
26
27 @media (prefers-reduced-motion: no-preference) {
28     a:nth-of-type(2) .logo {
29         animation: logo-spin infinite 20s linear;
30     }
31 }
32
33 .card {
34     padding: 2em;
35 }
36
37 .read-the-docs {
38     color: #888;
39 }
```

Entonces, ahora vamos a dejar la propiedad de **margin** con el valor de 20 píxeles.

Lo siguiente es que también tenemos un archivo llamado "**index.css**" en nuestra carpeta "**src**". A este le puedes comentar todo el contenido o eliminarlo como yo lo haré:

Estructura de carpetas y archivos en la carpeta hola-react/src

```
1   src/
2       |-- assets/
3       |-- App.css
4       |-- App.tsx
5       |-- index.css
6       |-- main.tsx
7   . . .
```

Y como consideración de nuevo, este no es un libro de **React**, este es un libro de **TypeScript**. Y vamos a ver cómo podemos integrar **TypeScript** con **React**, si es que hay algunos conceptos que no tengas claro. Puedes revisar nuestro libro de **React** si es que ya lo tenemos disponible o alguno de nuestros cursos en nuestra Academia en:

https://academia.holamundo.io/

Ahora sí, podemos ir al archivo de "**App.tsx**" que se encuentra en esta misma carpeta "**src**". Y vamos a eliminar algunos **imports** de los iconos y todo lo que se encuentra dentro del **Fragment**:

hola-react/src/App.jsx

```jsx
1   import { useState } from 'react'
2   import reactLogo from './assets/react.svg'
3   import viteLogo from '/vite.svg'
4   import './App.css'
5
6   function App() {
7   const [count, setCount] = useState(0)
8
9   return (
10      <>
11      <div>
12          <a href="https://vitejs.dev" target="_blank">
13          <img src={viteLogo} className="logo" alt="Vite logo" />
14          </a>
15          <a href="https://react.dev" target="_blank">
16          <img src={reactLogo} className="logo react" alt="React logo" />
17          </a>
18      </div>
19      <h1>Vite + React</h1>
20      <div className="card">
21          <button onClick={() => setCount((count) => count + 1)}>
22          count is {count}
23          </button>
24          <p>
25          Edit <code>src/App.tsx</code> and save to test HMR
26          </p>
27      </div>
28      <p className="read-the-docs">
29          Click on the Vite and React logos to learn more
30      </p>
```

```
31      </>
32      )
33    }
34
35    export default App
```

Ahora, lo que vamos a hacer es instalar un framework de CSS. Dentro de los más populares que existen actualmente es el de **Bootstrap**. Sin embargo, este framework tiene un problema y es que su librería de JavaScript no es 100% compatible con frameworks de frontend, ya que los dos esperan poder acceder al DOM. Esto mismo aparece dentro de la documentación:

Usage with JavaScript frameworks

While the Bootstrap CSS can be used with any framework, **the Bootstrap JavaScript is not fully compatible with JavaScript frameworks like React, Vue, and Angular** which assume full knowledge of the DOM. Both Bootstrap and the framework may attempt to mutate the same DOM element, resulting in bugs like dropdowns that are stuck in the "open" position.

A better alternative for those using this type of frameworks is to use a framework-specific package **instead of** the Bootstrap JavaScript. Here are some of the most popular options:

- React: React Bootstrap

  Try it yourself! Download the source code and working demo for using Bootstrap with React, Next.js, and React Bootstrap from the twbs/examples repository. You can also open the example in StackBlitz.

- Vue: BootstrapVue (Bootstrap 4)
- Vue 3: BootstrapVueNext (Bootstrap 5, currently in alpha)
- Angular: ng-bootstrap

Documentación de bootstrap para los frameworks de JS.

Aquí nos indican que no funciona con frameworks como **React, Vue y Angular**, que es la mejor opción, en este caso es instalar librerías alternativas como, por ejemplo: **React Bootstrap**, **Bootstrap Vue**, o en el caso de **Angula, ng-Bootstrap**.

Así es que lo que vamos a hacer en este libro es el uso del framework de **Bulma CSS**. La razón es que este es completamente agnóstico de **JavaScript** y esto es para que también nos podamos enfocar 100% en la integración de **TypeScript** con **React**.

Y en nuestra terminal vamos a escribir:

Terminal de comandos

```
1  npm install -S bulma
```

Esto se instala bastante rápido, así que ahora vamos a aprovechar de importarlo:

hola-react/src/App.jsx

```
1  import './App.css'
2  import "bulma/css/bulma.css"
3  . . .
```

Vamos a importar desde **bulma** dentro de su carpeta de **css**. De Bulma CSS, existe también un archivo minificado, pero vamos a acceder sencillamente a **bulma.css**.

Ahora lo que vamos a hacer es agregar un botón:

hola-react/src/App.jsx

```
6          <>
7              <button className="button is-primary">Hola Mundo</button>
8          </>
9  . . .
```

Entonces vamos a renderizar un botón con las clases de **button** e **is-primary**, que tendrá el texto de "Hola mundo".

Y ahora vamos a ejecutar nuestro proyecto con el comando:

Terminal de comandos

```
1  npm run dev
```

Para verificar si es que está tomando correctamente el framework de CSS, así es que presionamos **enter**:

Salida de ejecutar: npm run dev

```
1  > hola-react@0.0.0 dev
2  > vite
3
4  VITE v5.3.0  ready in 189 ms
5
6  □  Local:   http://localhost:5173/
7  □  Network: use --host to expose
8  □  press h + enter to show help
```

Aquí ha comenzado el servidor de desarrollo y podemos ver que aparece nuestro botón de Hola mundo:

Botón renderizado con React y Bulma con éxito.

En las siguientes lecciones vamos a ver cómo podemos expandir un poco más la integración de **TypeScript** con React.

Código de la lección.

Para terminar, te dejaré el código de los archivos: **"hola-react/src/App.tsx"** y **"hola-react/src/App.css"**:

hola-react/src/App.jsx

```
1  import './App.css'
2  import "bulma/css/bulma.css"
3
4  function App() {
5      return (
6          <>
7              <button className="button is-primary">Hola Mundo</button>
8          </>
9      )
10 }
11
12 export default App
```

hola-react/src/App.css

```
1  #root {
2      margin: 20px;
3  }
```

Obteniendo los tipos correctos.

En esta lección vamos a empezar a refactorizar la aplicación que ya creamos y vamos a ver también un par de trucos que podemos seguir para que los tipos dentro de **React** nos vayan ayudando y así no tengamos que pelear tanto con **React** y estar colocando cada rato el tipo de **unknown** o **any** para resolver los problemas.

Lo primero que vamos a hacer y para ser más ordenados, es tomar el componente de **button** que creamos en la lección pasada; vamos a recortarlo:

hola-react/src/App.jsx

```
6          <>
7              <button className="button is-primary">Hola Mundo</button>
8          </>
9      . . .
```

Y vamos a ir a pasarlo dentro de una nueva carpeta que se va a llamar "**components**", y dentro vamos a crear un componente que se va a llamar **Button.tsx**,

Estructura de carpetas y archivos en la carpeta hola-react/src

```
1  src/
2      |-- assets/
3      |-- components/
4          |-- Button.tsx
5      |-- App.css
6      |-- App.tsx
7  . . .
```

Y dentro de este archivo vamos a comenzar por exportar por defecto un componente funcional, el cual se va a llamar **Button**, y aquí vamos a retornar el componente que recordamos anteriormente:

hola-react/src/components/Button.tsx

```
1  export default function Button() {
2      return (
3          <button className="button is-primary">Hola Mundo</button>
4      )
5  }
```

Ahora lo que vamos a hacer es devolvernos a nuestro archivo de "**app.tsx**" y vamos a importar este componente **Button** con:

hola-react/src/App.jsx

```
1  import Button from './components/Button'
2  import './App.css'
3  . . .
```

Guardamos y lo vamos a utilizar en el **return**:

hola-react/src/App.jsx

```
5   function App() {
6       return (
7           <>
8               <Button></Button>
9           </>
10  . . .
```

Cuando guardemos y vayamos a verificar que nuestra aplicación, debería estar corriendo correctamente. Así es que estamos bien encaminados.

Lo siguiente que haremos será comenzar a mejorar un poco este componente **Button**. Así que vamos a hacer es que vamos a pasarle el contenido del texto a nuestro botón mediante la propiedad **children**:

hola-react/src/components/Button.tsx

```
1   export default function Button({children}){
2       return (
3           <button className="button is-primary">{children}</button>
4       )
5   }
```

Así que aquí pasamos al botón en lugar de un texto fijo, la propiedad de **children** dentro de **Button**. Y se lo tenemos que pasar por las propiedades del componente, así que creamos un objeto y le hicimos un destructuring para sacar inmediatamente la propiedad de **children**. Cuando guardemos el archivo, veremos este error:

```
1   export default function Button({children}){        Binding element '
2       ret Binding element 'children' implicitly has an 'any'
3       | type. ts(7031)
4       )
5   }   (parameter) children: any

    View Problem (Alt+F8)   Quick Fix... (Ctrl+.)
```

Error al usar la propiedad children.

 Este error es porque nos está indicando que el tipo de la propiedad es **any**, entonces no sabe si es que se encuentra la propiedad de **children**.

Así que lo que tenemos que hacer es asignarle una **interface** a este argumento para que sepa cuáles son las propiedades que podemos recibir y cuáles no, así que vamos a crear, en un par de líneas antes, una **interface** que se va a llamar **ButtonProps**. Esta es una convención que se utiliza mucho en internet, que es el nombre del componente seguido por las propiedades, así que trata de no llevarle la contra. Seguiremos esta misma convención:

hola-react/src/components/Button.tsx

```
1    interface ButtonProps {
2        children: ReactNode,
3    }
4    . . .
```

Y aquí vamos a escribir **children** y en este caso necesitamos que este sea un nodo de **React**. Así es que aquí vamos a escribir **ReactNode** separado con una coma. Y ahora vamos a ver un nuevo error, vamos a colocar el cursor encima de React Node para saber qué es lo que está pasando:

```
1    interface ButtonProps {          'ButtonProps' is declared b
2        children: ReactNode          Cannot find name 'ReactNode
3    }               Cannot find name 'ReactNode'. ts(2304)
4
5    export default   type ReactNode = /*unresolved*/ any
6            return    View Problem (Alt+F8)   Quick Fix... (Ctrl+.)
```

Error al no tenor a ReactNode definido.

 Y nos está indicando que no puede encontrar **ReactNode**.

Así que vamos a hacer un Quick Fix con **comando/control** + **punto** y vamos a presionar la opción **add import from "react"**:

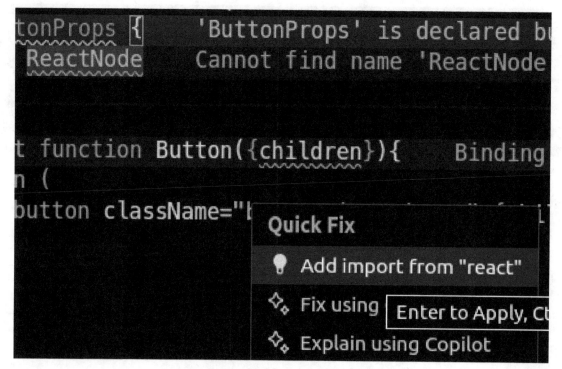

Quick fix para importar a ReactNode

Al presionar esta opción, se agregará en la primera línea de nuestro código lo siguiente:

hola-react/src/components/Button.tsx

```
1  import { ReactNode } from "react"
2  . . .
```

Lo último que nos falta para arreglar este error es asignarle esta interface **ButtonProps** a las **props** de nuestro componente **Button**:

hola-react/src/components/Button.tsx

```
7  export default function Button({children}: ButtonProps){
8      return (
9  . . .
```

Y ya podemos ir a corregir ahora nuestro archivo "**App.tsx**", ya que esta propiedad es requerida. Así que en este archivo vamos a pasarle ahora el **string** de "**Hola mundo**":

hola-react/src/App.jsx

```
5          <>
6              <Button>Hola Mundo</Button>
7          </>
8  . . .
```

Regresando a nuestro navegador, nuestra aplicación debería seguir funcionando después de guardar los cambios en estos archivos.

Vamos a ir nuevamente a nuestro archivo de "**Button.tsx**", para agregar una nueva propiedad para poder manejar cuando el usuario haga clic sobre este botón. Así que en nuestra **interface ButtonProps** agregaremos una propiedad que se va a llamar **handleClick**:

hola-react/src/components/Button.tsx

```
4      children: ReactNode,
5      handleClick:
6  }
7  . . .
```

Existe un truco para saber qué tipo de dato es **handleClick** si es que no lo hemos visto antes, porque no es sencillamente pasarle una **Function** o el tipo **any**, le vamos a pasar el tipo que corresponde.

Para eso, nos vamos a venir acá nuevamente a nuestro componente de **Button**.

Vamos a separar esto por líneas y, dentro de nuestro componente Button, vamos a agregar la propiedad de **onClick**:

hola-react/src/components/Button.tsx

```
8   export default function Button({children}: ButtonProps){
9       return (
10          <button
11              onClick={}
12              className="button is-primary"
13          >
14              {children}
15          </button>
16      )
17  }
```

A esta propiedad la dejamos como unos paréntesis de llaves ({}) y ahora vamos a colocar el cursor sobre la propiedad de **onClick**:

```
7
8    export defau   (property)
9           retu   React.DOMAttributes<HTMLButtonElement>.onClick?:
10                  React.MouseEventHandler<HTMLButtonElement> | undefined
11                  onClick={}
```

Tipo de la propiedad onClick.

Y aquí nos está indicando que es de tipo **React.MouseEventHandler<HTMLButtonElement>** o que también podría ser **undefined**.

Así que le vamos a indicar que el dato que le pasemos a nuestro componente de botón, en este caso **handleClick** tiene que ser de exactamente este mismo tipo, así que eso vamos a escribirlo:

hola-react/src/components/Button.tsx

```
4       children: ReactNode,
5       handleClick: MouseEventHandler<HTMLButtonElement>
6   }
7   . . .
```

Entonces el tipo es **MouseEventHandler** con el genérico de **HTMLButtonElement**.

Ahora tenemos otro error:

```
1    import { ReactNod   Cannot find name 'MouseEventHandler'. ts(2304)
2
3    interface ButtonP    type MouseEventHandler = /*unresolved*/ any
4        children: Rea   View Problem (Alt+F8)    Quick Fix... (Ctrl+.)
5        handleClick: MouseEventHandler<HTMLButtonElement>       Cannot
```

No se encuentra el tipo MouseEventHandler.

Para solucionarlo, vamos a colocar el cursor sobre **MousEventeHandler** y vamos a utilizar nuevamente la herramienta de Quick Fix y vamos a hacer clic sobre la opción: **Update import from "react"**.

Opción quick fix

Que lo que hará será añadir este tipo a nuestro **import** de la línea 1:

hola-react/src/components/Button.tsx

```
1  import { MouseEventHandler, ReactNode } from "react"
2  . . .
```

Lo siguiente que tenemos que hacer es sacar esta propiedad en las **props** y pasársela a nuestro botón:

hola-react/src/components/Button.tsx

```
8  export default function Button({children, handleClick}: ButtonProps){
9      return (
10         <button
11             onClick={handleClick}
12             className="button is-primary"
13         >
14  . . .
```

Ahora podemos guardarlo y en el archivo de "**App.tsx**" y nos estará indicando que tiene un problema:

```
8        <Button>Hola Mundo</Button>        Property 'handleClick' is mis
9    </   Property 'handleClick' is missing in type '{ children:
10   );   string; }' but required in type 'ButtonProps'. ts(2741)
11   }
12       Button.tsx(5, 5): 'handleClick' is declared here.
13   export (alias) function Button({ children, handleClick }:
14       ButtonProps): JSX.Element
         import Button

     View Problem (Alt+F8)   Quick Fix... (Ctrl+.)
```

Error al no pasarle la propiedad handleClick al componente.

 Y vemos que es porque no le estamos pasando la propiedad de **handleClick** la cual debe ser obligatoria en los botones, entonces para corregirlo vamos a escribir:

hola-react/src/App.jsx

```
5  function App() {
6      const handleClick = () => {
7
8      }
9      return (
10         <>
11             <Button handleClick={handleClick}>Hola Mundo</Button>
12         </>
13  . . .
```

Creamos una constante que se llama **handleClick** y esta es igual por ahora a una función que no retorna absolutamente nada y se la pasamos a nuestro componente de **Button**.

Ahora nos hace falta determinar el tipo de esta función que es **handleClick**, porque ahora sí colocamos el cursor sobre la definición:

```
4
5    function    const handleClick: () => void
6 |            const handleClick = () => {
```

Tipado de la función handleClick.

Y nos estará indicando que es una función que no recibe ningún argumento y que esta retorna **void**. Sin embargo, eso no es lo que queremos, nos encantaría saber qué es lo que está ocurriendo con el primer argumento que sabemos que es un evento, así que vamos a agregarlo:

hola-react/src/App.jsx

```
5  function App() {
6      const handleClick = (e) => {
7
8      }
9      return (
10 . . .
```

Si colocamos el cursor sobre este parámetro **e**:

```
rc > App.tsx > ...
1  import Button from    'e' is declared but its value is never read. ts(6133)
2  import './App.css'    Parameter 'e' implicitly has an 'any' type. ts(7006)
3  import "bulma/css/
4                       (parameter) e: any
5  function App() {     View Problem (Alt+F8)   Quick Fix... (Ctrl+.)
6     const handleClick = (e) => {       Parameter 'e' implicitly has an '
```

e no está siendo utilizado.

Nos está indicando que el parámetro **e** está declarado, pero su valor nunca está siendo usado. Así es que, le tenemos que pasar el mismo tipo de dato que recibe **handleclick**, el de **MouseEvent-Handler<HTMLButtonElement>**:

hola-react/src/App.jsx

```
5   function App() {
6       const handleClick: MouseEventHandler<HTMLButtonElement> = (e) => {
7       . . .
```

De nuevo utilizaremos el **Quick fix** que nos dice **Update import from "react"** para traer la importación:

hola-react/src/App.jsx

```
1   import { MouseEventHandler } from 'react'
2   import Button from './components/Button'
3   . . .
```

Y con esto ha quedado que esta función es de tipo **MouseEventHandler** con el genérico de **HTMLButtonElement** y si revisamos qué le estamos pasando como propiedad:

Tipo de la función al pasarlo como propiedad.

Y vemos que es exactamente el mismo tipo.

Ahora, dentro de esta función ya podemos acceder a la propiedad **e** y tenemos ahora disponible la herramienta del autocompletado:

Autocompletado para el parámetro e.

Y aquí están todas las propiedades que necesitamos. En este caso, la que nos interesa es la de **preventDefault** para prevenir el comportamiento por defecto de este botón, y vamos a aprovechar de agregar también un **console.log** de "**Hola mundo**" para verificar que todas las partes se encuentran conectadas correctamente:

hola-react/src/App.jsx

```
7      const handleClick: MouseEventHandler<HTMLButtonElement> = (e) => {
8          e.preventDefault()
9          console.log('Hola Mundo')
10     }
11  . . .
```

Vamos a ir nuevamente a nuestro navegador web que tiene nuestra app, refrescamos, abriremos la consola, y vamos a presionar el botón:

Botón imprimiendo correctamente en la consola.

Y aquí podemos ver cómo está apareciendo el texto de "Hola mundo".

Por ende, todas nuestras partes se encuentran conectadas.

 # Código de la lección.

Para terminar, te dejaré el código de los archivos: **"hola-react/src/App.tsx"** y **"hola-react/src/components/Button.tsx"**:

hola-react/src/App.jsx

```
1   import { MouseEventHandler } from 'react'
2   import Button from './components/Button'
3   import './App.css'
4   import "bulma/css/bulma.css"
5
6   function App() {
7       const handleClick: MouseEventHandler<HTMLButtonElement> = (e) => {
8           e.preventDefault()
9           console.log('Hola Mundo')
10      }
11
12      return (
13          <>
14              <Button handleClick={handleClick}>Hola Mundo</Button>
15          </>
16      )
17  }
18
19  export default App
```

hola-react/src/components/Button.tsx

```tsx
import { MouseEventHandler, ReactNode } from "react"

interface ButtonProps {
    children: ReactNode,
    handleClick: MouseEventHandler<HTMLButtonElement>
}

export default function Button({children, handleClick}: ButtonProps){
    return (
        <button
            onClick={handleClick}
            className="button is-primary"
        >
            {children}
        </button>
    )
}
```

Tipos en formularios.

Vamos a continuar ahora agregando otro componente de **Input**.

Para eso, en nuestro archivo de "**App.tsx**" vamos a agregar a este componente de **Input**:

hola-react/src/App.jsx

```
13      <>
14          <Input placeholder="Nombre" handleChange={handleChange} />
15          <Button handleClick={handleClick}>Hola Mundo</Button>
16      </>
```

Este componente **Input** tendrá la propiedad de **placeholder** cuyo valor será "**Nombre**" y también le pasamos una propiedad de **handleChange** y le pasamos una función llamada **handleChange**.

Al hacer estos cambios, notaremos algunos errores, y esto es porque ni la función **handleChange** ni el componente **Input** existen. Ahora lo que vamos a hacer es crear esta función de **handleChange**:

hola-react/src/App.jsx

```
6   function App() {
7       const handleChange = () => {}
8   . . .
```

Por ahora va a ser una función que no va a ser absolutamente nada, ya vamos a volver a corregir esto y también tenemos que agregar el **import** de nuestro componente de **Input**:

hola-react/src/App.jsx

```
2   import Button from './components/Button'
3   import Input from './components/Input'
4   import './App.css'
5   . . .
```

Este igual estará ubicado en la carpeta "**components**" y el archivo de donde viene se llama "**Input**". Ahora vamos a crearlo dentro de nuestra carpeta de "**components**", creamos un archivo que se va a llamar "**Input.tsx**":

Estructura de carpetas y archivos en la carpeta hola-react/src

```
1   src/
2       |-- assets/
3       |-- components/
4           |-- Button.tsx
5           |-- Input.tsx
6       |-- App.css
7       |-- App.tsx
8   . . .
```

Y aquí tenemos que hacer algo bastante similar a nuestro componente de **Button**, así que exportaremos por defecto una función que se llamará **Input**:

hola-react/src/components/Button.tsx

```
1  export default function Input() {
2      return (
3          <input
4              placeholder={placeholder}
5              onChange={handleChange}
6          />
7      )
8  }
```

Y este componente va a retornar una etiqueta HTML de **input**, la cual tiene que tener la propiedad de **placeholder** y **handleChange**, las cuales van a venir de las **props**. De estas dos propiedades haremos un destructuring desde las **props**:

hola-react/src/components/Button.tsx

```
1  export default function Input({placeholder, handleChange}){
2          return (
```

Por supuesto, tenemos que crear el tipo para las propiedades de **Input**, las cuales les llamaremos como **Input props**:

hola-react/src/components/Button.tsx

```
1  export default function Input({placeholder, handleChange}: InputProps){
2          return (
```

Ahora más arriba vamos a definir la **interface** de **InputProps**:

hola-react/src/components/Button.tsx

```
1  interface InputProps {
2      placeholder: string,
3      handleChange:
4  }
5  . . .
```

En esta vamos a tener un **placeholder** que va a ser de tipo **string** y un **handleChange**, que para esta no tenemos idea de su tipo, así que nuevamente sobre nuestro componente de **input** y vamos a colocar el mouse sobre la propiedad **handleChange**:

Tipo de onChange en el input.

Y aquí nos está mostrando que el tipo es **ChangeEventHandler<HTMLInputElement>** así que ese es el tipo que queremos, porque la otra opción vendría siendo el de **undefind**, pero en este caso queremos que esté definida:

hola-react/src/components/Button.tsx

```
1   import { ChangeEventHandler } from "react"
2
3   interface InputProps {
4       placeholder: string
5       handleChange: ChangeEventHandler<HTMLInputElement>
6   }
7   . . .
```

Así es que importamos a **ChangeEventHandler** desde **react**, este es el tipo que le pasamos con el genérico **HTMLInputElement**.

Vamos a aprovechar de copiar este tipo porque lo vamos a necesitar en nuestro archivo de "**App.tsx**", donde está **handleChange**, le agregaremos este tipo:

hola-react/src/App.jsx

```
7   function App() {
8       const handleChange: ChangeEventHandler<HTMLInputElement> = () => {}
9   . . .
```

Este tipo, por supuesto, no aparece, así que tenemos que hacer un **import** de este tipo, y puedes hacer un **Quick fix**, copiar el **import** del archivo "**Button.tsx**" o escribirlo manualmente:

hola-react/src/App.jsx

```
7   import { ChangeEventHandler, MouseEventHandler } from 'react'
```

Con esto ya se encontrará agregado.

Con esto listo, ya podemos escribir para pasar el argumento del evento:

hola-react/src/App.jsx

```
7   function App() {
8       const handleChange: ChangeEventHandler<HTMLInputElement> = (e) => {}
9   . . .
```

Y en la función ya podremos acceder a todas sus propiedades, que dentro de estas debe aparecer al final una que se llame **target**:

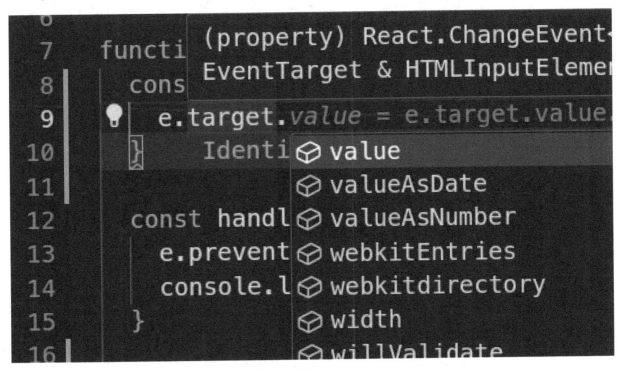

```
6
7    function App() {
8      const handleChange: ChangeEventHandler<HTMLInputElement>
9  💡   e.
10  }      ⬡ defaultPrevented
11         ⬡ eventPhase
12  cons   ⬡ isDefaultPrevented
13   e.    ⬡ isPropagationStopped
14   co    ⬡ isTrusted
15  }      ⬡ nativeEvent
16 |       ⬡ persist
17  retu   ⬡ preventDefault
18   <>    ⬡ stopPropagation
19 |       ⬡ target          (property) React.ChangeEvent<HTMLInp...>   n
20         ⬡ timeStamp                                                 n
21  </     ⬡ type
```

Propiedades del evento e.

Y luego en **target** podremos encontrar a **value**:

```
6
7    functi    (property) React.ChangeEvent
8      cons    EventTarget & HTMLInputElemen
9  💡    e.target.value = e.target.value
10  }       Identi  ⬡ value
11                  ⬡ valueAsDate
12     const handl  ⬡ valueAsNumber
13      e.prevent   ⬡ webkitEntries
14      console.l   ⬡ webkitdirectory
15  }               ⬡ width
16                  ⬡ willValidate
```

Propiedades de target.

Entonces vamos a colocar esto dentro de un **console.log**:

hola-react/src/App.jsx

```
8   const handleChange: ChangeEventHandler<HTMLInputElement> = (e) => {
9       console.log(e.target.value)
10  }
11  . . .
```

Y ahora, cada vez que cambie el valor del campo del formulario, debemos poder verlo en la consola. Vamos a verificar eso en nuestro navegador, vamos a refrescar y ahora vamos a escribir sobre el **input**:

Input funcionando correctamente.

Y así comprobamos, viendo los valores que se encuentran dentro de la consola, entonces nuestro componente **Input** funciona correctamente.

Código de la lección.

Para terminar, te dejaré el código de los archivos: **"hola-react/src/App.tsx"** y **"hola-react/src/components/Input.tsx"**:

hola-react/src/App.jsx

```
1   import { ChangeEventHandler, MouseEventHandler } from 'react'
2   import Button from './components/Button'
3   import Input from './components/Input'
4   import './App.css'
5   import "bulma/css/bulma.css"
6
7   function App() {
8       const handleChange: ChangeEventHandler<HTMLInputElement> = (e) => {
9           console.log(e.target.value)
10      }
11
12      const handleClick: MouseEventHandler<HTMLButtonElement> = (e) => {
13          e.preventDefault()
14          console.log('Hola Mundo')
```

```
15        }
16
17        return (
18            <>
19                <Input placeholder="Nombre" handleChange={handleChange} />
20                <Button handleClick={handleClick}>Hola Mundo</Button>
21            </>
22        )
23    }
24
25    export default App
```

hola-react/src/components/Input.tsx

```
1    import { ChangeEventHandler } from "react"
2
3    interface InputProps {
4        placeholder: string
5        handleChange: ChangeEventHandler<HTMLInputElement>
6    }
7
8    export default function Input({placeholder, handleChange}: InputProps){
9        return (
10            <input
11                placeholder={placeholder}
12                onChange={handleChange}
13            />
14        )
15    }
```

Refactorizando UserForm.

Nuestra aplicación se está empezando a volver un poco desordenada, así que vamos a refactorizarla para que esta sea más fácil de mantener.

En nuestro archivo de "**App.tsx**"vamos a tomar las funciones referentes al formulario, vamos a recortarlas:

hola-react/src/App.jsx

```
1  function App() {
2      const handleChange: ChangeEventHandler<HTMLInputElement> = (e) => {
3          console.log(e.target.value)
4      }
5
6      const handleClick: MouseEventHandler<HTMLButtonElement> = (e) => {
7          e.preventDefault()
8          console.log('Hola Mundo')
9      }
10 . . .
```

Y las vamos a agregar a un componente que se va a llamar **UserForm**. Entonces, dentro de nuestra carpeta de "**src**" vamos a crear una nueva carpeta que se va a llamar "**forms**". Y dentro de "**forms**" vamos a crear uno que se va a llamar "**UserForm.tsx**":

Estructura de carpetas y archivos en la carpeta hola-react/src

```
1  src/
2      |-- assets/
3      |-- components/
4          |-- Button.tsx
5          |-- Input.tsx
6      |-- forms/
7          |-- UserForm.tsx
8      |-- App.css
9      |-- App.tsx
10 . . .
```

Entonces, en este archivo lo que haremos será exportar por defecto una función de **UserForm** y aquí vamos a pegar el código que acabamos de recortar:

hola-react/src/forms/UserForm.tsx

```
1  export default function UserForm() {
2      const handleChange: ChangeEventHandler<HTMLInputElement> = (e) => {
3          console.log(e.target.value)
4      }
5
6      const handleClick: MouseEventHandler<HTMLButtonElement> = (e) => {
7          e.preventDefault()
8          console.log('Hola Mundo')
9      }
10 }
```

Agregaremos los **import**:

hola-react/src/forms/UserForm.tsx

```
1   import { ChangeEventHandler, MouseEventHandler } from "react"
2   . . .
```

Y ahora tenemos que agregar los componentes, así que nuevamente de "**App.tsx**", vamos a recortar:

hola-react/src/App.jsx

```
9           <>
10              <Input placeholder="Nombre" handleChange={handleChange} />
11              <Button handleClick={handleClick}>Hola Mundo</Button>
12          </>
```

Guardamos y nos devolvemos a nuestro archivo de "**userForm.tsx**", que es donde se encuentra el formulario. Agregaremos un **return** y vamos a pegar los componentes:

hola-react/src/forms/UserForm.tsx

```
13      return(
14          <Input placeholder="Nombre" handleChange={handleChange} />
15          <Button handleClick={handleClick}>Hola Mundo</Button>
16      )
17  }
```

Aquí vamos a necesitar, por supuesto, importar estos 2 componentes haciendo un **quick fix**:

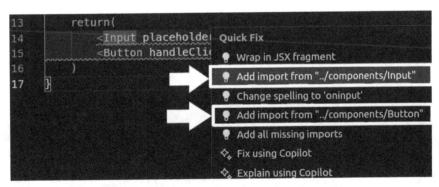

Quick Fix para importar los componentes.

Así que hacemos clic para que se agreguen estos **import**:

hola-react/src/forms/UserForm.tsx

```
13  import { ChangeEventHandler, MouseEventHandler } from "react"
14  import Input from "../components/Input"
15  import Button from "../components/Button"
16  . . .
```

Aunque hayamos hecho esto, todavía tenemos un problema:

```
12   JSX expressions must have one parent element. ts(2657)
13
14   (property) ButtonProps.handleClick:
15   MouseEventHandler<HTMLButtonElement>
16   View Problem (Alt+F8)   Quick Fix... (Ctrl+.)
17             <Button handleClick={handleClick}>Hola Mundo</Button>
18       💡   )
19   }
```

Error al tener varios componentes en el return en el mismo nivel.

 Y es porque no podemos tener componentes varios componentes en el mismo nivel.

Si queremos hacer esto, tenemos que envolverlos dentro de un componente **div**, o podemos utilizar los **fragments** dentro de **React**:

hola-react/src/forms/UserForm.tsx

```
16      return(
17          <>
18              <Input placeholder="Nombre" handleChange={handleChange} />
19              <Button handleClick={handleClick}>Hola Mundo</Button>
20          </>
21      )
22   }
```

Con estos cambios desaparecieron los errores.

Ahora vamos a importar este componente dentro de "**App.tsx**", que cuando estemos agregando este componente, y optamos por aceptar el autocompletado, agregará el componente y el **import** correspondiente:

```
7    function App() {
8        return (
9            <>
10               <UserForm />   Cannot find name 'User'.
11           </>         [@] UserActivation
12       )            ⊗ UserForm                    ./form/UserF…>
13   }               [@] URLSearchParams
14
15   export defa   Add import from "./form/UserForm"              ×
16
                   function UserForm(): JSX.Element
```

Autocompletado para llamar al componente.

Entonces esto debió quedar de esta manera:

hola-react/src/forms/UserForm.tsx

```
6   import UserForm from './forms/UserForm'
7
8   function App() {
9       return (
10          <>
11              <UserForm />
12          </>
13  . . .
```

Ahora de este mismo archivo vamos a eliminar los **import** que no estemos utilizando:

hola-react/src/forms/UserForm.tsx

```
1   import { ChangeEventHandler, MouseEventHandler } from 'react'
2   import Button from './components/Button'
3   import Input from './components/Input'
4   import './App.css'
5   . . .
```

Y vamos a revisar si nuestra aplicación sigue funcionando en el navegador:

Aplicación funcionando correctamente.

Y vemos que todo está funcionando correctamente.

Ahora en el archivo del formulario de usuario "**UserForm.tsx**" vamos a aprovechar de agregar otro componente "**Input**", pero en lugar de agregar solamente el nombre, vamos a indicar que aquí este será el "**Apellido**":

hola-react/src/forms/UserForm.tsx

```
17          <Input placeholder="Nombre" handleChange={handleChange} />
18          <Input placeholder="Apellido" handleChange={handleChange} />
19          <Button handleClick={handleClick}>Hola Mundo</Button>
```

A continuación vamos a ver cómo podemos manejar el estado utilizando el **hook** de **useState**.

Código de la lección.

Para terminar, te dejaré el código de los archivos: **"hola-react/src/App.tsx"** y **"hola-react/src/forms/User.tsx"**:

hola-react/src/App.jsx

```
1  import './App.css'
2  import "bulma/css/bulma.css"
3  import UserForm from './forms/UserForm'
4
5  function App() {
6      return (
7          <>
8              <UserForm />
9          </>
10     )
11 }
12
13 export default App
```

hola-react/src/forms/Input.tsx

```
1  import { ChangeEventHandler, MouseEventHandler } from "react"
2  import Input from "../components/Input"
3  import Button from "../components/Button"
4
5  export default function UserForm() {
6      const handleChange: ChangeEventHandler<HTMLInputElement> = (e) => {
7          console.log(e.target.value)
8      }
9
10     const handleClick: MouseEventHandler<HTMLButtonElement> = (e) => {
11         e.preventDefault()
12         console.log('Hola Mundo')
13     }
14
15     return(
16         <>
17             <Input placeholder="Nombre" handleChange={handleChange} />
18             <Input placeholder="Apellido" handleChange={handleChange} />
19             <Button handleClick={handleClick}>Hola Mundo</Button>
20         </>
21     )
22 }
```

useState.

En la lección pasada, refactorizamos el formulario de usuario y lo que vamos a hacer ahora es utilizar el hook de **useState** para poder gestionar todo el estado de nuestro formulario.

En nuestro archivo de **"UserForm.tsx"**, que es el que contiene nuestro formulario y vamos a agregar al **import** de useState:

hola-react/src/forms/UserForm.tsx

```
1  import { ChangeEventHandler, MouseEventHandler, useState } from "react"
2  import Input from "../components/Input"
3  . . .
```

Después de eso, donde estamos definiendo el **UserForm**, vamos a definir una constante, haciendo destructiring **form** y **setForm** del llamado al **useState**:

hola-react/src/forms/UserForm.tsx

```
5  export default function UserForm() {
6      const [form, setForm] = useState()
7  . . .
```

Ahora, cuando llamamos a **useState** sí colocamos el cursor sobre **form** para ver su tipo:

El tipo de form es undefined.

Nos damos cuenta de que esta tiene el tipo de **undefined**. Pero lo que necesitamos es que este tenga la forma de nuestro formulario. Así es que inicialmente le podemos pasar un valor inicial que contenga las propiedades de nuestro formulario, que vendrían siendo las del **nombre** y **apellido**.

Primero tenemos que crear un **type** para el formulario:

hola-react/src/forms/UserForm.tsx

```
5  type UserFormState = {
6      name: string,
7      lastname: string
8  }
9  . . .
```

Entonces, en este **type** tenemos a **name** y a **lastname** donde ambas van a ser de tipo **string**.

Luego de eso, tengo que definir una constante que le vamos a indicar **initialValue** y que será de tipo **UserFormState**, y va a ser igual a un objeto que contiene la propiedad de **name** con un **string** vacío y también a **lastName**, que también es un string vacío:

hola-react/src/forms/UserForm.tsx

```
10  const initialValue: UserFormState = {
11      name: '',
12      lastname: ''
13  }
14  . . .
```

Ahora ya podemos asignarle este valor de **initialValue** a nuestro hook de **useState**:

hola-react/src/forms/UserForm.tsx

```
15  export default function UserForm() {
16      const [form, setForm] = useState(initialValue)
17  . . .
```

Y ahora, si llevamos el cursor de nuevo sobre **form**:

```
        lastNam  'form' is declared but its value is never read. ts(6133)
    }
                 const form: UserFormState

    export defa  View Problem (Alt+F8)   Quick Fix... (Ctrl+.)

        const [form, setForm] = useState(initialValue)        'form' is decla
```

El tipo de form cuando agregamos el valor inicial.

Nos damos cuenta de que este es de tipo **UserFormState**.

Y para poder manejar el estado de los formularios y asignarle el valor de cada campo a una propiedad aparte, tenemos 2 opciones:

1. Utilizar **currying** con nuestra función de **handleChange**.
2. Y la otra opción, que es la que vemos más comúnmente que se utiliza, es mediante la propiedad de **name**. Así que vamos a hacer esto dentro de nuestro componente de **Input**.

Entonces vamos a agregar esta propiedad a nuestros inputs:

hola-react/src/forms/UserForm.tsx

```
28      <>
29          <Input name="name" placeholder="Nombre" handleChange={handleChange} />
30          <Input name="lastname" placeholder="Apellido" handleChange={handleChange} />
31          <Button handleClick={handleClick}>Hola Mundo</Button>
32  . . .
```

Entonces el valor de la propiedad **name** de nuestro **Input** de "**Nombre**" será "**name**" y el de "**Apellido**" será "**lastname**"

Y ahora tenemos que, por supuesto, agregar esta propiedad a nuestro componente de **Input**:

hola-react/src/forms/Input.tsx

```
3   interface InputProps {
4       placeholder: string
5       handleChange: ChangeEventHandler<HTMLInputElement>
6       name: string
7   }
8
9   export default function Input({placeholder, handleChange, name}: InputProps){
10      return (
11          <input
12              name={name}
13              placeholder={placeholder}
14              onChange={handleChange}
15          />
16  . . .
```

Agregamos a **name** a la **interface** de **InputProps**, que este va a ser un **string**. Hacemos un destructuring de **name** desde las **props** del componente, y lo pasamos después a nuestro componente de **input**.

Ahora nos podemos devolver a nuestro formulario en el archivo **"UserForm.tsx"** y vamos a ir a nuestra función **handleChange**, el evento dentro de esta función nos permite a poder acceder a nuestro objetivo o a nuestro elemento propiamente de HTML y dentro de las propiedades que este elemento contiene es el **target.name**:

hola-react/src/forms/UserForm.tsx

```
18      const handleChange: ChangeEventHandler<HTMLInputElement> = (e) => {
19          e.target.name
20          console.log(e.target.value)
21  . . .
```

Y si colocamos el cursor encima de esto que acabamos de agregar:

Tipo de e.target.name

Nos indica que esto es un **string**, pero necesitamos que esto sea un **string**. Entonces vamos a necesitar que sean solamente los valores que contienen las propiedades del objeto de **initialValue** o, en este caso, que cumplan con las propiedades del tipo de **UserFormState**. O sea que **e.target.name** puede ser **name** o **lastname**, no puede ser absolutamente nada más.

Para hacer esto, vamos a asignarle esto a una constante que se va a llamar **name**, pero le vamos a asignar un tipo:

hola-react/src/forms/UserForm.tsx

```
18      const handleChange: ChangeEventHandler<HTMLInputElement> = (e) => {
19          const name = e.target.name as keyof UserFormState
20          console.log(e.target.value)
21  . . .
```

Entonces, usando a la palabra reservada de **as** señalamos que este tipo va a hacer de tipo **keyof** para indicar que son solamente las propiedades de **UserFormState**. Entonces, ahora está constante: **name** puede ser solamente o **name** o **lastname**.

Tipo de la constante name.

Ahora podemos usar el método **setForm** haciendo uso del tipado:

hola-react/src/forms/UserForm.tsx

```
19          const name = e.target.name as keyof UserFormState
20          console.log(e.target.value)
21          setForm({...form,[name]: e.target.value})
22      }
23  . . .
```

Entonces, para asignar el nuevo valor de **form**, hacemos un destructuring de **form** y le pasamos la propiedad acá de **name** con las propiedades dinámicas, y por supuesto también le tenemos que pasar el valor que en este caso es **e.target.value**. Con este cambio, el valor que puede obtener es solamente **name** y **lastname**.

Esto también lo podemos colocar como un **string** de "**name**":

hola-react/src/forms/UserForm.tsx

```
19          const name = e.target.name as keyof UserFormState
20          setForm({...form, ["name"]: e.target.value})
21      }
22  . . .
```

Pero no podemos colocar por ejemplo:

hola-react/src/forms/UserForm.tsx

```
19          const name = e.target.name as keyof UserFormState
20          setForm({...form, ["lala"]: e.target.value})
21      }
22  . . .
```

Porque esto hará que el compilador nos arroje un error:

```
15   export default function |Object literal may only specify known properties, and '["lala"]'
16       const [form, setForm does not exist in type 'SetStateAction<UserFormState>'. ts(2353)
17
18       const handleChange: ( (property) ["lala"]: string
19           const name = e.ta View Problem (Alt+F8)  Quick Fix... (Ctrl+.)
20           setForm({...form,["lala"]: e.target.value})        Object literal may only spe
21       }
```

Error en el que no existe la propiedad "lala" en UserFormState

De esta manera también lo podemos validar, entonces vamos a volver a colocar a **name**:

hola-react/src/forms/UserForm.tsx

```
19          const name = e.target.name as keyof UserFormState
20          setForm({...form, [name]: e.target.value})
21      }
22   . . .
```

Ahora lo que vamos a editar el **console.log** para que, en lugar de que diga "Hola mundo", vamos a indicar que queremos que impriman los valores de **form**:

hola-react/src/forms/UserForm.tsx

```
23   const handleClick: MouseEventHandler<HTMLButtonElement> = (e) => {
24       e.preventDefault()
25       console.log(form)
26   }
27   . . .
```

Entonces, en nuestra aplicación en el navegador, vamos a colocar un par de valores en el formulario y vamos a hacer clic en el botón:

Formulario funcionando correctamente en la aplicación.

Y aquí podemos ver el objeto con la propiedad de **name** y **lastname** con los valores que colocamos en los inputs:

Código de la lección.

Para terminar, te dejaré el código de los archivos: "**hola-react/src/components/Input.tsx**" y "**hola-react/src/forms/User.tsx**":

hola-react/src/components/Input.tsx

```tsx
1   import { ChangeEventHandler } from "react"
2
3   interface InputProps {
4       placeholder: string
5       handleChange: ChangeEventHandler<HTMLInputElement>
6       name: string
7   }
8
9   export default function Input({placeholder, handleChange, name}: InputProps){
10      return (
11          <input
12              name={name}
13              placeholder={placeholder}
14              onChange={handleChange}
15          />
16      )
17  }
```

hola-react/src/forms/UserForm.tsx

```tsx
1   import { ChangeEventHandler, MouseEventHandler, useState } from "react"
2   import Input from "../components/Input"
3   import Button from "../components/Button"
4
5   type UserFormState = {
6       name: string,
7       lastname: string
8   }
9
10  const initialValue: UserFormState = {
11      name: '',
12      lastname: ''
13  }
14
15  export default function UserForm() {
16      const [form, setForm] = useState(initialValue)
17
18      const handleChange: ChangeEventHandler<HTMLInputElement> = (e) => {
19          const name = e.target.name as keyof UserFormState
20          setForm({...form,[name]: e.target.value})
21      }
22
23      const handleClick: MouseEventHandler<HTMLButtonElement> = (e) => {
24          e.preventDefault()
25          console.log(form)
26      }
27
```

```
28      return(
29          <>
30              <Input name="name" placeholder="Nombre" handleChange={handleChange} />
31              <Input name="lastname" placeholder="Apellido" handleChange={handleChange\
32  } />
33              <Button handleClick={handleClick}>Hola Mundo</Button>
34          </>
35      )
36  }
```

Enviando y limpiando formularios.

En nuestra lección pasada vimos cómo podíamos hacer uso del **hook** de React **useState** para poder manejar el estado del formulario y también cómo tenemos que integrar **TypeScript** a este **hook**. Ahora vamos a ver cómo podemos enviar los datos del formulario a donde queramos.

Dentro de nuestro archivo de "**UserForm.tsx**" vamos a definir las propiedades que tiene que recibir este **form** así es que aquí definimos una **interface** que se va a llamar **UserFormProps** y le vamos a pasar la propiedad de **handleSubmit** y en este caso esta va a ser una función que le vamos a pasar desde el componente padre, que en este caso es a **App**, así es que para que no tengamos después un problema en el compilador, vamos a indicarle que esta es una función que va a recibir un parámetro de **user** y que esta va a ser de tipo **UserFormState**:

hola-react/src/forms/UserForm.tsx

```
15  interface UserFormProps {
16      handleSubmit: (user: UserFormState) => void
17  }
18  . . .
```

Con esto le vamos a pasar todos los datos que se encuentran en el formulario.

Ahora podemos hacer un destructuring dentro de las propiedades de nuestra función de **User-Form**:

hola-react/src/forms/UserForm.tsx

```
19  export default function UserForm({handleSubmit}: UserFormProps) {
20      const [form, setForm] = useState(initialValue)
21  . . .
```

Sacamos a **handleSubmit** y las propiedades son de tipo **UserFormProps**.

Y ahora tenemos que bajar a nuestra función de **handleClick**. Después de **preventDefault** vamos a llamar a **handleSubmit** y le vamos a pasar los datos del formulario, o sea, a **form**:

hola-react/src/forms/UserForm.tsx

```
27      const handleClick: MouseEventHandler<HTMLButtonElement> = (e) => {
28          e.preventDefault()
29          handleSubmit(form)
30          console.log(form)
31      }
32  . . .
```

Tenemos que pasarle esta misma función dentro de "**App.tsx**", lo vamos a pasar directamente al componente:

hola-react/src/forms/App.tsx

```
27          <>
28              <UserForm handleSubmit={user =>}/>
29          </>
```

Que en este caso va a ser una función que recibe un **user** y si colocamos el cursor sobre este:

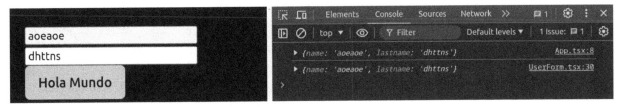

```
4                 'user' is declared but its value is never read. ts(6133)
5  function App()   (parameter) user: UserFormState
6    return (
7       <>             View Problem (Alt+F8)   Quick Fix... (Ctrl+.)
8       <UserForm handleSubmit={user =>}/>        Expression expected.
9       </>
```

Tipo de user.

Veremos que es de tipo **UserFormState**.

Y para utilizarlo, vamos a agregar un **console.log**, solamente para que el compilador no nos moleste:

hola-react/src/forms/App.tsx

```
27          <>
28              <UserForm handleSubmit={user => console.log(user)}/>
29          </>
```

En nuestro archivo de "**UserForm.tsx**", verificamos que esté todo bien y ahora podemos ir a nuestro navegador para probar nuestra aplicación.

Vamos a refrescar, y cuando presionemos en el botón, veremos cómo aparece finalmente nuestro formulario con los datos:

Aplicación funcionando correctamente.

Vemos que aparece en dos lados en la línea 8 de "**App.tsx**" que es el que acabamos de agregar, y el otro es que tenemos en "**UserForm.tsx**" en **handleSubmit**. Así que eliminaremos este último que mencionamos:

hola-react/src/forms/UserForm.tsx

```
29          handleSubmit(form)
30          console.log(form)
31      }
```

Y algo de lo que aún carece nuestro formulario es que cada vez que presionemos el botón en nuestra aplicación, los datos todavía se encuentran en los inputs, y lo que vamos a buscar hacer es que una vez que haya enviado los datos, estos se eliminen del formulario para que de cierta manera lo "limpie" o "reinicie" y así pueda volver a rellenar los datos después.

Así que escribiremos:

hola-react/src/forms/UserForm.tsx

```
29      handleSubmit(form)
30      setForm(initialValue)
31    }
```

Hemos pasado aquí a **setForm** y le pasamos el **initialValue**.

Esto que hemos realizado no va a funcionar porque el formulario no se encuentra manejado por React. Si hacemos la prueba, los datos aparecerán en la consola, el Estado se habrá limpiado; sin embargo, si volvemos a hacer clic en el botón:

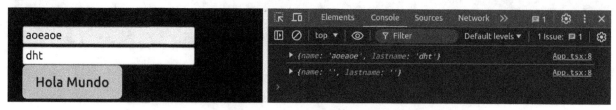

Formulario con comportamiento erróneo.

Vemos ahora que aparece el objeto vacío, pero no nos está limpiando el formulario.

Para que podamos corregir eso, sencillamente tenemos que agregarle el **value** a cada uno de los campos:

hola-react/src/forms/UserForm.tsx

```
34      <>
35          <Input value={form.name} name="name" placeholder="Nombre" handleChange={hand\
36   leChange} />
37          <Input value={form.lastname} name="lastname" placeholder="Apellido" handleCh\
38   ange={handleChange} />
39          <Button handleClick={handleClick}>Hola Mundo</Button>
40      </>
```

Entonces, en cada uno de los componentes **Input** hemos agregado la propiedad **value** y cada uno tendrá su respectivo valor proveniente de **form**. Lo siguiente es ir a actualizar nuestro componente de **Input**:

hola-react/src/components/Input.tsx

```
34   interface InputProps {
35       placeholder: string
36       handleChange: ChangeEventHandler<HTMLInputElement>
37       name: string
38       value: string
39   }
40
41   export default function Input({placeholder, handleChange, name, value}: InputProps){
42       return (
43           <input
44               value={value}
45               name={name}
46               placeholder={placeholder}
```

```
47            onChange={handleChange}
48        />
```

Entonces, al igual que hemos hecho anteriormente:

- Agregamos a **value** como tipo **string** en **InputProps**,
- indicamos que llegará en las props del componente,
- y, se lo tenemos que pasar como propiedad a la etiqueta **input**.

Vamos a probar de nuevo nuestra aplicación:

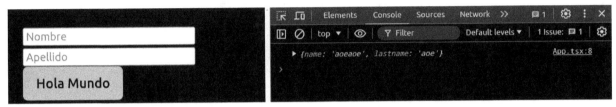

Comportamiento esperado de la aplicación.

Vemos que aparecen los datos de nuestro formulario acá en la consola al presionar el botón, pero que también nuestro formulario se limpia con éxito.

Código de la lección.

Para terminar, te dejaré el código de los archivos: "**hola-react/src/App.tsx**", "**hola-react/src/components/Input.tsx**" y "**hola-react/src/forms/User.tsx**":

hola-react/src/App.tsx

```
1   import './App.css'
2   import "bulma/css/bulma.css"
3   import UserForm from './forms/UserForm'
4
5   function App() {
6       return (
7           <>
8           <UserForm handleSubmit={user =>console.log(user)}/>
9           </>
10      )
11  }
12
13  export default App
```

hola-react/src/components/Input.tsx

```tsx
1   import { ChangeEventHandler } from "react"
2
3   interface InputProps {
4       placeholder: string
5       handleChange: ChangeEventHandler<HTMLInputElement>
6       name: string
7       value: string
8   }
9
10  export default function Input({placeholder, handleChange, name, value}: InputProps){
11      return (
12          <input
13              value={value}
14              name={name}
15              placeholder={placeholder}
16              onChange={handleChange}
17          />
18      )
19  }
```

hola-react/src/forms/UserForm.tsx

```tsx
1   import { ChangeEventHandler, MouseEventHandler, useState } from "react"
2   import Input from "../components/Input"
3   import Button from "../components/Button"
4
5   type UserFormState = {
6       name: string,
7       lastname: string
8   }
9
10  const initialValue: UserFormState = {
11      name: '',
12      lastname: ''
13  }
14
15  interface UserFormProps {
16      handleSubmit: (user: UserFormState) => void
17  }
18
19  export default function UserForm({handleSubmit}: UserFormProps) {
20      const [form, setForm] = useState(initialValue)
21
22      const handleChange: ChangeEventHandler<HTMLInputElement> = (e) => {
23          const name = e.target.name as keyof UserFormState
24          setForm({...form, [name]: e.target.value})
25      }
```

```
26
27      const handleClick: MouseEventHandler<HTMLButtonElement> = (e) => {
28          e.preventDefault()
29          handleSubmit(form)
30          setForm(initialValue)
31      }
32
33      return(
34          <>
35              <Input value={form.name} name="name" placeholder="Nombre" handleChange={\
36  handleChange} />
37              <Input value={form.lastname} name="lastname" placeholder="Apellido" hand\
38  leChange={handleChange} />
39              <Button handleClick={handleClick}>Hola Mundo</Button>
40          </>
41      )
42  }
```

useEffect y agregando elementos.

En esta lección vamos a ver cómo podemos hacer uso del hook de React **useEffect** con **TypeScript**.

De regreso en nuestro archivo **"App.tsx"**, lo que vamos a hacer es tratar de ir a buscar elementos dentro de una **API** para que los podamos cargar dentro de un estado. Y es cuando hagamos este llamado a la **API** que vamos a hacer uso del **useEffect**.

Vamos a hacer uso de una API gratuita que se llama **"JSON placeholder"**, que nos ofrece una alternativa para que podamos realizar pruebas cuando estamos construyendo aplicaciones y son excelentes también para poder aprender.

Lo que queremos hacer es ir a buscar los **users** que nos puede brindar esta API. La siguiente es su URL:

https://jsonplaceholder.typicode.com/

Y viendo la documentación, veremos que tiene varios endponits a los que podemos hacer peticiones:

Resources

JSONPlaceholder comes with a set of 6 common resources:

/posts	100 posts
/comments	500 comments
/albums	100 albums
/photos	5000 photos
/todos	200 todos
/users	10 users

Note: resources have relations. For example: posts have many comments, albums have many photos, ... see guide for the full list.

Endpoints disponibles.

Si hacemos clic en el endpoint de **users**:

```
[
  {
    "id": 1,
    "name": "Leanne Graham",
    "username": "Bret",
    "email": "Sincere@april.biz",
    "address": {
      "street": "Kulas Light",
      "suite": "Apt. 556",
      "city": "Gwenborough",
      "zipcode": "92998-3874",
      "geo": {
        "lat": "-37.3159",
        "lng": "81.1496"
      }
    },
    "phone": "1-770-736-8031 x56442",
    "website": "hildegard.org",
    "company": {
      "name": "Romaguera-Crona",
      "catchPhrase": "Multi-layered client-server neural-net",
      "bs": "harness real-time e-markets"
    }
  },
  {
    "id": 2,
    "name": "Ervin Howell",
    "username": "Antonette",
    "email": "Shanna@melissa.tv",
    "address": {
      "street": "Victor Plains",
      "suite": "Suite 879",
      "city": "Wisokyburgh",
      "zipcode": "90566-7771",
      "geo": {
        "lat": "-43.9509",
        "lng": "-34.4618"
      }
    },
    "phone": "010-692-6593 x09125",
    "website": "anastasia.net",
    "company": {
      "name": "Deckow-Crist",
      "catchPhrase": "Proactive didactic contingency",
      "bs": "synergize scalable supply-chains"
    }
  },
  {
```

Respuesta de la API en el endpoint de users.

Y aquí podemos ver los elementos que esta API nos está devolviendo.

Lo que sí, vamos a tener que realizar un pequeño cambio, ya que el formulario que creamos contiene un **name** y un **lastname**, pero en esta API no existe ningún usuario que contenga la propiedad de **lastname**.

Así que lo que vamos a hacer, es que vamos a cambiar esta propiedad por **username**, esto es solamente porque estamos mostrando un ejemplo, si es que estás trabajando con una API de verdad, te tienes que preocupar de agregar absolutamente todas las propiedades que contengan estos objetos a los tipos que ustedes creen. Pero esto solamente para hacer una demostración de cómo lo podemos integrar, vamos a agregar solamente **name** y **username**, esto es muy importante y algo que tienes que tener en cuenta.

En nuestro editor vamos a importar a **useState** y a **useEffect**

hola-react/src/App.tsx

```
1  import { useState, useEffect } from 'react'
2  . . .
```

Comenzaremos definiendo el estado de nuestros usuarios:

hola-react/src/App.tsx

```
7  function App() {
8      const [users, setUsers] = useState<>()
9  . . .
```

En una constante, destructuraremos a **users** y **setUsers** y esto va a ser igual a **useState** y aquí le tenemos que indicar la forma que va a tener nuestro estado de usuario. Eso lo podemos hacer acá pasándole un genérico. Que en este caso buscaremos que tenga exactamente la misma forma que el estado de nuestro formulario, pero además también le agregaremos un **id**.

Así que lo que vamos a hacer es crear un nuevo tipo acá que se va a llamar **User** y esto va a ser igual a la intersección entre **UserFormState** y un objeto que va a contener la propiedad de **id** y que va a ser un **number**:

hola-react/src/App.tsx

```
7  type User = UserFormState & {id: number}
8  . . .
```

Esto, por supuesto, no se encuentra importado, por lo que hay que agregarlo:

hola-react/src/App.tsx

```
4  import "bulma/css/bulma.css"
5  import UserForm, {UserFormState} from './forms/UserForm'
6  . . .
```

Pero esto también tiene otro problema, y es que también tenemos que ir a nuestro archivo de "**UserForm.tsx**" y exportar el tipo:

hola-react/src/forms/UserForm.tsx

```
10  export type UserFormState = {
11      name: string,
12  . . .
```

Aquí solamente agregamos **export**.

De regreso en "**App.tsx**" y podremos ver que el tipo de **User**:

Tipo de user.

Que es la intersección entre **UserFormState** y también un objeto que contiene la propiedad de **id**.

Así es que ahora le tenemos que colocar este tipo como genérico:

hola-react/src/App.tsx

```
9  function App() {
10     const [users, setUsers] = useState<User[]>()
11     . . .
```

Entonces, ahora este es un listado de **User**, pero sí colocamos el cursor en la constante **users**:

Tipo de la constante users.

Nos está indicando que **users** puede ser un array de **users** o puede ser **undefined**.

Así que lo que haremos es pasarle inicialmente un **array** vacío:

hola-react/src/App.tsx

```
9  function App() {
10     const [users, setUsers] = useState<User[]>([])
11     . . .
```

Esto lo hacemos porque no tiene sentido que esta empiece como **undefined** para luego agregarle un **array** vacío. Así que lo vamos a inicializar inmediatamente como un **array** vacío:

'users' is declared but its value is never read. ts(6133)

type User[ ]   const users: User[]

function   View Problem (Alt+F8)   Quick Fix... (Ctrl+.)

const [users, setUsers] = useState<User[]>([])   'users' is decl

Tipo de la constante users

Y ahora sí nos indica que esto siempre va a ser un **array de Users**.

Ahora vamos a hacer el cambio en el tipo de **UserFormState**, cambiaremos **lastname** por **userna-me** y vamos a hacer todos los cambios que correspondan:

hola-react/src/forms/UserForm.tsx

```
5   export type UserFormState = {
6       name: string,
7       username: string
8   }
9
10  const initialValue: UserFormState = {
11      name: '',
12      username: ''
13  }
```

Y

hola-react/src/forms/UserForm.tsx

```
35          <Input value={form.name} name="name" placeholder="Nombre" handleChange={hand\
36  leChange} />
37          <Input value={form.username} name="username" placeholder="Usuario" handleCha\
38  nge={handleChange} />
39          <Button handleClick={handleClick}>Enviar</Button>
40      </>
41  . . .
```

Entonces hemos cambiado esto en el type **UserFormState**, en **initialValue**, la propiedad **value** en el **Input** y el **placeholder** lo cambiamos por "**Usuario**" y este botón le vamos a cambiar el texto de "**Hola mundo**" por "**Enviar**".

Listos estos cambios, regresaremos al archivo "**App.tsx**" y ahora podemos llamar a **useEffect**. Este hook tiene que recibir una función y esta función no puede ser asíncrona, por ende vamos a tener que llamar a nuestra función asíncrona, dentro de esta función tenemos que pasarle también las dependencias, que necesitamos que esto se ejecute solamente una vez, así que le vamos a colocar que las dependencias son un **array** vacío:

hola-react/src/App.tsx

```
12        useEffect(() => {
13
14        }, [])
15        . . .
```

Y aquí vamos a llamar a una función que se va a llamar **fetchUsers**:

hola-react/src/App.tsx

```
12        useEffect(() => {
13            fetchUsers()
14        }, [])
15        . . .
```

Y lo siguiente será definir afuera de este hook a **fetchUsers** como una función asíncrona:

hola-react/src/App.tsx

```
12        async function fetchUsers() {
13            const response = await fetch('https://jsonplaceholder.typicode.com/users')
14            const data = await response.json()
15        }
16        . . .
```

En esta función hacemos el llamado **fetch** a la **API** de **JSON placeholder** y después definimos una constante de **data** donde vamos a llamar a **response.json**.

Pero en este caso, si colocamos el cursor encima de **data**:

Tipo de data es any.

Nos indica que esto es de tipo **any**, pero esto nosotros sabemos que no es de tipo **any**, así que le indicaremos que es de tipo **array de User**:

hola-react/src/App.tsx

```
13            const response = await fetch('https://jsonplaceholder.typicode.com/users')
14            const data: User[] = await response.json()
15        }
16        . . .
```

Ahora, si colocamos el cursor de nuevo encima:

```
10    const [u  'data' is declared but its value is never read. ts(6133)
11            const data: User[]
12    async fu
13      const  View Problem (Alt+F8)    Quick Fix... (Ctrl+.)
14      const data: User[] = await response.json()      'data' is declare
```

Tipo correcto de data.

Ahora sí, nos indica que es un **array de User**.

Por último, vamos a llamar a la funcion **setUser** y le pasaremos **data**:

hola-react/src/App.tsx

```
14      const data: User[] = await response.json()
15      setUsers(data)
16    }
```

Ahora lo que vamos a hacer es imprimir a estos usuarios, justamente antes de nuestro componente **userForm** y vamos a crear una lista no ordenada y vamos a devolver un listado de los usuarios, así que usaremos el método **map** para renderizar a los usuarios:

hola-react/src/App.tsx

```
22    return (
23        <>
24          <ul>
25            {users.map(user => (
26              <li key={user.id}>{user.name}</li>
27            ))}
28          </ul>
29          <UserForm handleSubmit={user =>console.log(user)}/>
30        </>
31    . . .
```

Esta es una función que recibe usuarios y devolvemos un elemento **li** que nos va a mostrar el nombre del usuario, y donde cada uno de estos va a tener una **key** que será el **id** de cada usuario.

Ahora viene la parte más sencilla, que es agregar los usuarios a este mismo listado. Así que aquí vamos a modificar la función de **handleSubmit**, eliminaremos el contenido de la función y vamos a llamar a **setUsers**:

hola-react/src/App.tsx

```
22          </ul>
23          <UserForm handleSubmit={user => setUsers([...users, {...user, id: Date.n\
24    ow()}])}/>
25        </>
```

Vamos a hacer un destructuring de los usuarios que ya existen y vamos a agregar el usuario que recibimos por **handleSubmit** igualmente haciendo un destructiring, y agregándole un **id** cuyo valor será un **Date.now**.

Regresamos a nuestro navegador, recargamos la página:

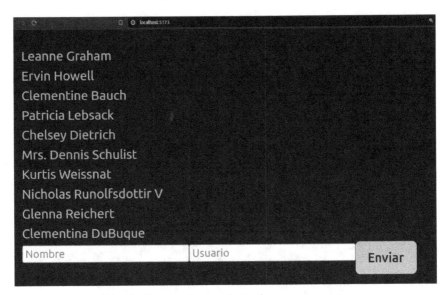

Listado de usuarios renderizado correctamente.

Con nuestros inputs y el botón vamos a agregar un nuevo usuario que va a ser **"Chanchito feliz"** y su nombre de usuario será **chanchito**:

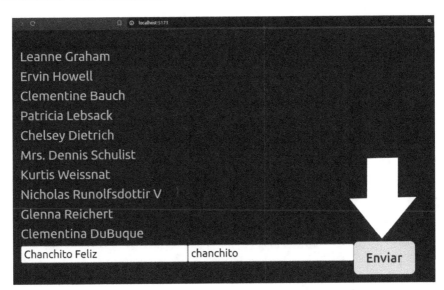

Agregando información al formulario.

Presionamos en Enviar:

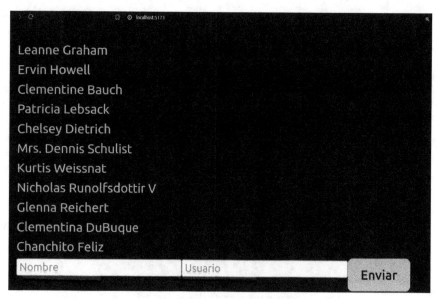

Usuario agregado con éxito.

Y aquí vemos cómo apareció correctamente el usuario de **"Chanchito Feliz"**

Y de esta manera como podemos integrar **TypeScript** con React.

 # Código de la lección.

Para terminar, te dejaré el código de los archivos: **"hola-react/src/App.tsx"** y **"hola-react/src/forms/UserForm.tsx"**:

hola-react/src/App.tsx

```
1   import { useState, useEffect } from 'react'
2
3   import './App.css'
4   import "bulma/css/bulma.css"
5   import UserForm, {UserFormState} from './forms/UserForm'
6
7   type User = UserFormState & {id: number}
8
9   function App() {
10      const [users, setUsers] = useState<User[]>([])
11
12      async function fetchUsers() {
13          const response = await fetch('https://jsonplaceholder.typicode.com/users')
14          const data: User[] = await response.json()
15          setUsers(data)
16      }
17
18      useEffect(() => {
19          fetchUsers()
20      }, [])
21
22      return (
23          <>
```

```
24          <ul>
25              {users.map(user => (
26              <li key={user.id}>{user.name}</li>
27              ))}
28          </ul>
29          <UserForm handleSubmit={user => setUsers([...users, {...user, id: Date.n\
30 ow()}])}/>
31      </>
32    )
33 }
34
35 export default App
```

hola-react/src/forms/UserForm.tsx

```
1  import { ChangeEventHandler, MouseEventHandler, useState } from "react"
2  import Input from "../components/Input"
3  import Button from "../components/Button"
4
5  export type UserFormState = {
6      name: string,
7      username: string
8  }
9
10 const initialValue: UserFormState = {
11     name: '',
12     username: ''
13 }
14
15 interface UserFormProps {
16     handleSubmit: (user: UserFormState) => void
17 }
18
19 export default function UserForm({handleSubmit}: UserFormProps) {
20     const [form, setForm] = useState(initialValue)
21
22     const handleChange: ChangeEventHandler<HTMLInputElement> = (e) => {
23         const name = e.target.name as keyof UserFormState
24         setForm({...form,[name]: e.target.value})
25     }
26
27     const handleClick: MouseEventHandler<HTMLButtonElement> = (e) => {
28         e.preventDefault()
29         handleSubmit(form)
30         setForm(initialValue)
31     }
32
33     return(
```

```
34          <>
35              <Input value={form.name} name="name" placeholder="Nombre" handleChange={\
36  handleChange} />
37              <Input value={form.username} name="username" placeholder="Usuario" handl\
38  eChange={handleChange} />
39              <Button handleClick={handleClick}>Enviar</Button>
40          </>
41      )
42  }
```

Capítulo 9: decoradores

Introducción a la sección.

Hola mundo, esta es la sección de **decoradores**. En esta sección aprenderás:

- Que son los decoradores.
- Decoradores de clase.
- Decoradores de métodos.
- Decoradores de getters y setters.
- Decorador de propiedades.
- Y, composición en decoradores.

Que son los decoradores.

Preparación.

Para esta sección, puedes ocupar la misma carpeta con la que hemos estado trabajando.

O puedes crear una nueva carpeta, que en este caso le llamaré "**seccion_9_decoradores**", en esta usaremos nuestro comando **tsc init** y puedes copiar todas las configuraciones de nuestro anterior archivo "**tsconfig.json**", y en esta carpeta igualmente vamos a crear un archivo **index.ts**

Vamos a comenzar hablando sobre qué son los decoradores y también para qué nos sirven. Los decoradores, son funciones que podemos colocar antes de la definición de una clase o también de otras funciones y otras propiedades.

Y de esta manera podemos agregar, modificar o incluso reemplazar las funcionalidades que ya hayamos implementado en alguna clase, función, etcétera.

¿Ahora te estarás preguntando quiénes utilizan los decoradores? En este caso lo utilizan **Vue**, **Angular**, y **Nest JS**. Y cada uno lo utiliza para poder implementar distintas funcionalidades, cómo, por ejemplo: puede ser el renderizado de tu aplicación, para poder construir una API REST, entre otras cosas.

Algo también sumamente importante que te tengo que mencionar es que esta es una funcionalidad experimental, lo que quiere decir que esto eventualmente podría cambiar en un futuro.

Para que podamos hacer uso de un decorador basta con que utilicemos la arroba (@) y seguido de eso, el nombre del decorador que queremos utilizar. Lo más probable es que tú hayas visto algo como lo siguiente:

Ejemplo de código en TypeScript

```
@Components
    class Productos {
    find() {
        return "Producto"
    }
}
```

O también algún ejemplo con **Route**:

Ejemplo de código en TypeScript

```typescript
@Route("/productos")
    class Productos {
        find() {
            return "Producto"
        }
}
```

Y dentro de esto vemos la ruta a la cual tú quieres acceder, como en este caso podrían ser **productos**.

Si escribimos esto, en este caso nos estará mostrando un error. Y esto es porque primero este decorador no lo hemos implementado y, segundo, tampoco hemos habilitado la funcionalidad de decoradores, así que eso es lo primero que vamos a hacer.

Vamos a habilitarlo para que podamos empezar a trabajar con estos en nuestro archivo de **tsconfig.json** y vamos a buscar la línea que nos dice **experimentalDecorators**:

seccion_9_decoradores/tsconfig.json

```json
// "jsx": "preserve",                           /* Specify what JSX code is gen\
erated. */
// "experimentalDecorators": true,              /* Enable experimental support \
for legacy experimental decorators. */
// "emitDecoratorMetadata": true,
```

Y esta es la que vamos a descomentar:

seccion_9_decoradores/tsconfig.json

```json
// "jsx": "preserve",                           /* Specify what JSX code is gen\
erated. */
"experimentalDecorators": true,                 /* Enable experimental support for\
 legacy experimental decorators. */
// "emitDecoratorMetadata": true,
```

Guardamos. Y veremos cómo utilizar los decoradores en la siguiente lección.

Decoradores de clase.

Como te mencionaba antes, los decoradores son solamente funciones con las cuales podemos agregar "metadata" a nuestras clases, métodos o propiedades.

Esto quiere decir, no deberíamos ejecutar código, solo deberíamos agregar funcionalidades utilizando los decoradores.

Vamos a ver ahora cómo podemos implementar este decorador que hemos agregado en la lección pasada. Para esto vamos a crear una nueva función que se va a llamar **Route**:

seccion_9_decoradores/index.ts

```
1  function Route(constructor: Function) {
2      console.log("Ejecutando el decorador de Route")
3  }
```

En este caso, el primer argumento que recibe **Route** es el constructor y este va a ser de tipo **Function**. Y le estamos colocando este tipo, ya que este es el que espera **TypeScript** que le pasemos a nuestros decoradores. Y este decorador solo imprime un texto.

Y por ahora vamos a eliminar el **string** que indicaba la ruta, y también los paréntesis redondos de nuestro decorador en la clase:

seccion_9_decoradores/index.ts

```
5  @Route
6      class Productos {
7          find() {
8              return "Producto"
9          }
10 }
```

Nuestro parámetro de **constructor** es exactamente el constructor de la clase, y si no sabes lo que es el constructor en **JavaScript**, en ese caso, te recomiendo que tomes mi libro de **JavaScript**, si es que ya está disponible o su respectivo curso en la Academia Hola Mundo:

https://academia.holamundo.io/

Pero en este caso, para explicarlo de una manera más corta, el constructor vendría siendo sencillamente la parte de constructor de una clase.

Y lo que podemos hacer con nuestro constructor es empezar a agregarle opciones, funcionalidades, reemplazar sus métodos y también podemos agregar otros. Para eso lo que tenemos que hacer es acceder al prototipo de nuestro constructor, que en este caso si no sabes lo que es el prototipo, piensa, que es donde se están almacenando todos los métodos de nuestras clases, de los cuales podemos posteriormente heredar estos métodos.

Así que lo que vamos a hacer es escribir:

seccion_9_decoradores/index.ts

```
2      console.log("Ejecutando el decorador de Route")
3      constructor.prototype.route = "/productos"
4  }
5  . . .
```

Entonces, en nuestro prototipo estamos asignándole una propiedad o también podemos asignarle un nuevo método. En este caso le indicamos que queremos pasarle una nueva ruta al constructor de productos, pero la ruta en este caso se la tenemos que indicar en "duro" con un **string** e indicamos que su ruta es de productos.

Por supuesto que esto vendría siendo supercontraproducente, porque significaría que cada vez que creemos una clase, la cual se encargue de manejar rutas como vendría siendo en este caso nuestra clase de productos, tendríamos que estar constantemente creando un decorador por cada una de estas clases.

Afortunadamente, podemos cambiar esta implementación para que pueda tomar en este caso la ruta que le indiquemos. Para hacer eso, lo que vamos a hacer es que vamos a pasarle un abre y cierra paréntesis y vamos a volver a pasarle aquí el **string** de productos:

seccion_9_decoradores/index.ts

```
5  @Route("/productos")
6  class Productos {
7  . . .
```

Y nuestra función la vamos a cambiar un poco:

seccion_9_decoradores/index.ts

```
1  function Route(constructor: Function) {
2      return (constructor: Function) => {
3          console.log("Ejecutando el decorador de Route")
4          constructor.prototype.route = "/productos"
5      }
6  }
7  . . .
```

Entonces, en la segunda línea, lo que tenemos que hacer es retornar una nueva función que, en este caso, va a recibir el **constructor** con el mismo tipo de **Function**. Recuerda, el tipo de **Function** es el tipo que está esperando el constructor. Entonces le pasamos una arrow function y ahora podemos tomar todo el código que habíamos escrito para esta función y lo subimos a la lógica de esta última función.

Y ahora vamos a escribir:

seccion_9_decoradores/index.ts

```
1   function Route(ruta: string) {
2       return (constructor: Function) => {
3           console.log("Ejecutando el decorador de Route")
4           constructor.prototype.route = ruta
5       }
6   }
```

Entonces, ahora recibiremos una ruta y le indicamos que esta es de tipo **string** y ahora podemos tomar esta misma ruta en la propiedad **route** de **prototype**.

Ahora vamos a ejecutar nuestro código:

Terminal de comandos

```
1   tsc
2   node index.js
```

Salida de ejecutar: node index.js

```
1   Ejecutando el decorador de Route
```

Aquí nos está mostrando que está ejecutando el decorador de ruta.

Y fíjate que en este caso nuestra función de **route** se ejecutó porque la llamamos, inmediatamente y luego la función que estamos retornando nuevamente fue ejecutada y ahí es cuando nos muestra el **console.log**

Sin embargo, lo que hicimos acá más abajo fue agregarle una propiedad al prototipo, que en este caso la propiedad es de **route** y su valor al llamarlo es de **ruta**.

Así que generaremos una nueva instancia:

seccion_9_decoradores/index.ts

```
15  const p = new Productos()
16  console.log(p)
```

Vamos a volver a compilar y ejecutar nuestro código:

Terminal de comandos

```
1   tsc
2   node index.js
```

Salida de ejecutar: node index.js

```
1   Ejecutando el decorador de ruta
2   Productos {}
```

Aquí nos está indicando que es una instancia de la clase de **Productos**.

En nuestro **console.log** vamos a llamar a la propiedad de **route** que nos indicará que no existe en **p**, aunque lo acabamos de decorar. Por ahora le vamos a indicar que queremos que utilice el tipo **any**, pero esto es solamente para poder mostrarte esto. Recuerda que no deberías utilizar el tipo de **any**.

seccion_9_decoradores/index.ts

```
15  const p = new Productos() as any
16  console.log(p.route)
```

Ahora, si compilamos y ejecutamos:

Terminal de comandos

```
1  tsc
2  node index.js
```

Salida de ejecutar: node index.js

```
1  Ejecutando el decorador de ruta
2  /productos
```

Y aquí nos está mostrando que tenemos una ruta, la cual es la de productos, que es justamente la que colocamos cuando estábamos decorando nuestra clase de **Productos**.

Entonces, recapitulando, los decoradores de clases nos sirven para que podamos agregar más funcionalidades y esto lo hacemos agregándole más propiedades al prototipo. En este caso podemos agregarle valores, como podría ser un **string**, como en este caso es "**productos**", pero también podemos agregarle más funciones, de las cuales más adelante en nuestro código vamos a poder acceder a ellas.

Y ahora, la razón de usar un decorador, cuando tenemos que escribir absolutamente todo esto para agregarle solamente una propiedad a nuestra clase, que en este caso vendría siendo la propiedad de ruta.

¿Podríamos hacer esto creando una clase base y luego extendiendo esa clase de base?

Por supuesto que sí.

No es necesario que utilices los decoradores para hacer esta misma funcionalidad. Los decoradores, sencillamente son una nueva forma u otra forma de poder resolver el mismo problema que también resuelven las clases.

Pero es importante que entiendas cómo funciona esto, porque como te comentaba antes, esto lo utiliza **Vue**, **Angular** y **Nest JS**, los cuales son frameworks bastante populares en la actualidad y que eventualmente tú también deberías aprender.

 # Código de la lección.

Para terminar, te dejaré el código del archivo: *"**seccion_9_decoradores/index.ts**":

seccion_9_decoradores/index.ts

```typescript
1   function Route(ruta: string) {
2       return (constructor: Function) => {
3           console.log("Ejecutando el decorador de ruta")
4           constructor.prototype.route = ruta
5       }
6   }
7
8   @Route("/productos")
9       class Productos {
10          find() {
11              return "Producto"
12          }
13  }
14
15  const p = new Productos() as any
16  console.log(p.route)
```

Decorador de métodos.

Vamos a continuar viendo cómo podemos utilizar los decoradores en los métodos, particularmente para nuestro método de **find**.

Para que podamos decorar los métodos, lo que tenemos que hacer es justamente colocar antes de la definición de nuestro método, y haciendo uso nuevamente de la arroba (@), y adelante de este podemos indicar cuál va a ser el nombre del decorador que queremos utilizar.

Y en este caso voy a indicar que se va a llamar **Method**:

seccion_9_decoradores/index.ts

```
19   class Productos {
20       @Method
21       find() {
```

De esta manera, nuestro método ya se debería encontrar decorado por nuestro decorador de **Method**. Así es que ahora lo que vamos a hacer es vamos a ir a crear este decorador.

Justamente después de la definición de la función de **Route** y vamos a escribir:

seccion_9_decoradores/index.ts

```
8    function Method(target: any, methodName: string, descriptor: PropertyDescriptor) {
9        console.log(methodName, descriptor)
10   }
```

Nuestros decoradores de métodos, estos reciben tres argumentos y siempre reciben exactamente los mismos:

1. El primero es **target** y este hace referencia al constructor de la clase o también hace referencia al prototipo de la clase, en este caso para una instancia en particular, el tipo que se espera para **target**, a diferencia del decorador de **route**, no es una **Function**, sino que se espera que este sea **any**, sé que anteriormente te dije que no podías utilizar el tipo de **any** nunca o que prácticamente nunca lo deberías estar utilizando, pero en este caso es lo que está esperando el compilador. Así es que debiésemos colocarle en este caso a **any**.
2. El segundo parámetro que recibe este decorador es **methodName** o el nombre del método, y este va a ser un **string**.
3. Y el último es un **descriptor** y este recibe el tipo de **PropertyDescriptor**.

Ahora en la lógica lo que vamos a hacer es sencillamente agregar un **console.log** de **methodName** y de **descriptor**.

Por lo general, el argumento de **target** no se utiliza cuando estamos trabajando con decoradores de propiedades.

Ahora lo que haremos será abrir nuestra terminal y vamos a ejecutar nuevamente nuestro archivo:

Terminal de comandos

```
1   tsc
2   node index.js
```

Salida de ejecutar: node index.js

```
1   find {
2       value: [Function: find],
3       writable: true,
4       enumerable: false,
5       configurable: true
6   }
7   Ejecutando el decorador de ruta
8   /productos
```

Aquí lo que podemos ver es que lo primero que está imprimiendo es el nombre del método, el cual es **find**, que es el nombre que le dimos. Y lo segundo que nos está imprimiendo es un objeto, el cual se le conoce como el **PropertyDescriptor**, y este lo que hace es que contiene varias propiedades, las cuales nos permiten identificar qué cosas podemos hacer con este método:

- Cómo acceder directamente a **value**, que vendría siendo la función que se encuentra definida.
- Podemos ver si es que podemos remplazarla.
- Si es que se encuentra enumerable.
- O también sí que se encuentra configurable.

Ahora lo que vamos a hacer es extender un poco la funcionalidad de este método de **find**, así que en nuestro código basta con que llamemos a nuestro **descriptor** y le asignemos su propiedad de **value**:

seccion_9_decoradores/index.ts

```
8       console.log(methodName, descriptor)
9       descriptor.value = function() {
10          console.log("Método decorado")
11      }
12  }
13  . . .
```

 Aquí podemos asignarle una función, que en este caso es sumamente importante que utilicemos una escrita con **function** en lugar de una **fat arrow function**, porque las fat arrow function no tienen el contexto de **this**, este es exclusivo para las funciones que son creadas, por la palabra reservada de **function**.

Y ahora acá podemos hacer un **console.log** de nuestro método decorado, y vamos a ver que, cuando llamemos a este método, vamos a ver cómo nos va a imprimir este **console.log**.

Y va a dar exactamente lo mismo lo que hayamos colocado en la definición de **find**, es más, vamos a cambiar esta definición a la siguiente:

seccion_9_decoradores/index.ts

```
18    find() {
19        console.log("Soy el método find")
20    }
21    . . .
```

Le estamos colocando en un **console.log**, el cual va a decir: "Soy el método **find**".

Lo siguiente es que vamos a dejar solamente la instancia y vamos a llamar al método **find**:

seccion_9_decoradores/index.ts

```
23    const p = new Productos()
24    p.find()
```

Ahora sí, vamos nuevamente a compilar y a ejecutar nuestro código:

Terminal de comandos

```
1    tsc
2    node index.js
```

Salida de ejecutar: node index.js

```
1    find {
2        value: [Function: find],
3        writable: true,
4        enumerable: false,
5        configurable: true
6    }
7    Ejecutando el decorador de ruta
8    Método decorado
```

Y aquí podemos ver que nos está mostrando el texto de "método decorado". Vamos a analizar por qué es eso.

Cuando estamos reemplazando la propiedad de **value**, estamos reemplazando el método que habíamos definido en las clases, que en este caso estamos reemplazando la implementación que colocamos cuando definimos nuestro método de **find**. Esto es lo que pasa cuando reemplazamos la propiedad de **value** a nuestro objeto de **descriptor**.

Sin embargo, esto no es lo que vamos a querer hacer generalmente. Por lo general vamos a querer ejecutar código antes y o después de que llamamos a este método, y eso lo podemos hacer guardando una referencia de esta función.

Y esto lo hacemos de manera muy fácil, creamos una constante, la cual se va a llamar **original**:

```
10      console.log(methodName, descriptor)
11      const original = descriptor.value
12      descriptor.value = function() {
13  . . .
```

Y esta es igual a **descriptor.value**.

Ahora podemos ejecutar nuestra función **original**:

```
10      descriptor.value = function() {
11          console.log("Antes del método")
12          original()
13          console.log("Después del método")
14      }
15  . . .
```

Y modificamos para tener 2 **console.log**, uno para antes y otro para después de que se ejecute **original**. Ahora vamos a intentar ejecutar nuestra función nuevamente:

Terminal de comandos

```
1  tsc
2  node index.js
```

Salida de ejecutar: node index.js

```
1  find {
2      value: [Function: find],
3      writable: true,
4      enumerable: false,
5      configurable: true
6  }
7  Ejecutando el decorador de ruta
8  Antes del método
9  Soy el método find
10 Después del método
```

Vemos que nos está imprimiendo "Antes del método", "soy el método Find", y finalmente viene "Después del método".

Lo siguiente que haremos es un pequeño truco. En la definición de nuestro método de **find** vamos a pasarle un valor que será de tipo **string** y vamos a utilizarlo en el **console.log**:

Salida de ejecutar: node index.js

```
20      @Method
21      find(val: string) {
22          console.log("Soy el método find" + val)
23      }
24  . . .
```

Ahora se lo tenemos que pasar al llamado del método:

Salida de ejecutar: node index.js

```
26  const p = new Productos()
27  p.find(" hola mundo")
```

Y ahora podemos abrir nuevamente nuestra terminal y ejecutamos nuevamente nuestro código:

Terminal de comandos

```
1  tsc
2  node index.js
```

Salida de ejecutar: node index.js

```
1  find {
2      value: [Function: find],
3      writable: true,
4      enumerable: false,
5      configurable: true
6  }
7  Ejecutando el decorador de ruta
8  Antes del método
9  Soy el método findundefined
10 Después del decorador
```

Y aquí ya estamos viendo que tenemos un problema, nos está indicando el método **find**, pero luego de eso nos está indicando a **undefind**.

Esto ocurre porque en la implementación de nuestro decorador lo que estamos haciendo es que cuando estamos llamando al método de **find** en **original**, no le estamos pasando absolutamente ningún argumento. Entonces pasemos un argumento, para ver qué pasa:

seccion_9_decoradores/index.ts

```
11      descriptor.value = function() {
12          console.log("Antes del método")
13          original("hola mundillo")
14          console.log("Después del método")
15      }
16  . . .
```

Con esto podemos volver a ejecutar nuestro código:

356   Capítulo 9: decoradores

Terminal de comandos

```
1  tsc
2  node index.js
```

Salida de ejecutar: node index.js

```
1  find {
2      value: [Function: find],
3      writable: true,
4      enumerable: false,
5      configurable: true
6  }
7  Ejecutando el decorador de ruta
8  Antes del método
9  Soy el método findhola mundillo
10 Después del decorador
```

Y ahora vemos que nos está mostrando **"hola mundillo"** en lugar de **undefined**

Pero esto no necesariamente es lo que vamos a querer hacer, porque en este caso le estamos pasando el valor en nuestro decorador de método, pero podría ser que quisiéramos recibir esté en el llamado de la función, entonces lo forma de hacer es donde tenemos **value** y le estamos asignando una función, lo que vamos a hacer es que vamos a recibir nuestro mensaje:

seccion_9_decoradores/index.ts

```
10     const original = descriptor.value
11     descriptor.value = function(mensaje: string) {
12         console.log("Antes del método")
13         original(mensaje)
14         console.log("Después del decorador")
15     . . .
```

Acá el mensaje es de tipo **string** y esto se lo vamos a pasar aquí a nuestro método **original**. Con esto listo, podemos volver a ejecutar nuestro código:

Terminal de comandos

```
1  tsc
2  node index.js
```

Salida de ejecutar: node index.js

```
1  find {
2      value: [Function: find],
3      writable: true,
4      enumerable: false,
5      configurable: true
6  }
7  Ejecutando el decorador de ruta
8  Antes del método
9  Soy el método find hola mundo
10 Después del decorador
```

Ahora sí, nos está imprimiendo el método **find** y el **string** de "**hola mundo**" y de esta manera podemos pasarle los argumentos de la llamada al método a nuestro decorador.

Pero esto nos va a presentar un problema y es que solamente nos va a soportar métodos que tengan esta forma, que en este caso tienen solamente un argumento.

Así que vamos a cambiar eso, vamos a eliminar este parámetro y tenemos que darle ahora algo un poco más genérico:

seccion_9_decoradores/index.ts

```
10      const original = descriptor.value
11      descriptor.value = function(...args: any) {
12          console.log("Antes del método")
13  . . .
```

Así que vamos a colocar **args** con el tipo **any**, con el que le estamos indicando que puede recibir absolutamente de todo y luego de eso podemos ir a la función **original**, pero aquí vamos a necesitar también pasarle el contexto de esta función con:

seccion_9_decoradores/index.ts

```
12          console.log("Antes del método")
13          original.call(this, ...args)
14          console.log("Después del decorador")
```

Así que primero llamamos con su método **call**, con su primer argumento que va a ser **this**, y después de eso podemos pasarle todos los argumentos con **...args**.

Vamos a nuevamente compilar y ejecutar nuestro código:

Terminal de comandos

```
1  tsc
2  node index.js
```

Salida de ejecutar: node index.js

```
1  find {
2      value: [Function: find],
3      writable: true,
4      enumerable: false,
5      configurable: true
6  }
7  Ejecutando el decorador de ruta
8  Antes del método
9  Soy el método find hola mundo
10 Después del decorador
```

Y seguimos viendo cómo nos está mostrando **Soy el método Find** con el **string** de "hola mundo".

Pero si estuviésemos creando una funcionalidad para backend, en este caso un decorador en específico para backend, y lo que nos gustaría hacer en este es poder recibir el método, por ejemplo, en una **API REST** con **express**, que lo hicimos en una sección pasada. Nos gustaría poder llamar, por ejemplo, a **express** e indicarle cuál es el método que necesitamos que este tenga. Por ejemplo, podría ser **GET** o podría hacer **POST** y luego dentro de la función de **value** llamar a este método, pero pasarle por ejemplo, si es que es un método de **POST**, el **request.body** que vendría siendo la petición que viene a través de **POST**, pero si es que es **GET**, le pasaríamos los parámetros que vienen por la **URL**. Eso finalmente va a ser tu decisión, que es lo que haces con el decorador.

Pero en el caso de que quieras hacer esto mismo que estamos comentando, lo que tenemos que hacer es:

seccion_9_decoradores/index.ts

```
8  function Method(method: string) {
9      return(target: any, methodName: string, descriptor: PropertyDescriptor) => {
10         console.log(methodName, descriptor)
11         const original = descriptor.value
12         descriptor.value = function(...args: any) {
13             console.log("Antes del método")
14             original.call(this, ...args)
15             console.log("Después del decorador")
16         }
17     }
18 }
19 . . .
```

Entonces recortar todos los argumentos y aquí, como parámetro de esta función **Method** le vamos a colocar uno que se va a llamar **method** y va a ser de tipo **string** y aquí tengo que retornar una función que va a tener los parámetros que acabamos de recortar. Aquí la verdad no importa si es que es una arrow function o no. Entonces tenemos a **target**, **methodName** y **descriptor** dentro de una función que estamos retornando.

Esto, por supuesto, no nos va a funcionar, si es que lo dejamos así, así que lo que vamos a hacer es corregir la implementación de este decorador en nuestra clase:

```
21  class Productos {
22      @Method("get")
23      find(val: string) {
24  . . .
```

Entonces, ahora le indicamos cuál es el método que queremos que tenga, en este ejemplo, es **"get"**.

Y de esta manera estamos definiendo una clase, la cual contiene una ruta, y también le estamos indicando el método que queremos que soporte nuestro método de **find**.

En nuestra terminal, ejecutamos todo nuevamente:

Terminal de comandos

```
1  tsc
2  node index.js
```

Salida de ejecutar: node index.js

```
1  find {
2      value: [Function: find],
3      writable: true,
4      enumerable: false,
5      configurable: true
6  }
7  Ejecutando el decorador de ruta
8  Antes del método
9  Soy el método find hola mundo
10 Después del decorador
```

Y vemos cómo todo sigue funcionando correctamente.

Código de la lección.

Para terminar, te dejaré el código del archivo: *"**seccion_9_decoradores/index.ts**":

seccion_9_decoradores/index.ts

```
1  function Route(ruta: string) {
2  return (constructor: Function) => {
3      console.log("Ejecutando el decorador de ruta")
4      constructor.prototype.route = ruta
5      }
6  }
7
8  function Method(method: string) {
9      return(target: any, methodName: string, descriptor: PropertyDescriptor) => {
10         console.log(methodName, descriptor)
11         const original = descriptor.value
12         descriptor.value = function(...args: any) {
13             console.log("Antes del método")
```

```
14              original.call(this, ...args)
15              console.log("Después del decorador")
16          }
17      }
18  }
19
20  @Route("/productos")
21  class Productos {
22      @Method("get")
23      find(val: string) {
24          console.log("Soy el método find" + val)
25      }
26  }
27
28  const p = new Productos()
29  p.find(" hola mundo")
```

Decoradores de getters o setters.

En esta lección vamos a ver cómo podemos agregarle decoradores a los **getters** y a los **setters**. Esto se realiza de manera muy similar, así que lo comparamos con los decoradores de métodos.

 ## Preparación.

Para eso vamos a crear un nuevo archivo en nuestra carpeta "**seccion_9_decoradores**" y en esta crear un nuevo archivo llamado "**01-getter-decorator**":

Estructura de carpetas y archivos en la carpeta seccion_9_decoradores

```
1  seccion_9_decoradores/
2      |-- index.ts
3      |-- 01-getter-decorator.ts
```

Este nuevo archivo debe tener este código inicial:

01-getter-decorator.ts

```
1  class User {
2      constructor(public name: string, public lastname: string) {}
3
4      get fullName() {
5          return `${this.name} ${this.lastname}`
6      }
7  }
```

Comenzamos haciendo uso de la arroba (@) nuevamente y le tenemos que indicar cuál va a ser el nombre de nuestro decorador, que en este caso, voy a indicar que se va a llamar **UpperCase**:

01-getter-decorator.ts

```
3      @UpperCase
4      get fullName() {
5  . . .
```

Y ahora crearemos nuestro decorador con la palabra reservada de **function** y creamos una función que se va a llamar **UpperCase**:

01-getter-decorator.ts

```
1  function UpperCase(target: any, methodName: string, propertyDesc\
2  riptor) {
3      console.log(target, methodName, descriptor)
4  }
5  . . .
```

Por supuesto, este va a recibir los 3 parámetros que mencionamos en la lección de los decoradores de métodos, también recibe a **target**, **methodName** y también recibe a nuestro **propertyDescriptor**. Y esta función hará un **console.log** para ver qué es lo que contiene cada una de estas cosas.

Primero tenemos que crear una instancia de nuestro usuario, así que creamos un usuario, el cual va a estar creado con base en nuestra clase de **User**:

01-getter-decorator.ts

```
14  const user = new User('Hola', 'Mundo')
```

Ahora sí, en nuestra terminal vamos a compilar y ejecutar nuestro código:

Terminal de comandos

```
1  tsc && node 01-getter-decorator.js
```

Salida de ejecutar: tsc && node 01-getter-decorator.js

```
1  {} fullName {
2  get: [Function: get fullName],
3  set: undefined,
4  enumerable: false,
5  configurable: true
6  }
```

Y ahora vemos que nos entrega en este caso un objeto completamente vacío, que el nombre de esta propiedad es **fullName** y también nos está enseñando algo diferente a nuestro **propertyDescriptor** anterior.

En este caso, tenemos una propiedad de **get** y también una de **set**. En el caso de que estemos utilizando un **getter**, esta propiedad va a estar poblada, pero, si es no estamos utilizando un **getter** y estamos utilizando un **setter**, en ese caso, **set** va a ser la propiedad que va a venir poblada con una función tal cual como se encuentra en este caso con **get**.

Vamos entonces para continuar con la implementación, en este caso, tenemos que hacer algo bastante similar a lo que hicimos anteriormente con el decorador de métodos.

Tenemos primero que borrar este **console.log**:

01-getter-decorator.ts

```
1  function UpperCase(target: any, methodName: string, propertyDescriptor: PropertyDesc\
2  riptor) {
3      console.log(target, methodName, descriptor)
4  }
5  . . .
```

Y ahora hay que ir a buscar la implementación original, así que vamos a crear una función que se va a llamar **original**:

01-getter-decorator.ts

```
1  function UpperCase(target: any, methodName: string, propertyDescriptor: PropertyDesc\
2  riptor) {
3      const original = propertyDescriptor.get
4  }
5  . . .
```

Y esta va a ser igual a nuestro **propertyDescriptor**, pero aquí en lugar de llamar a **value**, vamos a llamar **get** y de esta manera ahora tenemos nuestra función guardada aquí dentro de nuestra constante **original** y queremos que este sea una constante porque no queremos reemplazarla en un futuro dado, algún error o que nos hayamos equivocado, así que se lo asignamos a una constante.

Y ahora podemos reemplazar la propiedad de **get** nuevamente por una función, la cual en este caso vendría siendo la implementación que le vamos a dar:

01-getter-decorator.ts

```
2    const original = propertyDescriptor.get
3    propertyDescriptor.get = function() {
4        const r = original?.call()
5    }
6  . . .
```

Así que llamamos a **function** y aquí vamos a guardar el resultado dentro de una constante que llama **r** y esta la vamos a sacar a partir de original y si lo notaste, lo que ocurrió cuando escribimos .**call**, haciendo uso del autocompletado presionamos **enter**, te habrás dado cuenta de que de manera automática colocó el signo de interrogación antes de este método.

Y esto es porque si colocamos el cursor sobre la constante **original**:

Tipos de original.

Nos indica que el tipo es una **función que retorna any**, o también puede ser **undefined**. Por eso nos está agregando este símbolo de pregunta.

Y ahora, si podemos ejecutar nuestra función y le pasamos el contexto de **this**:

01-getter-decorator.ts

```
3    propertyDescriptor.get = function() {
4        const r = original?.call(this)
5    }
6  . . .
```

El problema que nos está entregando esto es que el valor que nos está devolviendo es **any**. Y cuando tenemos un tipo **any** o un tipo **unknown**, tenemos que preguntar de qué tipo es esta constante para que podamos hacer uso del **type narrowing** y así asegurarnos que el código que estamos ejecutando no nos va a fallar.

Así es que nos venimos justamente a la siguiente línea y escribimos:

01-getter-decorator.ts

```
4        const r = original?.call(this)
5        if (typeof r === 'string') {
6            return r.toUpperCase()
7        }
8    }
9  . . .
```

Entonces, si es que **r** es de tipo **string** vamos a retornar el valor de **r** después de pasarle el método **toUpperCase**.

Y aunque sabemos en la implementación de **fullName** que esto es un **string**, pero igual lo tenemos que preguntar en el decorador.

Sin embargo, esto nos va a entregar un problema, si es que no le entregamos un argumento, el cual va a ser de tipo **string**, en ese caso nos va a retornar **void**, así que lo que vamos a hacer es cambiar esa implementación y vamos a indicar que va a retornar el resultado del llamado a la función **original**:

01-getter-decorator.ts

```
7          }
8        return r
9      }
10  . . .
```

Vamos a imprimir a **user.FullName** para obtener esta propiedad:

01-getter-decorator.ts

```
22  console.log(user.fullName)
```

Y ahora vamos a ejecutar nuestro código:

Terminal de comandos

```
1  tsc && node 01-getter-decorator.js
```

Salida de ejecutar: tsc && node 01-getter-decorator.js

```
1  HOLA MUNDO
```

Limpiamos nuestra terminal, compilamos y ejecutamos nuestro **script** y ahora vemos que tenemos el **string** de "HOLA MUNDO" completamente en mayúsculas.

Y esta es la forma en la cual podemos agregarle decoradores a los **getters** y a los **setters**.

Código de la lección.

Para terminar, te dejaré el código del archivo: *"**seccion_9_decoradores/01-getter-decorator.js**":

seccion_9_decoradores/01-getter-decorator.js

```
1   function UpperCase(target: any, methodName: string, propertyDescriptor: PropertyDesc\
2   riptor) {
3       const original = propertyDescriptor.get
4       propertyDescriptor.get = function() {
5           const r = original?.call(this)
6           if (typeof r === 'string') {
7               return r.toUpperCase()
8           }
9           return r
10      }
11  }
12
```

```
13  class User {
14      constructor(public name: string, public lastname: string) {}
15
16      @UpperCase
17      get fullName() {
18          return `${this.name} ${this.lastname}`
19      }
20  }
21
22  const user = new User('Hola', 'Mundo')
23  console.log(user.fullName)
```

Decoradores de propiedades.

Vamos a continuar en esta lección viendo los decoradores de las propiedades de clase.

 Preparación.

Vamos a seguir utilizando el mismo código del archivo "**01-getter-decorator.js**" pero lo copiaremos y pegaremos en un nuevo archivo que se llamará "**02-property-decorator.ts**".

Estructura de carpetas y archivos en la carpeta seccion_9_decoradores

```
1   seccion_9_decoradores/
2       |-- index.ts
3       |-- 01-getter-decorator.ts
4       |-- 02-property-decorator.ts
```

De lo que sí te tienes que dar cuenta es que vamos a agregar:

seccion_9_decoradores/02-property-decorator.ts

```
24  export {}
```

Esta línea de **export** con un objeto literal es para que los nombres no tengan conflicto entre estos dos archivos.

Lo primero que tenemos que hacer es agregar una nueva propiedad a la cual queramos agregarle un decorador:

seccion_9_decoradores/02-property-decorator.ts

```
12  class User {
13      public password: string
14      constructor(public name: string, public lastname: string) {}
15  . . .
```

Ahora, la razón por la cual estamos agregando la propiedad acá en lugar del constructor es porque vamos a agregar un decorador y necesariamente para poder utilizar los decoradores de propiedades tenemos que utilizar esta sintaxis que está acá. **No podemos utilizar la del constructor.**

Ahora sí, podemos recibir la contraseña como un parámetro extra que va a ser de tipo **string** en el constructor:

seccion_9_decoradores/02-property-decorator.ts

```
13      public password: string
14      constructor(public name: string, public lastname: string, password:string ) {
15          this.password = password
16
17      }
18  . . .
```

Nos está indicando un error cuando creamos nuestra instancia, entonces vamos a aprovechar de agregarle inmediatamente esta propiedad:

seccion_9_decoradores/02-property-decorator.ts

```
24  const user = new User('Hola', 'Mundo', '1234')
25  console.log(user.fullName)
```

Con esto, podemos agregar nuestro decorador a nuestra propiedad de **password**, que será **min**:

seccion_9_decoradores/02-property-decorator.ts

```
12  class User {
13      @Min(6)
14      public password: string
15  . . .
```

Este va a decorar a nuestra propiedad **password** y le tenemos que indicar también cuál es la longitud que queremos que tenga como mínimo nuestra contraseña, la cual hemos indicado que será de **6**.

Ahora sí podemos empezar a crear nuestro decorador:

seccion_9_decoradores/02-property-decorator.ts

```
12  function Min(min: number) {
13      return(target: any, propertyName: string) => {
14      }
15  }
16  . . .
```

A esta función **min** le estamos pasando un parámetro que sería la cantidad mínima o la longitud mínima que tiene que tener mi propiedad, por supuesto que va a ser un **number**.

Y aquí ya sabemos cómo tenemos que hacer en el caso de que queramos utilizar decoradores, que además queramos pasarles un argumento. Así que retornamos una función, esta va a recibir un **target** que tiene que ser **any** y también recibe otra propiedad que se llama **propertyName**.

En lecciones anteriores vimos cómo esta se llamaba **methodName**, pero en este caso se llama **propertyName** porque es una propiedad tal cual, como aparece acá, es la propiedad de **password** y esta va a ser de tipo **string**.

Y estos son los dos únicos parámetros que recibe esta función, y el **propertyDescriptor** ese lo vamos a crear.

Así es que vamos a crear una constante en la cual se va a llamar **descriptor** y esta va a ser de tipo **propertyDescriptor** y esta va a ser igual a un objeto literal:

seccion_9_decoradores/02-property-decorator.ts

```
13      return(target: any, propertyName: string) => {
14          const descriptor: PropertyDescriptor = {
15
16          }
17      }
```

Y si es que presionamos **control** + **espacio** dentro de este objeto:

```
12    function Min(min: number) {
13        return(target: any, propertyName: string) => {
14            const descriptor: PropertyDescriptor = {
15
16            }        ⊗ configurable?                          >
17        }           ⊗ enumerable?
18    }               ⊗ get?
19                    ⊗ get?()
20                    ⊗ set?
21    class User {    ⊗ set?(v)
                      ⊗ value?
PROBLEMS  1   OUTPUT ⊗ writable?
```

Opciones de PropertyDescriptor.

Nos va a mostrar las propiedades que podemos agregar, como si es que es configurable, enumerable, get, set, value, y writable, pero vamos a utilizar solamente dos, que serán **get** y **set**.

Por ahora añadiremos un **get** que retornará un **"hola mundo"**, vamos a cambiarlo después, porque lo que vayamos a retornar va a depender de lo que vayamos a settear:

seccion_9_decoradores/02-property-decorator.ts

```
14        const descriptor: PropertyDescriptor = {
15            get(){
16                return "hola mundo"
17            },
18        }
19    . . .
```

Lo siguiente es que vamos a añadir un **setter**. Si vuelves a presionar **control** + **espacio**, puedes seleccionar el **setter** para poder usar el autocompletado y esto es lo que te añadirá:

seccion_9_decoradores/02-property-decorator.ts

```
17            },
18            set(v) {
19
20            },
21        }
22    . . .
```

Si te fijas, nos ha colocado que nuestro argumento va a ser **v**; es aquí donde vamos a ingresar la lógica:

seccion_9_decoradores/02-property-decorator.ts

```
17              },
18              set(v: string) {
19                  if (v.length < min) {
20                      throw new Error(`La propiedad ${propertyName} debe ser largo min\
21  imo ${min}`)
22                  }
23
24                  val = v
25              },
26          }
27  . . .
```

Entonces **v** va a ser de tipo **string** y aquí es donde tenemos que realizar la validación para que este valor cumpla con una longitud mínima. Con una condicional **if** vamos a ver la longitud de **v** y si es menor al mínimo vamos a lanzar un error, así es que escribimos **throw new error** y utilizando los **template strings**, para que el error sea descriptivo y cuál es el valor que se está intentando asignar por el cual nos está lanzando este error. Y al final guardamos este valor en una variable **val**. La cual también tenemos que crear:

seccion_9_decoradores/02-property-decorator.ts

```
13      return(target: any, propertyName: string) => {
14          let val: string
15          const descriptor: PropertyDescriptor = {
16  . . .
```

Entonces el valor de **password** se guardará siempre y cuando haya pasado la validación.

Ahora podemos cambiar la implementación de nuestro **getter**:

seccion_9_decoradores/02-property-decorator.ts

```
15          const descriptor: PropertyDescriptor = {
16              get(){
17                  return val
18              },
```

Entonces cambiamos el retorno por la variable **val**.

Y ahora nos falta realizar solamente una última acción, y es asignar esta constante de **descriptor** a la propiedad de **propertyName**. Así que justamente donde termina nuestro paréntesis de llaves, vamos a escribir lo siguiente:

seccion_9_decoradores/02-property-decorator.ts

```
16          }
17          Object.defineProperty(target, propertyName, descriptor)
18      }
19  . . .
```

Vamos a usar el método **defineProperty** de **Object**, y le tenemos que indicar cuál es el objeto al cual se lo queremos asignar, entonces le indicamos el **target**, a **propertyName** y seguido de nuestro **descriptor**.

Esta línea lo que va a hacer es que a la instancia de nuestra clase **target** y la propiedad de **propertyName**, que en este caso vendría siendo **password**, le vamos a asignar este **descriptor** que vendría siendo la forma en la cual, como accedemos a la propiedad de nombre **propertyName**.

Haremos un **console.log**, en este caso a **password**:

seccion_9_decoradores/02-property-decorator.ts

```
45  const user = new User('Hola', 'Mundo', '1234')
46  console.log(user.password)
47  . . .
```

Ahora vamos a compilar el código:

Terminal de comandos

```
1  tsc && node 02-property-decorator.js
```

Salida de ejecutar: tsc && node 02-property-decorator.js

```
1  throw new Error(`La propiedad ${propertyName} debe ser largo minimo ${min}`);
2                        ^
3  Error: La propiedad password debe ser largo minimo 6
4  . . .
```

Vamos a ver que nos arrojó un error, en el que "La propiedad password debe ser largo mínimo 6"

Y vemos que efectivamente le hemos pasado un **password** de solo 4 caracteres cuando creamos la instancia.

seccion_9_decoradores/02-property-decorator.ts

```
45  const user = new User('Hola', 'Mundo', '1234')
46  . . .
```

Vamos a cambiar esto:

seccion_9_decoradores/02-property-decorator.ts

```
45  const user = new User('Hola', 'Mundo', '123456')
46  console.log(user.password)
47  . . .
```

Y vamos a volver a compilar y ejecutar nuestro código:

Terminal de comandos

```
1  tsc && node 02-property-decorator.js
```

Salida de ejecutar: tsc && node 02-property-decorator.ts

```
1  123456
```

Y de esta manera es como podemos agregarle decoradores también a las propiedades.

Código de la lección.

Para terminar, te dejaré el código del archivo: *"**seccion_9_decoradores/02-property-decorator.js**":

seccion_9_decoradores/02-property-decorator.ts

```typescript
1   function UpperCase(target: any, methodName: string, propertyDescriptor: PropertyDesc\
2   riptor) {
3       const original = propertyDescriptor.get
4       propertyDescriptor.get = function() {
5           const r = original?.call(this)
6           if (typeof r === 'string') {
7               return r.toUpperCase()
8           }
9           return r
10      }
11  }
12
13  function Min(min: number) {
14      return(target: any, propertyName: string) => {
15          let val: string
16          const descriptor: PropertyDescriptor = {
17              get(){
18                  return val
19              },
20              set(v: string) {
21                  if (v.length < min) {
22                      throw new Error(`La propiedad ${propertyName} debe ser largo min\
23  imo ${min}`)
24                  }
25
26                  val = v
27              },
28          }
29          Object.defineProperty(target, propertyName, descriptor)
30      }
31  }
32
33
34  class User {
35      @Min(6)
36      public password: string
37      constructor(public name: string, public lastname: string, password:string ) {
38          this.password = password
39      }
40
41      @UpperCase
42      get fullName() {
43          return `${this.name} ${this.lastname}`
44      }
45  }
46
47  const user = new User('Hola', 'Mundo', '123456')
```

```
48   console.log(user.password)
49
50   export {}
```

Composición de decoradores.

Lo último que vamos a ver en esta sección es el orden de ejecución que tienen los decoradores cuando los componemos.

 ## Preparación.

Vamos a crear un nuevo archivo que se llamará "03-composicion-decorator.ts".

Estructura de carpetas y archivos en la carpeta seccion_9_decoradores

```
1  seccion_9_decoradores/
2      |-- index.ts
3      |-- 01-getter-decorator.ts
4      |-- 02-property-decorator.ts
5      |-- 03-composicion-decorator.ts
```

Y vamos a crear una clase que se va a llamar **User** y agregar nuestro **export** que usamos en la lección pasada para que los nombres no tengan conflictos entre los distintos archivos:

seccion_9_decoradores/03-composicion-decorator.ts

```
1  class User {}
2
3  export {}
```

Vamos a agregar entonces 2 decoradores:

seccion_9_decoradores/03-composicion-decorator.ts

```
1  @Dec1
2  @Dec2
3  class User {}
4  . . .
```

Y antes de estas líneas vamos a crear estos dos decoradores:

seccion_9_decoradores/03-composicion-decorator.ts

```
1  function Dec1(constructor: Function) {
2      console.log('decorador 1')
3  }
4
5  function Dec2(constructor: Function) {
6      console.log('decorador 2')
7  }
8  . . .
```

Estos vas a ser una función y reciben un parámetro, el cual es el **constructor** de tipo **Function**. Ahora aquí no vamos a hacer absolutamente nada muy elegante ni nada muy complicado. Esto es solamente para mostrarte cuál es el orden de ejecución de los decoradores.

En este caso, lo único que nos interesa saber es el orden de la ejecución de cada uno de los decoradores.

Entonces, en nuestra terminal, vamos a compilar nuestro código para ejecutarlo:

Terminal de comandos

```
1   tsc && node 03-composicion-decorator.js
```

Salida de ejecutar: tsc && node 03-composicion-decorator.js

```
1   decorador 2
2   decorador 1
```

Y aquí podemos ver que lo primero que se ejecuta es el decorador 2 y después se está ejecutando el del decorador 1.

Tenemos que darnos cuenta de que podemos colocar todos, absolutamente todos los decoradores que queramos, pero estos se van a estar ejecutando siempre de abajo hacia arriba, como los escribimos en el código.

Eso es lo importante.

El primero que se va a ejecutar es el que se encuentra más cercano a la clase o más cercano a lo que estamos decorando.

Seguido de eso va a venir el que viene más arriba y así sucesivamente hasta llegar al último decorador que se va a encontrar en lo más arriba, que en este caso es nuestro decorador 1.

 Código de la lección.

Para terminar, te dejaré el código del archivo: *"seccion_9_decoradores/03-composicion-decorator.ts":

seccion_9_decoradores/03-composicion-decorator.ts

```
1   function Dec1(constructor: Function) {
2       console.log('decorador 1')
3   }
4
5   function Dec2(constructor: Function) {
6       console.log('decorador 2')
7   }
8
9   @Dec1
10  @Dec2
11  class User {}
12
13  export {}
```

Glosario tsconfig.

En este libro hemos explorado algunas de las opciones mas importantes que podemos usar en nuetrs archivo de configuracion "**tsconfig**", asi que en esta leccion vamos a hacer un recopilatorio de todas las opciones que hemos usado:

target.

hola-mundo/tsconfig.json

```
"target": "es2016",                           /* Set the JavaScript language \
version for emitted JavaScript and include compatible library declarations. */
```

Esta opción nos indica a qué versión de **JavaScript** queremos transpilar el código que estemos escribiendo. Para esta opción tenemos muchas alternativas, incluso lo que podemos hacer es eliminar los dígitos "**16**" de "**es2016**" y presionar la tecla de **control** + **espacio** para que nos muestre todas las alternativas que tenemos.

rootDir.

hola-mundo/tsconfig.json

```
"rootDir": "./src",                           /* Specify the root folder with\
in your source files. */
```

Esta opción nos permite a poder indicarle a nuestro proyecto dónde se encuentran nuestros archivos de **TypeScript**.

Entonces aquí le estamos diciendo que todo el código fuente de nuestra aplicación se va a encontrar dentro de la carpeta que señalemos, así cuando usemos el comando tsc no tendremos que señalarle explícitamente el archivo que tendrá de transpilar.

outDir.

hola-mundo/tsconfig.json

```
"outDir": "./dist",                           /* Specify an output folder fo\
r all emitted files. */
```

Esta vendría siendo en qué carpeta se va a guardar el código **JavaScript** una vez que este haya sido transpilado desde el código **TypeScript**, que como carpeta predeterminada vemos que nos está indicando es que el código va a ser colocado directamente en la raíz de nuestro proyecto, que esto no es lo que queremos, ya que vamos a necesitar que esto se encuentre dentro de otra carpeta para que el código quede más ordenado.

noEmitOnError.

hola-mundo/tsconfig.json

```
"noEmitOnError": true,                          /* Disable emitting files if any t\
ype checking errors are reported. */
```

Que esta opción nos sirve, si por alguna razón nuestro código fuente de **TypeScript** presentará algún error con esta opción, lo que hará será igual de todas maneras generar código **JavaScript**, que definitivamente no queremos eso, lo que queremos hacer es que en el caso de que exista algún error que detenga la ejecución y que no emita finalmente archivos **JavaScript**. Así que lo que vamos a hacer es igualmente descomentar esta opción dejando el valor de **true**.

removeComments.

hola-mundo/tsconfig.json

```
"removeComments": true,                          /* Disable emitting comments. */
```

Esta opción sirve para eliminar los comentarios del código fuente al compilarlo. Cuando se establece en **true**, todos los comentarios presentes en los archivos **TypeScript** serán eliminados en el archivo **JavaScript** resultante.

sourceMap.

hola-mundo/tsconfig.json

```
"sourceMap": true,                          /* Create source map files for emi\
tted JavaScript files. */
```

Para depurar nuestras aplicaciones, lo que hará esta opción será generar unos archivos que se encargarán de indicarle a VsCode cómo se mapea de cierto modo los archivos de **JavaScript** al archivo de **TypeScript**.

noImplicitAny.

hola-mundo/tsconfig.json

```
"noImplicitAny": true,                          /* Enable error reporting for expr\
essions and declarations with an implied 'any' type. */
```

Cuando esta opción se encuentra en **true**, lo que hará será que el compilador se va a quejar cada vez que tengamos algún tipo **any** de manera implícita.

noUnusedParameters.

hola-mundo/tsconfig.json
```
// "noUnusedParameters": true,                        /* Raise an error when a functi\
on parameter isn't read. */
```

Si declaramos, pero no estamos utilizando el valor de un parametro, esta opcion es para que nos muestre un error en el caso de que no estemos utilizando alguna variable que se encuentre dentro de los parámetros de la función.

noImplicitReturns.

Ahora, lo que también podría pasar es que se nos puede olvidar agregar el retorno, así es que para que podamos corregir esta situación en absolutamente todo nuestro código y que todas nuestras funciones nos arrojen un error en el caso de que no definamos el tipo de retorno, es que activemos otra opción.

hola-mundo/tsconfig.json
```
// "noImplicitReturns": true,                         /* Enable error reporting for c\
odepaths that do not explicitly return in a function. */
```

strictNullChecks.

hola-mundo/tsconfig.json
```
"strictNullChecks": true,                             /* When type checking, take into a\
ccount 'null' and 'undefined'. */
```

Cuando tratemos de pasar un valor **null** a una función que no es asignable al parámetro definido, podemos usar esta opción. Para que esta versión de VsCode que nos muestre el error mientras estamos programando.

noImplicitOverride.

seccion_4_POO/src/tsconfig.json
```
// "noImplicitOverride": true,                        /* Ensure overriding members in deri\
ved classes are marked with an 'override' modifier. */
```

Al definir clases, cuando necesitemos usar esta, si olvidáramos colocar la palabra reservada de **override** justamente al comienzo de la definición de nuestros métodos. En este caso no nos va a indicar absolutamente ningún error, pero esto podría hacer que nuestro código se empiece a comportar de maneras extrañas.

Así que lo que podemos hacer es habilitar una opción dentro de nuestro archivo de nuestro "**tsconfig.json**" para que este nos recuerde siempre, de manera necesaria que agreguemos la palabra reservada de **override**.

moduleResolution.

seccion_6_modulos/tsconfig.json

```
"moduleResolution": "node10",                    /* Specify how TypeScript looks up\
 a file from a given module specifier. */
```

Para el caso de estas importaciones, le agregamos el slash hacia adelante (/) para indicar que esto se encuentra dentro de una carpeta y ahí agregamos al index:

index.ts

```
5    import { Animales, Chanchitos, Caballos } from './Animales/index'
```

Sin embargo, esto podemos cambiarlo para que sea bastante más fácil y amigable de poder trabajar, entonces con esto ya tendremos que indicar explícitamente el archivo index.

allowJs y checkJs.

seccion_6_modulos/tsconfig.json

```
"allowJs": true,                                 /* Allow JavaScript files to be a \
part of your program. Use the 'checkJS' option to get errors from these files. */
"checkJs": true,                                 /* Enable error reporting in type-\
checked JavaScript files. */
```

Esto es para permitir que puedan coexistir archivos JS con TS y buscar errores en estos archivos JS que agreguremos.

experimentalDecorators.

seccion_9_decoradores/tsconfig.json

```
"experimentalDecorators": true,                  /* Enable experimental support for\
 legacy experimental decorators. */
```

Con esta opción podremos utilizar los decoradores en nuestro proyecto.

Próximos pasos

Felicitaciones!

Has aprendido mucho! Ya te encuentras listo para poder trabajar con TypeScript.

Sin embargo tu aventura no termina acá, hay muchas cosas que debes seguir aprendiendo para poder transformarte en un profesional que las empresas amarán contratar y quien sabe, hasta quizá quieran pagar por tu relocación!

Entonces, que debes aprender ahora? Un desarrollador debe saber utilizar las siguientes herramientas:

- **GIT y Github**: herramientas para el versionado.
- **Docker**: herramienta para ejecutar tus aplicaciones en un ambiente controlado.
- **JavaScript**: lenguaje de programación para construir aplicaciones web.
- **React JS**: la biblioteca más popular en el mundo para construir aplicaciones web con JavaScript.
- **Django**: framework más popular para construir aplicaciones web con Python.

Las herramientas anteriores son muy demandadas por las empresas. Y si deseas aprenderlas conmigo puedes visitar el sitio web https://academia.holamundo.io ahí encontrarás material en video además de mis libros que estoy seguro que te encantarán! Además de recibir el apoyo de los profesores de la comunidad que te ayudarán con todas las dudas que tengas.

Muchas gracias!

Quieres seguir en contacto?

Recuerda seguirme en mi canal de youtube HolaMundo para que sigamos aprendiendo y puedas ver el nuevo contenido que publicamos!